WIZARD

OVERVALUED？　　UNDERVALUED？

バリュー投資
アイデアマニュアル
得意分野を見極めるための戦略の宝庫

ジョン・ミハルジェビック［著］
長尾慎太郎［監修］
井田京子［訳］

The Manual of Ideas
The Proven Framework for
Finding the Best Value Investments
by John Mihaljevic

Pan Rolling

The Manual of Ideas : The Proven Framework for Finding the Best Value Investments
Copyright © John Mihaljevic. All rights reserved.
This translation published under license with the original publisher John Wiley & Sons, Inc.

監修者まえがき

　本書は、ニュースレター「ザ・マニュアル・オブ・アイデア」の編集長であるジョン・ミハルジェビックが著した"The Manual of Ideas : The Proven Framework for Finding the Best Value Investments"の邦訳である。経済学のバックグラウンドを持ち、バリュー投資研究の専門家である著者は、投資カンファレンスを運営するとともに、100人を超える世界の名だたる投資家にインタビューを行ってきた。そうした活動から得られた知見をまとめ、一般投資家が資産運用の世界のスーパースターたちと同様の投資手法を実践するための手引きを記したのが本書である。

　もちろん、ここで参照されている投資手法は、すべて実際のヘッジファンドや企業などで実践されているものばかりであるから、もし読者が相当の資産家であれば、該当する投資ビークルに投資することによって、優れたバリュー投資のイクスポージャーを容易にとることができる。しかし、現実には大半の投資家にとって、そうした投資における必要最小投資単位は敷居が高く簡単ではない。したがって、現実には私たちが信じるに足るバリュー投資を行いたければ、自分の手で行うよりほかに道はない。

　ところで、本書の第4章でエージェンシー・スラックの話が出てくる。多くの資産運用者（エージェント）は顧客（プリンシパル）のために動くのではなく、自分の利益を優先するという指摘である。ここで、プロフェッショナルの資産運用者の名誉のために書いておくと、日本ではそのような問題はまず発生しないと考えてよいと思う。私の知るかぎり、私たちの国の資産運用関係者の職業的倫理観や職務に対する責任感は非常に高く、彼らは受益者の依頼を忠実に履行するべく力を尽くす。だが一方で、多くの一般投資家は他者が自分の資産を運

用することに潜在的に強い不安を覚えるせいか、エージェントに裁量を与えることを嫌う傾向がある。結果として、国内のファンドの仕様は極めて硬直的になり、利益の最大化ではなくリスクの最小化を志向することになる。このため、本書にあるようなバリュー投資手法で運用されるファンドが設定されることは将来も望めそうにない。

　しかし、それは同時に、このスタイルの投資の世界においては、私たちにとって競合相手となる機関投資家がほとんど存在しないことをも意味している。さらに日本の読者にとっての朗報は、本文中にもあるように、日本の株式にはバリュー投資に向いた銘柄が欧米の株式市場と比べて豊富にある可能性があることである。こうしてみると、私たちは米国の原書の読者よりもはるかに有利な位置に立っていると言ってもよいのではないか。本書の読者から多くの成功者が生まれる公算は非常に高い。

　翻訳にあたっては以下の方々に心から感謝の意を表したい。井田京子氏は丁寧な翻訳を行っていただいた。そして阿部達郎氏にはいつもながら丁寧な編集・校正を行っていただいた。また、本書が発行される機会を得たのは、パンローリング社の後藤康徳社長のおかげである。

2014年7月

長尾慎太郎

マークに捧げる。君の努力する姿を見ていると謙虚な気持ちになる

目次

監修者まえがき 1
まえがき 9
序章 11

第1章 極めて個人的な取り組み ── 何を保有したいのか 15

資金をウォーレン・バフェットに預けるか、それとも自分で運用するか 16
自分で資本配分をしてみる 22
オーナーとしての考え方 31
銘柄選びの枠組み 34
本章のポイント 37

第2章 グレアム流ディープバリュー（割安株）投資 ── 優雅ではないが利益は上がるしけモク投資戦略 39

その方法はなぜうまくいくのか 40
グレアム流投資 ── 利用と誤用 51
グレアム流割安株を探すためのスクリーニング 60
スクリーニングのあとに ── ディープバリューの投資候補を絞り込んでいく 65
グレアム流割安株を見極めるために正しい質問をする 70
本章のまとめ 75

第3章 サム・オブ・ザ・パーツの価値 ── 追加的な資産や隠れ資産がある会社への投資 77

その方法はなぜうまくいくのか 77
見過ごされがちな資産を持つ会社への投資 ── 利用と誤用 80
複数の資産を持つ会社のスクリーニング 85

CONTENTS

　　スクリーニングのあとに ── 隠れ資産を探すための実績ある方法　　92
　　隠れ資産を持つ会社に正しい質問をする　　103
　　本章のまとめ　　107

第4章　グリーンブラットの安くて良い株を見つける魔法の公式　　109

　　その方法はなぜうまくいくのか　　110
　　安くて良い会社への投資 ── 利用と誤用　　119
　　安くて良い会社を探すスクリーニング　　128
　　スクリーニングのあとに ── どこまで改善していくのか　　133
　　グリーンブラット式の割安な会社に関して正しい質問をする　　137
　　本章のまとめ　　146

第5章　ジョッキー株 ── 素晴らしい経営陣とともに利益を上げる　　149

　　その方法はなぜうまくいくのか　　150
　　ジョッキー株への投資 ── 利用と誤用　　153
　　ジョッキー株のスクリーニング　　166
　　スクリーニングのあとに ── 素晴らしい経営者のリストを作る　　179
　　経営者に関して正しい質問をする　　184
　　本章のまとめ　　190

第6章　リーダーに続け ── スーパー投資家のポートフォリオからチャンスを見つける　　193

　　スーパー投資家がスーパーなのには理由がある　　194
　　スーパー投資家のまねをする ── 利用と誤用　　198
　　スーパー投資家が所有している会社のスクリーニング　　202
　　バフェット村のスーパー投資家　　205
　　スクリーニングのあとに ── スーパー投資家はその会社のどこに魅力を感じたのか　　218

本章のまとめ　　　　　　　　　　　　　　　　　　223

第7章　小型株は大きなリターンにつながるか──あまり注目されていない小型株と超小型株で儲ける　　227

　　その方法はなぜうまくいくのか　　　　　　　　　　227
　　小型株への投資──利用と誤用　　　　　　　　　　234
　　有望な小型株や超小型株のスクリーニング　　　　　239
　　スクリーニングのあとに──それ以外の魅力ある小型株や超小型株を探す方法　　　　　　　　　　　　249
　　小型株の見通しに関して正しい質問をする　　　　　261
　　本章のまとめ　　　　　　　　　　　　　　　　　　266

第8章　スペシャルシチュエーション戦略──イベントドリブン型の投資チャンスを探す　　269

　　なぜその方法はうまくいくのか　　　　　　　　　　270
　　スペシャルシチュエーション投資──利用と誤用　275
　　ロボット的な分析の危険性　　　　　　　　　　　　276
　　スペシャルシチュエーションを探し出す　　　　　　285
　　スペシャルシチュエーションに関して正しい質問をする　　290
　　本章のまとめ　　　　　　　　　　　　　　　　　　296

第9章　スタブ株──レバレッジが高い会社への投資（または投機）　　299

　　その方法はなぜうまくいくのか　　　　　　　　　　301
　　スタブ株への投資──利用と誤用　　　　　　　　　303
　　スタブ株のスクリーニング　　　　　　　　　　　　314
　　スクリーニングのあとに──悪徳弁護士もどきの手法　317
　　スタブ株に関して正しい質問をする　　　　　　　　322
　　本章のまとめ　　　　　　　　　　　　　　　　　　330

CONTENTS

第10章 国際的なバリュー投資 ── 自国以外で価値を探す　333

その方法はなぜうまくいくのか　335
外国の株への投資 ── 利用と誤用　339
外国株のスクリーニング　348
スクリーニングのあとに ── 地域の専門家に便乗する　353
外国の株に関して正しい質問をする　358
本章のまとめ　362

参考文献　365

まえがき

　著者に本書のまえがきを頼まれたとき、私はうれしく光栄に感じ、その場で快諾した。私は彼の仕事を尊敬しているし、彼との知的交流を高く評価しているし、彼が執筆しているニュースレター「マニュアル・オブ・アイデア」からは長年にわたって大いに学んでいるからだ。
　ミハルジェビックの仕事は探究心にあふれ、より良い投資家になるために常に知識と理解を追及している。しかも、それを自分だけの経験にとどめない寛大さがある。彼は知的で熱心な投資家から学ぶ姿を自ら示し、それに関する考察まで紹介しているのである。
　彼が学ぶ姿を見ることで、私たちはどうすればさらによく学ぶことができるのかも知ることができる。
　本書には、著者自らのエピソードや、どのようにして現在の地位を得たかについても書いている。そのセクションを読めば、学びと知識と創造性を追及する姿勢がその人を表す(あるいは、そうあるべき)ということが分かるだろう。
　また、彼には謙虚さがある。投資にはさまざまな考え方があり、会社の価値を理解し、それが将来どう変わるのかを予想するのにもさまざまな手法があることを理解している。そして、その答えが環境や投資額によって変わることもよく分かっている。
　私は、投資家として最も価値ある行動は読書だと思っている。私は小さいころから読書が好きで、そのように育ててくれた両親に感謝している。チャーリー・マンガーも、最高の投資のひとつは本を買うことだと書いている。ほんの何ドルかで、著者があなたのためにその本を書くに至った何年もの経験を手に入れることができるからだという。まったく同感だ。
　私が本書を勧めるのは、投資という技能について体系的に考えるた

めの洞察とモデルと手法を与えてくれるからである。みんな良いバリュー投資家になりたいと思っているが、ツールや手法は人によって違う。しかし、私たちは常に学び、新しいことを取り入れながら向上していくことができるし、そうすべきだろう。

本書は、まさにその手助けをしてくれる。各章には、成功した投資家の取り組みが具体的な例を用いて紹介されている。投資で成功することは、厳しくて孤独な作業でもある。また、判断の基となる証拠や書類は過去のものだが、リターンは将来得るものだ。そして、将来は過去とは逆になることもあれば、まったく違うこともある。

投資家は、そこを見極めていかなければならない。そしてそのときに、本書で紹介する概念を読み、学び、考えることが助けになる。

この難問に、楽しみながら挑んでほしい。

トーマス・S・ゲイナー
　　　　（マーケル・コーポレーション社長、最高投資責任者）

序章

　バリュー投資は時には孤独な試みだが、その一方でたくさんの友情と、そこから得た新しい経験が私の人生を豊かにしてくれた。バリュー投資の世界は多様で、活気があり、世界中に広がっている。私は、チューリッヒとクロスタースで開催されるバリューx（毎年開催されるバリュー投資家の集い）や、バリューカンファレンス（バリュー投資家がアイデアを交換するためのオンライン会議）や、「ザ・マニュアル・オブ・アイデア」（バリュー投資のアイデアを紹介する月刊のリサーチ系ニュースレター）に深くかかわっていることをうれしく思っている。

　ウォーレン・バフェットの驚くべき成功をもたらした投資哲学を信奉する人たちは、世界中のどの国にもいる。彼らの多くは、それぞれの才能と、文化的な感覚と、それぞれの環境を使って、それぞれのバリュー投資の手法で成功を収めている。アメリカのモニッシュ・パブライ（『**ダンドー**』［パンローリング］の著者）、カナダのプレム・ワスタ、イギリスのマッシモ・ファゲッタ、スイスのガイ・スピア、フランスのフランソワ・バデロン、スペインのフランシスコ・ガルシア・パラメス、イタリアのチッチョ・アゾリーニ、ロシアのヨハン・ワームス、インドのラフール・サラオギ、ニュージーランドのクリストファー・スワスブルック、日本の阿部修平などはそのほんの一部である。

　私たちは、本書の執筆に当たって世界で活躍する100人以上のファンドマネジャーにインタビューを行い、アイデアを生み出す方法について知恵を集めた。本書では、私が「ザ・マニュアル・オブ・アイデア」の編集長として学んだことと、現代の最も成功している投資家がアイデアを生み出すために用いている方法の一端を紹介していく。インタビューに応じてくれた投資家のなかには、チャック・アクリ、チャー

ルス・ドゥ・ボウ、ジャンマリー・エビヤー、トム・ゲイナー、ジョエル・グリーンブラット（『グリーンブラット投資法』『株デビューする前に知っておくべき「魔法の公式」』［いずれもパンローリング］の著者）、ハワード・マークス、モニッシュ・パブライ、トム・ルッソ、ガイ・スピアなどそうそうたる人たちも含まれている。また、次世代のスーパー投資家候補である有望なファンドマネジャーからもさまざまな洞察を得た。深く掘り下げたインタビューの内容は、YouTubeで無料で公開している。manualofideas や valueconferences のチャンネルで検索してみてほしい。

　第1章は、バリュー投資家の考え方に注目する。普通のマーケット参加者は、株価を画面上のただのくねくねした線だとしか見ておらず、ケインズの美人投票的な見方から抜け出すことができないが、バリュー投資家はそれとは異なる考えを持っている。第2章〜第10章は、バリュー投資のアイデアが生まれる過程を、9つの分野に分けて細かく見ていく。①グレアム式のディープバリュー、②グリーンブラットの魔法の公式、③小型株のバリュー投資、④サム・オブ・ザ・パーツまたは隠れた価値、⑤スーパー投資家が買っている株、⑥ジョッキー株、⑦スペシャルシチュエーション、⑧スタブ株、⑨外国でのバリュー投資――などである。これらの分野には重複する部分もあるが、投資のアイデアを探す方法は、少しずつ違っている。各章では、アイデアを生み出すための正しい方法と誤った方法を検証し、スクリーニングのための洞察を示し、定量的なスクリーニングのあとにすべきことを紹介し、正しい質問をするためのキーポイントを明らかにしていく。そうすれば、アイデアを生み出すための指針に基づき、本質的なバリュー投資の原則に沿って検討することができるようになる。

　私の投資に関する考え方に影響を及ぼした人すべてに言及することはとてもできない。ただ、特別大きな影響を与えてくれたメンターが何人かいる。まずは、ノーベル経済学賞受賞者の故ジェームズ・トー

ビン教授である。私はエール大学で彼のリサーチアシスタントを務めていたとき、幸運にもリスクと資産配分に関する教授の思考を学ぶ機会に恵まれた。また、エール大学のCFO（最高投資責任者）であるデビッド・スウェンセンが主催するゼミ（学生とファンドマネジャーが一緒に学ぶ独自のゼミ）は、私がバリュー投資の道を歩む後押しをしてくれた。アクアマリン・キャピタルのCEO（最高経営責任者）であるガイ・スピアは、投資と人生にかかわるたくさんの知恵を与えてくれた。それ以外にも、私が手本とするウォーレン・バフェット、チャーリー・マンガー、ジョエル・グリーンブラット、トム・ゲイナー、モニッシュ・パブライからは、彼らの執筆したものに加えて、ザ・マニュアル・オブ・アイデアやバリューカンファレンスなどでの交流を通じて大いに学ぶ機会を得た。彼らはバリュー投資の世界に最も大きな影響を及ぼした人たちであり、その英知を公開してくれたことに大いに感謝している。

　個人的には、私の兄弟で、ザ・マニュアル・オブ・アイデアのパートナーでもあるオリバー・ミハルジェビックにも感謝したい。彼は、自身も優れた投資家だが、金融教育におけるバリュー投資の重要性を喚起するために独自の取り組みを行っている。彼は投資を極めるために常に新たな洞察を探究しており、私も大いにその恩恵を受けている。私の妻、ブランカは、本書の執筆期間を通して完成の妨げになりそうなもろもろを軽減することで、大いに支えてくれた。そして、3人の子供たち、マークとミアとマテオは、私が執筆を続ける動機であるだけでなく、私が大いに必要としていた（時には必要以上の）気分転換を与えてくれた。

　本書を楽しんでほしい。

ジョン・ミハルジェビック

第1章
極めて個人的な取り組み──何を保有したいのか

A Highly Personal Endeavor : What Do You Want to Own?

> 「現在を生き、未来を創造する人間そのもののほうが、既存の体制や秩序よりも常に重要である」──ブルース・リー

　株式市場は面白いところで、そこに参加しているみんながお金を儲けたいと漫然と思っている。しかし、この同じ目的を達成するための道はひとつではない。あなたも、有名な『バフェットの法則』（ダイヤモンド社）を買おうと思ったことがあるかもしれないが、バフェットの法則は彼だけのものなのである。投資の世界では、独自の方法で成功することさえ難しいのだから、他人のまねをして成功するなどということはほとんど不可能に近い。たとえプロであっても、みんな投資で成功するための自分だけの方法を見つけださなければならないのである。

　ただ、ベンジャミン・グレアム、セス・クラーマン、ウォーレン・バフェットなどの優れた投資家から学べることはたくさんあるし、そうすることで多くを得ることができる。ある達人の主な教えは単純で、株式は、その会社の持ち分の一部を表しているという。取引所は、その持ち分を現金に換えるための便利な場所でしかない。取引所がなければ、持ち分は変わらない。持ち分を売ることができるということは、悪影響を及ぼすかもしれないが、それでも望めば車や家と同じように売ることができる。

　ただ、実際に投資を始めると、喧騒に紛れて、株を所有するということの本質を忘れがちになる。CNBC（テレビの経済番組）の画面の

下で目まぐるしく動く価格テロップや、博識ぶった出演者、企業のうわべの報道発表、チャートの揉み合いやブレイクアウト、アナリストの外れた予想、株価の高値更新などに惑わされるのである。これは、『おさるのジョージ』（金の星社ほか）がすぐに黄色い帽子のおじさんの善意のアドバイスを忘れてトラブルに巻き込まれるのと少し似ている。しかし、私の息子はトラブルに巻き込まれても必ず何とかそこから抜け出すジョージのシリーズが大好きだ。ただ、株式市場では必ずトラブルから抜け出せるとはかぎらない。

資金をウォーレン・バフェットに預けるか、それとも自分で運用するか

　私は、貯金が10万ドルという大金に達した日のことを今でもよく覚えている。サンフランシスコの投資銀行トーマス・ワイゼル・パートナースでリサーチアナリストとして何年か働き、2003年についに「自由」になれる金額（と当時思っていた金額）を手にしたのである。私にとって、自由の定義は生きていくために働かなくてよいということだった。家賃や食費のためのトレードを強いられないということである。このお金があれば、仕事を辞めて、例えばタイに移住し、利息収入で生活していくことができるのだ。このときの私は、賢明にもその権利を行使しなかったが、この資金をどうするのか決める必要があった。

　私は、まず投資信託を選択肢から外した。ほとんどの投資信託で、手数料差し引き後のリターンがマーケットインデックスを下回っていたことを知っていたからだ。また、多くの投資家は、ファンドのパフォーマンスが上がったあとに資金を預け、パフォーマンスが下がったあとに解約するという重要かつほとんど無視されている事実も知っていた。そのため、投資家が実際に手にするリターンは、そのファンド

のみかけリターンよりもかなり低くなる。ファンドの目論見書に記されているのは時間加重されたリターンだが、投資家に支払われるのはそれよりも低い資金加重された金額であることが多い。典型的な例が、1997〜2002年にかけて数十億ドルの資金を失ったマンダー・ネットネット・ファンドで、巨額の損失を出していたにもかかわらず、年平均リターンをプラス2.15％と発表していた。このファンドは、好調だった1990年代末には運用額がわずかしかなかった。しかし、新たに数十億ドルの資金が入ってきてから３年連続で大損失を出した。好調だと買いたくなり、急落したら売りたくなる気持ちも分からなくはないが、私は自分が所有しているのがどんなもので、なぜ所有しているのかをきちんと理解していれば、その誘惑をはねのけやすくなると考えた。投資信託を所有するということは、ファンドマネジャーが正しい投資先を選ぶことを信頼するということである。しかし、損失が出たあとは、信頼も損なわれることが多い。

　ただ、投資信託や低コストのインデックスファンドを完全に否定するつもりはない。投資判断を他人に委ねたい人にとっては、許容できる選択肢だと思う。バリュー投資系の投資信託であるブルース・バーコウイッツ・フェアホルム・ファンドや、メイソン・ホウキンズのロングリーフ・ファンドは、多くの投資家にとって理にかなった選択肢になっている。富裕層の個人や企業ならば、ヘッジファンドという選択肢もあるが、法外な運用手数料や成功報酬に見合うファンドはほとんどない。ウォーレン・バフェットも、ヘッジファンドの料金体系について、2006年の年次報告書のなかで批判している。「ヘッジファンドは、ファンドマネジャーが何も達成しなくても、もっと言えば大金を失っても、毎年投資額の２％が徴収され、単純にマーケットが上げて利益が出ただけでもその20％を取られる偏ったシステムです。例えば、年間総利益が10％ならば、3.6％（２％の手数料と残りの８％に対する20％の成功報酬）が引かれて投資家の取り分は6.4％に減って

しまいます」

　ヘッジファンドのなかで少数派のバリュー系のファンドは、バフェットに賛同した手数料体系を採用し、彼が1960年代に運営していたリミテッド・パートナーシップに似た仕組みを提供している。バフェットは、運用手数料は取らずに毎年設定する基準レートを上回ったリターンに対してのみ成功報酬を得ていた。少数だが広がりつつあるこの動きを採用しているファンドマネジャーに、アクアマリン・キャピタル（スイス、チューリッヒ）のガイ・スピアや、パブライ・インベストメント・ファンド（カリフォルニア州アーバイン）のモニッシュ・パブライがいる。ほかの条件が同じならば、これらのファンドは長期の投資家にとって明らかにメリットがある。表1.1に、投資家の立場に立った手数料体系のメリットをまとめてある。

　私は自分の貯金を、低コストだが高品質のサービスを提供している数少ない投資会社に託すことも考えた。バークシャー・ハサウェイは、間違いなく世界最高の資産配分を行っているが、ウォーレン・バフェットは10万ドルの報酬しか受け取っていない。彼には、ボーナスも、株式オプションも、制限付き株式もないし、ヘッジファンド型の手数料も課していない。手数料が高いヘッジファンドに投資するときは、まずそのファンドマネジャーがバフェットを上回るリターンを上げることができるかどうかを考えるべきだろう。これは、手数料差し引き前でも十分難しいが、最初に手数料を差し引いたあとの資金でそれを達成するのはさらに難しくなる。もちろん、バークシャーの株を買うことと、特典や排他性が許容されている秘密主義のヘッジファンドを買うことにもかなりの違いがある。

　バークシャー以外にも、株主を大切にし、賢い経営がなされている上場会社はある。ブルックフィールド・アセット・マネジメント、フェアファックス・ファイナンシャル、ルーカディア・ナショナル、ロウズ・カンパニーズ、マーケル・コーポレーション、ホワイト・マウ

表1.1　ヘッジファンドの手数料が将来の資産に及ぼす影響

	典型的なヘッジファンドの手数料体系「2＋20」		バフェットの投資組合型の手数料体系	
	運用手数料　2％		運用手数料　0％	
	成功報酬　20％		成功報酬　20％	
	年間基準レート　0％		年間基準レート　20％	
想定グロスリターン	5.0%	10.0%	5.0%	10.0%
手数料差し引き後のネットリターン	2.4%	6.4%	5.0%	9.2%
100万ドルの運用結果（想定額）				
10年後	$1,628,895	$2,593,742	$1,628,895	$2,593,742
20年後	2,653,298	6,727,500	2,653,298	6,727,500
30年後	4,321,942	17,449,402	4,321,942	17,449,402
手数料差し引き後の受取額				
10年後	$1,267,651	$1,859,586	$1,628,895	$2,411,162
20年後	1,606,938	3,458,060	2,653,298	5,813,702
30年後	2,037,036	6,430,561	4,321,942	14,017,777
手数料による損失				
10年後	$361,244	$734,156	$0	$182,580
20年後	1,046,360	3,269,440	0	913,798
30年後	2,284,906	11,018,842	0	3,431,625

ンテンズ・インシュアランスなどはその一例だ。これらの会社は、バフェット型の手数料体系を導入している。反対に、バリュー投資系のファンドのなかにも、ヘッジファンド型の手数料体系を採用している会社もある。グリーンライト・キャピタル・リーやビグラリ・ホールディングスなどはここに含まれる。これらのヘッジファンドは、一見十分なパフォーマンスを上げているように見えるが、手数料差し引き後の長期的なリターンがマーケル（安い手数料で優れた運用を行って

いるファンドのひとつ）などを上回る可能性は低い。

　バークシャーやマーケルの並外れた長期リターンを考えれば、長期投資家が自身で株式ポートフォリオを運用しようとするのは合理的ではないのかもしれない。その意味では、プロのファンドマネジャーは、多少利害が対立することになる。彼らの生活は、バークシャーやマーケルの過去の実績が将来も約束されているわけではないと顧客に説得できるかどうかにかかっている。彼らにとって幸いなのは、証券取引規制もこの考えを後押ししていることで、それによって悪名高いファンドも新規顧客を獲得することができている。

　しかし、安心してほしい。自分で運用することを選んだ人たちを厳しく追及するつもりはない。2003年に、私自身もそうすることを決め、今に至っているからだ。当時の決意は本当に愚かだったかもしれないが、自分でやってみることを正当化する理由もいくつかある。まず、バークシャーやマーケルといった投資会社の場合、その運用能力が価格に反映されていることが多いため、純粋な資産価値の価格で買うのは難しい。もちろん、長期的に保有していれば、株主のリターンは内部利益率に近づいていくが、短期で保有する場合や購入時に純資産額に大きなプレミアムが付いている場合は、その差がリターンに響いてくる。バークシャーのような会社でさえ、株価の高さを考えれば魅力的な投資とは言い難いのである。

　そのうえ、投資においては運用資産の増加が成功の落とし穴になる。資産額の上限を限定しているファンドはほとんどないが、一般の投資家が買えるファンドではさらに少ない。バフェットは、60年前に100万ドル弱の資金で投資を始めた。今日、バークシャー傘下の企業の価値は総額2000億ドル以上に上る。もし彼が資産の１％にも満たない20億ドルを１社に投資したくても、時価総額が２億ドル以下の会社を選ぶことはできない。評価額が200億ドルの株を探すか、あとは会社ごと買収するしかないのだ。バフェットは、大口投資家のなかで、規模

の大きさがパフォーマンスの足かせになっていることを認めている数少ないひとりでもある。当然かもしれないが、多くのファンドは、運用額が増えると新たな展開が可能になる。経営に関与したり、プライベートエクイティに投資したり、幅広い資産に投資してコストを分散しようとすることもできる。しかし、これらのメリットよりも投資先が減ることのほうがはるかに深刻だ。もし、運用額が100万ドルや1億ドルならば、素晴らしいリターンにつながる投資先でも、スーパー投資家の投資先としては小さすぎるかもしれない。バフェットも、「もし運用額が100万ドルとか1000万ドルならば、全額を投資します。規模がパフォーマンスの妨げにならないというのはウソです。私が最も高いリターンを上げたのは、1950年代でした。当時のパフォーマンスはダウ平均をはるかに上回っていました。数字を見てください。しかし、当時の運用額はほんのわずかでした。運用額が巨額でないことは大きなメリットです。100万ドルの資金ならば50％で運用できると思います。いえ、できることは分かっています。保証します」と語っている。言い換えれば、小口の投資家が資金を時価総額が高い企業（エクソン、アップルなど）に投資するということは、中小企業に投資するメリットを放棄しているということでもある。

　運用額が少ないことのメリットについては、クロム・キャピタル・マネジメントでマネジングパートナーを務めるエリック・クロムも、起業時にパートナーに同じようなことを言っている。「少ない資金で始める私たちは、大型船の漁師が来られない小さな池で魚を獲ることができます。つまり、私たちは個人商店ですが、大型店と競合するわけではありません。彼らには私が狙っている超小型株は買えません。効率面で割に合わないからです」

　投資する株を自分で選ぶことに関して、最後に資本配分についても触れておきたい。株式市場がカジノとさして変わらないという見方が広がっているが、マーケットの本来の目的は資本経済のなかで資本を

生産的に配分することにある。顧客に付加価値を与えることで妥当なリターンを上げることができる会社は、事業を拡大するための資金をマーケットで調達することができ、投資に見合ったリターンが上げられなければ十分な資金を調達できなくなる。つまり、適切に機能しているマーケットは、富の創造を支援し、貯蓄や投資やGDP（国内総生産）の成長を加速させているのである。もしマーケットの役割が生産的な用途に資本を配分することならば、それは何十人かのトップ投資家だけでできることではない。それをするには評価すべき企業が多すぎるのだ。そこで私たちが、スーパー投資家には手が回らない部分の投資をすれば、素晴らしいパフォーマンスを上げることができる。このような資本配分の考え方は、先述のとおり私たちならばスーパー投資家にとって小さすぎる投資ができるということにもつながっている。バフェットなどのスーパー投資家は、彼らの基準を満たす巨大企業（例えば、コカ・コーラ）に資金を投じるしかない。すると、その基準に満たない会社（例えば、ストレイヤー・エデュケーションやハーベスト・ニュートラル・リソース）は生産的な用途があっても資金が得られないかもしれない。そこで、小規模の投資家が正しい資本配分を行えば、この空洞を埋めて利益を上げることができるかもしれない。

自分で資本配分をしてみる

　世界で最もお金持ちの投資家が、トレンドフォロワーでも、テーマ型の投資家でも、デイトレーダーでもなく、資本配分者だというのは少し意外な気がする。バフェットと言えばバイ・アンド・ホールド戦略で知られており、バークシャーのポートフォリオは会社を現金で買って所有し続けるのが特徴である。彼は株価ではなく、その根底にある事業を見極めることで、長期間かけて複利で素晴らしい利益を上げ

ていく。安く買うということは、彼の長期リターンにおいては追加的な要素でしかないのである。

　バフェットは、以前にコカ・コーラを収益の10倍台半ばで買い、投資業界を驚かせた。ほとんどのバリュー投資家は、バフェットがなぜこの価格を割安だと考えたのかが理解できなかった。しかし、バフェットにすれば、優れた会社に適正な価格で資本配分しただけのことだった。彼には、この会社がその資本を使い、長期にわたって高い利益を上げていくことが分かっていた。コカ・コーラへの投資は、PER（株価収益率）にかかわりなく割が合うのである。

　同様に、高名なバリュー投資家のジョエル・グリーンブラットも、2000年にムーディーズが株式を公開したとき、これを収益の20倍で買っている。実は、これも優れた事業に対する資本配分だった。ムーディーズは追加的な資金がなくても高い成長率が見込めたため、余剰資金で自社株買いができるからだ。IPO（新規公開）価格のPERは多少高めだったが、ムーディーズの株価はそれから６年で４倍以上に上がった。もちろん、2007年ごろにアメリカの住宅バブルが崩壊すると同社も大きな打撃を受けた。株価は急落し、2000年10月にダン＆ブラッドストリートからスピンオフされたときの株価は12.65ドルだったが、2013年初めには48ドルまで回復していた。

手段と目的──小さくても重要な違い

　株式市場において私たちができることなど、一見ささいなことに思えるかもしれない。合理的な投資家が投資資本に対してリスク調整後の税引き後リターンの最大化を追及していることはだれでも知っている。しかし、価格が上がる投資先を見つけることで最大の利益を得ること以外に私たちの手段はないのだろうか。これに関しては、目的（利益を上げること）と手段が混同されていることが多い。

表1.2 「考え方A」――投資の選択肢（2001年11月）

ティッカー	会社名	株価	時価総額	10万ドルで購入できる株数
AET	エトナ	30.52ドル	44億ドル	3277株
DAL	デルタ航空	29.31ドル	36億ドル	3412株
F	フォード・モーター	17.88ドル	324億ドル	5593株
GM	ゼネラル・モーターズ	47.69ドル	265億ドル	2097株
LMT	ロッキード・マーチン	45.01ドル	198億ドル	2222株
NYT	ニューヨーク・タイムズ	45.15ドル	68億ドル	2215株
TIF	ティファニー＆カンパニー	29.17ドル	43億ドル	3428株
TM	トヨタ自動車	53.71ドル	990億ドル	1862株

　私たちは、マーケットにおいて自分ができることなどちっぽけなものだと思っている。実際、ほとんどの投資家は、マーケットにほとんど影響を及ぼさない。しかし、雑魚的な考えで投資をしていても成功にはつながらない。私は、かつてわずかな資金で投資をしていたときに、資金配分の責任者になったつもりで取り組むほうが良い結果につながるということを発見した。世界中の資金を最高のリターンを生み出すところに配分する役目を担っているつもりで取り組むのである。

　次に、投資の選択肢に関するポートフォリオの考え方のわずかな違いについて考えてみたい。多くの人は、まず投資候補の規模ではなく、自分のポートフォリオの規模を考えようとするが、それは間違っている。仮に、10万ドルを2001年末に**表1.2**の銘柄のひとつに投資するとしよう。

　このなかから１社を選ぶときは、財務諸表を分析したり、さまざまな財務比率を考慮したりすると思う。しかし、細かい分析を始める前に、多くの人は「10万ドルあれば、何株くらい買えるだろうか、どれ

表1.3 「考え方B」――投資の選択肢（2001年11月）

ティッカー	会社名	時価総額	ティッカー	会社名	時価総額
AET	エトナ	44億ドル	TM	トヨタ自動車	990億ドル
DAL	デルタ航空	36億ドル			
F	フォード・モーター	324億ドル			
GM	ゼネラル・モーターズ	265億ドル			
LMT	ロッキード・マーチン	198億ドル			
NYT	ニューヨーク・タイムズ	68億ドル			
TIF	ティファニー＆カンパニー	43億ドル			
		978億ドル			990億ドル

でも2000〜3000株程度は買えるな」などと考えるのではないだろうか（考え方A）。しかし、これは投資先の将来性を考える前に自分のポートフォリオの大きさを考えるという間違いを無意識のうちに犯している。

　反対に、資本配分者の考え方を採り入れれば「このなかのひとつを買うならば、どれを選ぶだろうか」と考える（考え方B）。この質問は、ポートフォリオの大きさではなく、投資候補の大きさに注目している。この考え方を、各社の分析に入る前にしておけば、**表1.3**のような観察ができる。

　これを見ると、トヨタの時価総額は、残りの会社の時価総額の合計よりも大きいことが分かる（ここでの基準は企業価値よりも時価総額のほうが適している）。考え方Bの投資家ならば、「トヨタを買うか、それともエトナとデルタとフォードとGMとロッキードとニューヨーク・タイムズとティファニーを合わせて買うか」で迷うかもしれない。そして、注意深く分析したあとで、トヨタを選ぶこともあり得る。も

表1.4 「考え方B」──投資の選択肢（2004年10月）

ティッカー	会社名	時価総額	ティッカー	会社名	時価総額
AET	エトナ	128億ドル	TM	トヨタ自動車	1253億ドル
DAL	デルタ航空	4億ドル			
F	フォード・モーター	237億ドル			
GM	ゼネラル・モーターズ	214億ドル			
LMT	ロッキード・マーチン	238億ドル			
NYT	ニューヨーク・タイムズ	57億ドル			
TIF	ティファニー＆カンパニー	41億ドル			
		919億ドル			1253億ドル

ちろん十分な理由があったうえでの判断である。ただ、自分が雑魚だと思っていれば、レラティブバリュー戦略の重大性を無視してトヨタに投資し損ねてしまうかもしれない。

　次の**表1.4**は、同じ比較を2004年末に行った結果を示している。

　時価総額を比較すると分かるとおり、2004年末までの３年間のパフォーマンスはトヨタ１社でそれ以外の合計を上回っている。この結果は、驚くべきものだが、投資の成功において考え方Bだけでは十分ではない。良い判断を下すためには、その会社のファンダメンタルズの分析が欠かせないからだ（ちなみに先の表を再考してみると、理論的には2004年末にトヨタをすべて売却すれば、一連の会社に加えてさらにマクドナルドの93％も買うことができたことになる）。

自分の責任において行動する

　私は、雑魚的発想をやめて資本配分者の発想を採り入れると、より良い投資判断が下せるようになった。例えば、自動車会社には強いブランド力があり、売り上げも多く、PERも低いが、良い投資先だとは限らないことに気づくことができるようになったのだ。資本配分者の見方をすれば、自動車業界で最高の銘柄を選ぶのではなく、それ以外の業界にさらに優れたビジネスモデルで割安な銘柄があれば、それを選ぶことができるからだ。

　また、新しい発想をすると、業績が悪い会社に対して厳しい見方ができるようになった。現在の利益が将来のあるかどうかも分からない利益のために使われていることが直感的に分かるからである。しかし、これは希望的観測でしかない。マーケット参加者、なかでも成長株の投資家は、赤字会社に対して寛容な人が多い。そのうえ、一時的な支出を無視する傾向もある。しかし、このような支出は経常支出と同様に簿価を下げているのである。赤字会社の株を買う人がいるのは、将来利益を上げるか、有利な条件で売却や清算がされると信じているからだろう。それに、赤字がふくらんでもさらなる資本の提供を強いられることはないという安心感が無意識に働き、損失に対する許容度が上がっているようにも思える。もちろん私たちのリスクは法的には最初の投資額に限定されているが、だれかがこの会社の損失を何とかしてくれると思うのは幻想でしかない。

● もし自分が保有している赤字会社にほかの投資家が資金を提供するとすれば、①私たちの持ち分が希薄化する、②借り入れならば、支払利息とレバレッジは高くなる――のどちらかになる。いずれのシナリオも、妥当なリターンへの期待は打ち砕かれる。
● もしこの会社が資産を清算して損失を補てんすれば、私たちの持ち

図1.1 損失の意外な影響——トントンに戻すために必要な上昇率

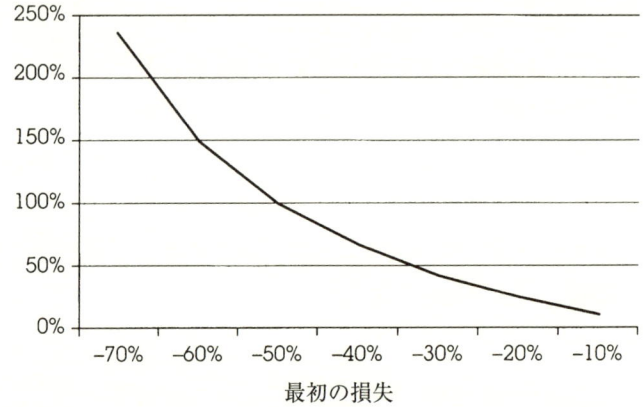

出所＝ザ・マニュアル・オブ・アイデア

分は希薄化しないが、1株当たりの簿価は下がる。図1.1が示すように、損失は一時的かどうかにかかわらず簿価に影響を及ぼす。例えば、簿価が20％下がれば、それを回復するだけでも25％上昇する必要があるからだ。

資本配分者の発想をすることの最大のメリットは、価値と価格を明確に分けて考えることができるようになったことかもしれない。ベンジャミン・グレアムも「価格とはあなたが支払うもので、価値とはあなたが受け取るもの」だと言っている。もし私が世界中の資本を配分することになれば、悪い判断を下してもマーケットに救ってもらうことはできない。すべて私の責任ならば、よりバカ理論（だれかがさらに高い価格で買ってくれる）は機能しないからだ。成功している長期投資家は、株の売却益ではなく投資先が上げるリターンで利益を上げている。この発想は、四半期予想が当たるかどうかを推測してマーケットが生み出す価値を期待する考え方とは、価値の推定方法が大きく

違っている。

　投機家やトレーダーではなく、資本配分者として行動するためには、まずかなりの規律が必要となる。私も、時には業績がみんなの予想を大きく超えることや、買収のうわさが正しいことに賭けてみんなを出し抜きたいと思うこともある。しかし、このように弱い理由でトレードするためには、その事業の本来の価値に対してマーケットに暗黙の了解ができている必要がある。ファンダメンタルズ的に割安の株を買っているのではなく、現在の株価がさらに上がることを期待して買っているからである。しかし、好材料を期待して過大評価されている会社を買っても裏目に出る場合があるため、私は自制心が欠かせないということを学んだ。収益が予想を上回ったとしても、過大評価されている株価がどう反応するかはまったく予想がつかない。好調な収益を好感するかもしれないが、将来の見通しについては失望するかもしれない。もしかしたら、マーケットはすでにこのことを価格に織り込んでおり、みんなうわさで買ってニュースで売るつもりかもしれない。GMOでチーフ投資ストラテジストを務める資産配分者のジェレミー・グランサムも、マーケットで自制するのは難しいとして、「トッププレーヤーを含めて、プロの多くは効率的市場の有効な一部として行動し、長期的な価値を探すことに時間と才能を費やすよりも、ケインズの『美人投票』に参加し、ほかの投資家の予想に対して先手を打ちたいと思っています」と言っている。2005年後半にエネルギー投資の見通しをウォール・ストリート・ジャーナル紙に寄稿したあるマネーマネジャーは、「このセクターは少し割高だと思うが、年末に向けて大きく値上がりしてもおかしくない。……まだ買っていない人たちもこれから買うはずだ」などと書いている。これは、資本配分者の考え方をする人の言うことではない。

投資の規模──10億ドルの本当の価値とは

　時価総額が数十億ドルや数千億ドルに達する企業がたくさんある今日では、気が遠くなるような金額を認識できるようにしておかなければならない。2004年末に、私はシリウス・サテライト・ラジオに目をとめた。この会社は時価総額が80億ドル以上あるが、直近の四半期は収益が1900万ドルで損失が1億6900万ドルだった。収益が少なくて、その8倍以上の損失を出した会社に対して80億ドルという価格は高すぎないのだろうか。従来の評価方法では80億ドルと評価できないなら、なぜ40億ドルや160億ドルではないのだろうか。ちなみに、評価額が納得できないときは、同じ金額で何が買えるのかと考えてみるとよい。原油価格が1バレル当たり50ドルとすれば、80億ドルで約3か月間インドの原油需要を賄える。あるいは、アメリカの1人当たりのGDP（国内総生産）が3万7800ドルだとすると、4200人のアメリカ人が生涯働いた額が80億ドルになる。つまり、シリウスを買うためには、4200人のアメリカ人が一生かかってためたお金が必要になる。しかし、何千人ものアメリカ人が一生働いてためたお金で赤字会社を買うことが理にかなっているのだろうか。この議論からシリウスの価値は分からないが、この会社の1株当たりの価値が市場価格から外れているかもしれないという警告にはなる。

　モニッシュ・パブライが、巨大化しすぎた企業への投資について、説得力のある反論をしている。彼はマンガーの格子のイメージを用いた手法をまねして、会社を哺乳類に例えた。パブライによれば、自然は哺乳類の体の大きさを制限しているが、会社も同じだと言う。象よりも大きい哺乳類がほとんどいないのは、哺乳類が定温動物で、生きるためにエネルギーを必要としているからだと言われている。体が大きくなるほど、心臓から四肢に血液を送るのが難しくなるからだ。同様に、大企業がさらに大きくなると、上層部と、顧客や納入業者やパ

ートナーとの接点が減っていく。そうなると、規模の大きさが不利に働いて効果的な経営ができなくなり、ライバル会社に追い上げられる。パブライは約10年前に、最も価値がある会社が集まるフォーチュン500社のなかで、純利益が150億ドルを大きく超える会社がないことを発見した（ちなみに、2005年に原油価格の高騰でエクソン・モービルが史上最高利益を上げ、このハードルを越えた）。毎月10億ドル以上の利益を上げるほど成功している会社は、ライバル企業の競争心をあおったり、時には独禁法取締官の機嫌を損ねてしまったりするのかもしれない。

オーナーとしての考え方

　ウォール街は大変なことになっている。最初は会社を所有するという単純な概念でさえ簡単ではなかったのに、今では四半期利益の予想やクレジット・デフォルト・スワップや高頻度トレードなどさまざまなことが起こっている。本来、ウォール街は資本を生産的な用途に配分するとともに重複コストを最小限に抑え、さまざまな業界が消費者の求める製品やサービスを提供できるようにするための場だった。しかし、今ではウォール街も、幅広い経済も、本末転倒の状況になっている。

　株を買う理由については、さまざまなことが言われている。「経営陣が素晴らしい」「製品が好き」「世界一になると思う」などは、一見もっともな理由だが、これらは投資価格には関係ない。理由はほかにも「大きな成長が見込める業界の会社だから」「今後マーケットが上げると思うからたくさん買ったうちのひとつ」「12月31日に小型株を買って『1月効果』を狙うから」「素晴らしい買収候補になり得る会社だから」「タクシー運転手が証券取引所まで乗せた客に聞いた耳寄り情報を教えてくれたから」「会社名が『中国（China）』から始まっ

ているから」などたくさんある。

　銀行やブローカーは、状況を複雑にして助言やトレードの需要を生み出したいと思うかもしれないが、投資のパフォーマンスを第一に考えるならば、ヘンリー・デビッド・ソローの『ウォールデン　森の生活』（小学館）に従って、「単純に、単純に」に徹するべきだろう。しかし、どうすれば複雑で危険になってしまった投資というゲームを単純にできるのだろうか。このとき唯一信頼できる方法は、1株で法的に何が得られるかを考えることかもしれない。もし株式市場が明日閉鎖されたら、自分が保有している株の価値をどのように見積もればよいのだろうか。おそらく、その会社の財務内容を確認するだろう。今年、この会社はどれくらいの現金を支払うことができるのだろうか。それは長期間で見れば増えていくのだろうか、それとも減っていくのだろうか。直感に反するかもしれないが、会社を買うときの評価方法は、株式市場が開いていても閉鎖していても変わらない。機能的な市場において、価値の源泉はひとつしかない。たまに市場はある会社を適正価格よりも安く買う機会を提供する。この機会をつかむことができた人は、ウォール街の何人かの人たち——受託義務よりも自分の財布を優先し、投資リスクよりも職業リスクを優先した人たち——に感謝すべきだろう。いや、何人かではすまないかもしれない。

正しい考え方を身につける

　資本配分者のように考えるということは、オーナーのように考えるということでもある。自分をトレーダーではなく会社のオーナーだとみなしている投資家は、マーケットではなく事業そのものが投資リターンを生み出すと考えている。そして、彼らは間違った判断を下しても、ほかの人が救済してくれるとは思っていない。

　投資のプロ化は、予期せぬ結果をもたらした。企業の本当の所有者

である個人や基金が、証券の選択から切り離されるようになってしまったのである。そして、長期のオーナーよりも、投資信託やヘッジファンドのように短期で証券を保有する人たちが優勢になった。その結果、投資リスクよりもファンドマネジャーの職業上のリスクを減らすポートフォリオが選ばれる傾向が高まり、トレーダー的な発想が高まり、会社の運営への関心は低くなった。バンガードの創設者であるジョン・ボーグルも、「かつての『株を所有する』業界ならば、株主のための企業統治を確認しないことなどあり得ませんでした。しかし、新しい『株を借りる』業界は、そんなことは気にしていません」と指摘している。

　資産運用業界では、企業とのつながりや社会的な理由を考慮するとファンドマネジャーが企業経営者の意向に反対するのは難しい構造になっている。ドイチェ・アセット・マネジメントは、ヒューレット・パッカード（HP）の大株主だった2002年に、異論が多かったコンパックとの合併に賛成票を投じたが、これはHP幹部からの圧力があったからとも言われている。あるリポートによれば、「合併に反対していたウォルター・ヒューレットは、HPの経営陣がドイチェ・アセット・マネジメントの親会社であるドイチェ・アセットを、合併に反対すれば投資銀行の取引を停止すると脅したとして、HPを提訴した。この圧力によって……最初は反対を表明していたドイチェ・アセットが土壇場で賛成票を投じた」という。大量の株が投資信託の所有になり、本当の意味の所有者が減ったことで、企業は統治力が弱まり、幹部の報酬は巨額になり、帝国主義的な吸収や合併が許容されるようになったのである。

　あとから考えて、HPの株主であること以外の要因によってドイチェ・アセット・マネジメントが合併に賛成することを事前に推測する方法はあったのだろうか。皮肉な見方をすれば、ドイチェ・アセットは、疑問視されていた合併が破談になるという観測を織り込んで通常

の合併アービトラージよりもスプレッドが大きかったコンパックに投資したかったのかもしれない。いずれにしても、顧客や株主の利益を最優先に考えない人たちにお金を預けてはならないということを、ここでは大きな教訓としてほしい。

　株式投資においてオーナーの発想をすることの重要性は、いくら強調してもし足りない。経営陣は株主のために働いているのであり、その逆ではない。株主は、持ち分が1株でも100万株でも、法的に権利を行使することができる。もちろん、持ち分が小さければ経営に与える影響は限定的になるが、成功を目指すならば大きく考えてほしい。もし分析の結果、経営陣が特別配当を行うか、自社株買いをするか、一部をスピンオフするか、経営力がないCEO（最高経営責任者）を代えれば優れた投資先になる会社ならば、このような変化を起こす力があるだれか（大株主やヘッジファンドなど）がそれに賛同する可能性は高い。投資していた会社で、あるとき予想外の行動によって株主の価値が再評価されたということを、私は驚くほど何度も経験している。このような会社を安定的に探し当てていくためには、もし自分に会社を変える力があればどのように変えるのか、それによってどれだけの価値が生み出されるのか、と考えてほしい。そして、その価値がある程度大きければ、実際に大変な改革をするのがほかの人であっても、その恩恵を受けられるかもしれない。

銘柄選びの枠組み

　本書では、株式投資のアイデアの探し方を9つの分野に分けて紹介していく。各分野では、アイデアを生み出したり評価したりすることを、若干違う方法で取り組んでいく。ただ、投資したい株を探すための包括的な方法も考える必要がある。そのため、本書では、①会社の規模や業種に関係なく分析できる柔軟性を持つ、②情報に基づいた判

断を下すための具体的な方法——という2つの条件を満たす銘柄選択の枠組みを考えていく。つまり、これは従来の配当割引モデル（条件②に対応できていない）をはるかに超えた枠組みでなければならない。もしかしたら、これまで多くの投資家が先発者利益や先端技術などといった主観的な見方と、株の全体的な評価との関連を理解しないまま株を選んでいたのは、既存のモデルが実際の銘柄選択に応用できないからだったのかもしれない。

あらゆる銘柄に使える銘柄選択の枠組みは複雑かもしれないが、包括的な方法はきっと見つかると思う。実際、株式市場自体があらゆる会社を時価総額という同じ次元でとらえる包括的な枠組みになっている。ここでは、バイオテクノロジーの会社も建設会社も同じドルという単位で評価されている。逆に言えば、時価総額の定義はどの上場会社でも同じため、投資家は建設会社の持ち分を売ればバイオテクノロジー会社をどれくらい所有できるかが正確に分かる。それに、バイオテクノロジー会社に投資している人は、社名が好きだからとかDNA研究に魅了されたからという理由で資金を提供しているわけではない。彼らもほかのみんなも、利益を上げるために投資しているのだ。つまり、私たちが必要としているのは、すべての会社を株主価値という同じ次元で表すことができるモデルなのである。この値を時価総額と比較すれば、だれもが情報に基づいた投資判断を下すことができるようになる。

図1.2は、さまざまな選択肢がある株式投資の世界で、少なくとも理論的には可能と思われる方法の概要を示している。この枠組みは、ほとんどの小口投資家にはあまり実用的ではないかもしれないが、それでも資産配分の最高責任者になったつもりで証券を選ぶときの考え方を知ることができると思う。

銘柄選択の枠組みとしてまず考えるべきことは、その会社を純資産の代替コストよりも安く買えるかどうかである。もし買えなければ、

図1.2 銘柄選択の枠組みの概要

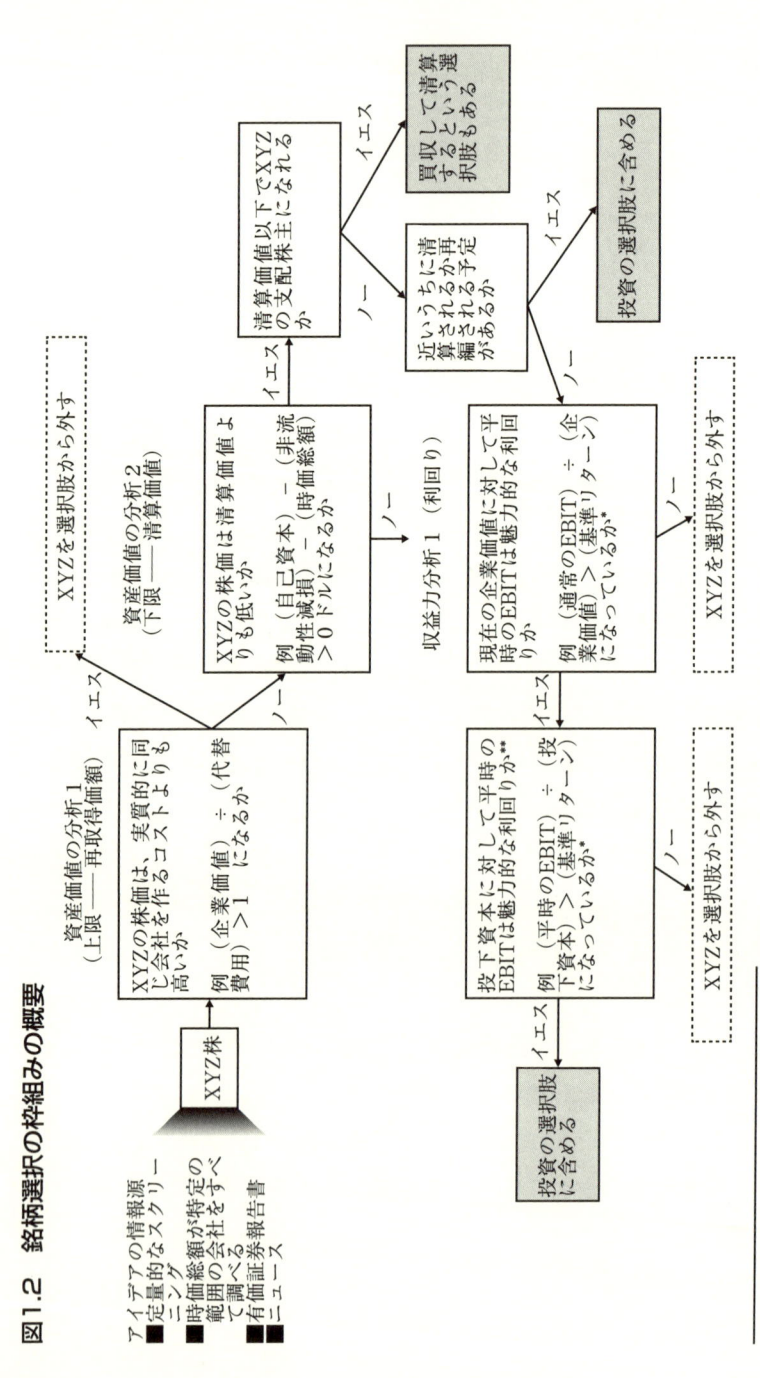

アイデアの情報源
- 定量的なスクリーニング
- 時価総額が特定べき範囲の会社を調べる
- 有価証券報告書
- ニュース

```
XYZ株
  │
  ▼
資産価値の分析1
（上限――再取得価額）
XYZの株価は、実質的に同じ会社を作るコストよりも高いか
例（企業価値）÷（代替費用）＞1 になるか
  │
  ├─イエス─→ XYZを選択肢から外す
  │
  ノー
  ▼
資産価値の分析2
（下限――清算価値）
XYZの株価は清算価値よりも低いか
例（自己資本）－（非流動性減損）－（時価総額）＞0ドルになるか
  │
  ├─イエス─→ 清算価値以下でXYZの支配株主になれる
  │             │
  │             ├─イエス─→ 買収して清算するという選択肢もある
  │             │
  │             ノー
  │             ▼
  │           近いうちに清算されるか再編される予定があるか
  │             │
  │             ├─イエス─→ 投資の選択肢に含める
  │             │
  │             ノー─→ XYZを選択肢から外す
  │
  ノー
  ▼
収益力分析1（利回り）
現在の企業価値に対して平時のEBITは魅力的な利回りになっているか
例（通常のEBIT）÷（企業価値）＞（基準リターン）*
  │
  ├─イエス─→ 投下資本に対して平時のEBITは魅力的な利回りか**
  │           例（平時のEBIT）÷（投下資本）＞（基準リターン）*
  │             │
  │             ├─イエス─→ 投資の選択肢に含める
  │             │
  │             ノー─→ XYZを選択肢から外す
  │
  ノー─→ XYZを選択肢から外す
```

* 基準リターンは、平時のEBITやそれ以外の材料がどれくらい信頼できるかによって変わる
** さらに考慮すべき点――資本を平時の資本利益率で再投資できるか、平均以上の資本利益率は継続可能か

出所＝ザ・マニュアル・オブ・アイデア

同じような会社を未公開市場で探したほうがよいため、選択肢から外す。もし代替コストよりも安く買えるならば、次は清算しても利益が出るかどうかを考える。もしそうならば、清算も選択肢のひとつになる。ただ、株価はたいてい清算価値よりもはるかに高いため、そのときは収益力を見ていく。

収益力が順調ならば、次はその会社が投資に見合う十分なリターンを株主に還元しているかどうかに注目する。これには、考慮すべき点――純利益とフリーキャッシュフローの関係、資本を魅力的な利率で再投資できるか、経営陣の資本配分における方針の本質などを含む――がたくさんある。

本章のポイント

次の10のポイントを覚えておいてほしい。

1. 投資の世界では、独自の方法で成功することさえ難しいのだから、他人のまねをして成功するなどということはほとんど不可能に近い。たとえプロであっても、みんな投資で成功するための自分だけの方法を見つけださなければならない。
2. ある達人の主な教えは単純で、株式はその会社の持ち分の一部を表しているという。
3. 多くの投資家は、ファンドのパフォーマンスが上がったあとに資金を預け、パフォーマンスが下がったあとに解約するという傾向があるため、投資家が実際に手にするリターンは、そのファンドのみかけリターンよりもかなり低くなる。
4. ヘッジファンドに投資するときは、まずそのファンドマネジャーがバフェットを上回るリターンを上げることができるかどうかを考えるべきだろう。これは、手数料差し引き前でも十分難しいが、

最初に手数料を差し引いたあとの資金でそれを達成するのはさらに難しくなる。

5. 世界で最もお金持ちの投資家は、トレンドフォロワーでもテーマ型の投資家でもデイトレーダーでもなく、資本配分者だというのは少し意外な気がする。バフェットは株価ではなく、その根底にある事業を見極めることで、長期間かけて複利で素晴らしい利益を上げていく。

6. ほとんどの投資家は、マーケットにほとんど影響を及ぼさない。しかし、雑魚的な考えで投資をしていても成功にはつながらない。自分が世界中の資金を最高のリターンを生み出すところに配分する役目を担っているつもりで取り組むほうがよい結果につながる。

7. 投資先の会社が損失を出しても、私たちのエクスポージャーは法的に投資額に限定されているが、だれかがその損失を埋め合わせてくれると思うのは幻想でしかない。

8. 損失が出ると、それを回復するためだけでもさらに大きな利益率が必要になるため、長期的な資本に悪影響を及ぼす。例えば、簿価が20％下がれば、それを回復するだけでも25％上昇する必要がある。

9. モニッシュ・パブライは、巨大すぎる企業への投資について、チャーリー・マンガーの格子のイメージを用いた方法をまねして説得力のある反論をしている。パブライによれば、自然は哺乳類の体の大きさを制限しているが、会社も同じだと言う。

10. 資本配分者のように考えるということは、オーナーのように考えるということでもある。自分をトレーダーではなく会社のオーナーだとみなしている投資家は、マーケットではなく事業そのものが投資リターンを生み出すと考えている。

第2章

グレアム流ディープバリュー（割安株）投資 ── 優雅ではないが利益は上がるしけモク投資戦略

Deep Value : Ben Graham-Style Bargains--Inelegant but Profitable Strategy of Cigar Butt Investing

「問題は誤ったコンセンサスの逆を行くことと、ただ意地を張ることと区別することである」── ロバート・アーノットとロバート・ラベル・ジュニア

　「投資のワゴンセールにようこそ！」。この言葉は、グレアム流投資をうまく言い表している。彼は、何十年も前にコロンビア大学の同僚のデビッド・ドッド教授と共同で執筆した『証券分析』（パンローリング）のなかで自分の手法を紹介している。グレアム流投資は、いきなり株価から始まる。そして、グレアム派の投資家は、価格が何らかの具体的な基準で見て割安でなければ興味を示さない。「ケチ」な投資家たちは、対象の会社が世界最高の事業を運営していたとしても、まったく関心がない。しかし、この規律によってディープバリュー投資家は、ほかの投資家が踏み込もうとしない株式市場の弱点を突いて成功しているのである。

　かつてマンハッタンのユニオンスクエアにあったヴァージンメガストアのようなCD店に行き、ワゴンセールの掘り出し物を見つけるのが好きだった人ならば分かると思うが、掘り出し物探しにはいくつかの特徴がある。セール品は店の分かりにくいところにあることが多く、当然ながら売れ筋トップ10のCDのほうがはるかに目立つ場所に置いてある。また、セール品は見やすい棚に並べられているのではなく、大きなかごに放り込んである。客はそのなかから自分の責任で、たまにある掘り出し物を見つけたくて、普通かダメか最悪なCDをあさっていく。セール品は返品ができないため、客はすべてのリスクを負う。

最後に、これをしていると、素敵な異性に出会うチャンスはかなり低くなる（デートでマクドナルドに行くようなタイプが好みならば話は別だが）。つまり、掘り出し物探しを楽しめるのは、特定のタイプの人たちで、同じことはグレアム流の株式投資にも言える。

バリュー投資家のイーサン・バーグは、自身の掘り出し物探しの能力について「私が消費者として購入した主な掘り出し物は、どれも価格の付け方が変則的で、もっと正確に言えば間違っていました。私が買ったレッドソックスのシーズンチケットは１席20ドルでしたが、同じ眺めでも２列違えば65ドルで、約2.5メートルの通路の反対側でも45ドルします。また、新車の４分の１の価格で買った中古車の寿命は、私が見たところ新車の85％程度はあると思います」と語っている。

その方法はなぜうまくいくのか

私たちはみんな基本的に掘り出し物を探したいと思っているが、本当の意味でそれができる人はまれにしかいない。多くの投資家が価格と質を天秤にかけたとき、結局は確証と安心を得たいために高い価格の質の良いほうを選ぶ。このような考えそのものは問題ではない。ウォーレン・バフェットでさえ、投資方法が時とともに変化していったことはよく知られている。ただ、彼の場合は本人も認めているように、投資資産が急増したことも手法が変化した一因になっている。

ところが、バフェットはバークシャーが高品質のフランチャイズ事業に投資するようになったはるかあとになって、個人ポートフォリオでグレアム流の割安株投資を行っている。数年前に、彼は個人ポートフォリオのなかで韓国のネットネット株（流動資産から負債総額を引いた値よりも安い株）に投資したと報道されたのだ。セントー・キャピタル・パートナーズでマネジングパートナーを務めるジーク・アシュトンの投資手法も、同じように進化してきた。「私たちは、質の高

い事業と優れた経営陣によって長期的に価値が上がっていく投資先を選ぶようにしていますが、そこそこ資産が手ごろな価格ならば買うことがあります」

証券分析の父の時代の実績

　経済学者のユージン・ファーマとケネス・フレンチは、株のパフォーマンスと簿価時価比率の関係を詳しく研究した。2人の有名な論文は、1963～1990年にかけたNYSE（ニューヨーク証券取引所）とAmex（アメリカ証券取引所）とナスダックのほぼすべての銘柄を網羅している。すべての銘柄は、簿価時価比率によって10段階に分類され、毎年ランキングの更新が行われた。この比率が最高だったグループのパフォーマンスは、最低だったグループよりも平均8～21％上回っており、ランクが下がるほどパフォーマンスも下がっていた。ファーマとフレンチは、分類ごとのベータ（株価指数に対する感応度を示す変数）を調べ、割安株のほうがリスクが低く、成長株のリスクが最も高いという結論に達した。ファーマが長年、資本資産価格モデルの擁護派だったこともあり、この研究は大きな反響を呼んだ。**図2.1**は、バリュー株と成長株の相対的なパフォーマンスを示している。

　バリュー投資家の多くは、推定された資産価値よりも安く買うという戦略を使って高い投資リターンを上げている。このなかには、すぐ思い浮かぶだけでもベンジャミン・グレアム、ウォルター・シュロス、ジョン・ネフ、マーティー・ウイットマンなどがいる。ただ、ウォーレン・バフェットやジョエル・グリーブラットといった最も成功している投資家は、視点をバランスシート上の価値から優れた事業へと移してさらに見事なリターンを上げているということも記しておく。

　バリュー投資の聖杯は、バランスシート上の資産を確保しつつ、資本利益率が高い事業を行っている会社を見つけだすことかもしれない。

図2.1　アメリカのバリュー株と成長株の年間パフォーマンスの違い
　　　　（1927～2012年）

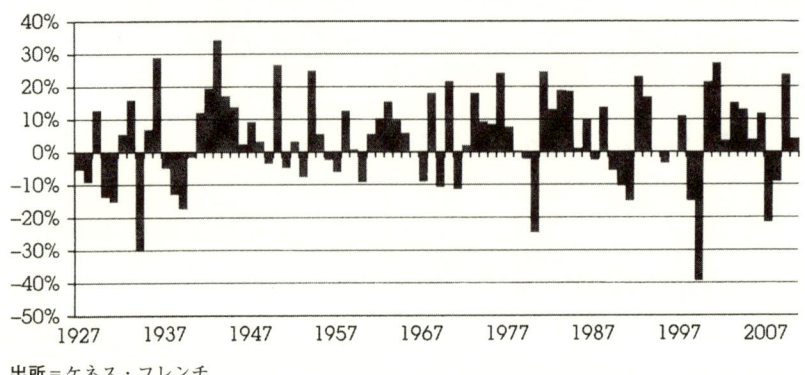

出所＝ケネス・フレンチ

　しかし、このような会社を見つけだすことは、短期的に収益が急落した会社でもないかぎりほとんど不可能に近い。しかし、もしあれば、この会社は一見低リターンに見えるが、利益率が正常化すれば魅力的な資本利益率の会社になるかもしれない。もうひとつ、聖杯になり得るかもしれないのは、バランスシート上の資産のなかに、主力事業にかかわりのない資産が含まれている会社である。
　エイクエム・インベストメント・マネジメント幹部のトビー・カーライルによれば、統計的に安い株に投資するグレアムの手法は、驚くほど寿命が長いという。

　　グレアムが天才だということは、正味流動資産を使った戦略が発表されてから76年たった現在でも、期間や場所に関係なくさまざまなマーケットで使うことができる非常に有力な手法であることが証明している。この戦略は、多くの論文でも取り上げられている。なかでも、ヘンリー・オッペンハイマー教授の「グレア

ムの正味流動資産――最新のパフォーマンス」(Ben Graham's Net Current Asset Values : A Performance Update) と、ジェームス・モンティエの「グレアムのネットネット株――時代遅れか、それとも傑出しているのか」(Graham's Net-Net's : Outdated or Outstanding?) は注目に値する。オッペンハイマー教授は、1970~1983年にかけたアメリカの正味流動資産株のパフォーマンスを調べ、これらの株の平均リターンが指標の11.5％を上回る29.4％だったことを発見した。また、モンティエは、1985~2007年にかけたさまざまな国の正味流動資産株のパフォーマンスを調べ、年間リターンが指標の17％より高い35％だったことをつきとめた。

存続するよりもなくなったほうがよい会社もある

　投資家のなかには、永遠に存続しなくてよい会社もあるということを忘れている人がいる。かつて会社と言えば、例えば期限内に何らかの計画を実行するための有限責任の組織だったが、時とともに会社とは持続するための法人に変化していった。もちろん会社が永遠に続くということは、永続的なフランチャイズによって経済的な価値を生み出していくということだが、もし価値を減らしているのならば秩序立った資産の清算が望ましいときもある。ただ、このような考え方をする経営者はあまりいないし、普通は株主も清算が価値を最大にする方法だとは思っていない。
　それよりも、中核となる事業に限定し、株主リターンを最大にすることを目指すべき会社もたくさんある。このような会社は長く存続し、もし競争力や市場構造が大きく改善すれば、資本の再投資を継続するという選択肢を持ち続けることができる。また、低リターンの事業を運営している会社は株価が安ければ、株主リターンを優先することで

投資家に高い投資リターンを提供できる。当たり前のことだと思うかもしれないが、投資家の長期的なリターンはその会社の資本利益率に近くなるという考えは、正しくない部分がある。もし会社がすべてのキャッシュフローを配当に回せば、長期投資家は最初に買ったときの価格に対してフリーキャッシュフローの利回りを得ることになる。配当性向が100％ならば、その会社の資本利益率は関係ないのだ。ちなみに、配当性向が低い場合は、事業の経済性が重要になる。

表2.1は、配当方針が株式投資家のリターンに与える影響を示している。ここでは、資本利益率を控えめに10％とした。最適な資本配分をすれば投資家のリターンがかなり高くなるということに注目してほしい。今回の例では、もし企業が収益をすべて留保すれば、投資家のリターンは資本利益率と同じになる。反対に、もしすべての収益を配当に回せば、投資家のリターンは株を買った価格に対する収益率であり、この場合は20％となる。

この比較は、現金をそこそこの事業に再配分するよりも、株主に還元することの重要性を浮き彫りにしている。時には、清算が最も理にかなっている場合もあるが、もしその会社に少ない資本投資で現金を生み出す部門があれば、清算は必要でもなければ最適な選択でもない。反対に、現在のキャッシュフローと比べて割高な価格で買ってくれる人が外部にいるならば、株主のためには売却すべきなのかもしれない。

グレアムが開拓した手法は、清算時の会社の価値について考える枠組みを与えてくれた。もし推定清算価値が市場価格を上回っていれば、その会社は存続するよりも清算したほうがよいのかもしれない。『証券投資』のなかで、グレアムとドッドは煩雑になりがちな清算過程に合わせてバランスシートの数字をある程度調整すべきだと述べている。ただ、調整を適切に行うためには複数の要素を考慮しなければならない。これについては本章後半で説明する。

私たちの経験から言えば、末期状態の会社に思いがけない問題が潜

んでいることがよくあるにもかかわらず、投資家は清算価値を高めに推定する傾向がある。それでも上場会社の株価が保守的な清算評価額よりも安ければ（かつ清算が実際に可能ならば）、投資家は清算によってかなりのリターン（年率換算して）を手にすることができる。ただ、このようなケースは保有期間が比較的短いため、ハゲタカ投資家が資本を常に稼働させておくためには同様なチャンスを継続的に見つけていかなければならない。

　過小評価されている会社を清算して価値を現金化するという選択肢は、実在する会社のオーナーとして、株主に法的に認められた権利でもある。ザ・バウポスト・グループ会長のセス・クラーマンは次のように書いている。

> **清算は、株式市場の本質が現れる数少ないチャンスでもあります。株とは、延々と売買され続ける紙切れなのでしょうか、それとも会社の部分的な所有権なのでしょうか。清算はこの議論を終わらせるもので、最高額を提示した買い手が支払った現金が、紙切れの持ち主に分配されます。つまり、清算とは過小評価された株価や過大評価された株価と会社の実際の価値を一致させることであり、株式市場と現実をつなぐことでもあります。**

投資家の収益へのこだわり

　面白いことに、投資家は私生活では資産自体を評価しているのに、ポートフォリオの資産になると収益を重視するようになる。ちなみに、この場合の収益とは投資した会社の損益計算書の数字であって、わずかな配当金のことではない。私たちは、欲しいものがあれば資産の価値が時とともに上がるかどうかなどと考えることなく借金をして買うことが多い。つまり、資産の現在必要な価値や欲しい価値を評価して

表2.1 配当方針が投資家のリターンに及ぼす影響

	0年目末	1年目末	2年目末	3年目末	4年目末	5年目末	6年目末
前提							
買値	($100)						
予想PER	5.0x	5.0x	5.0x	5.0x	5.0x	5.0x	
ROE		10%	10%	10%	10%	10%	10%
配当なし							
期首の資本		$1,000	$1,100	$1,210	$1,331	$1,464	
純利益		$100	$110	$121	$133	$146	$161
支払い配当金		$0	$0	$0	$0	$0	
期末の資本	$1,000	$1,100	$1,210	$1,331	$1,464	$1,610	
時価総額	$500	$550	$605	$666	$732	$805	
受取配当金		$0	$0	$0	$0	$0	
株式売却		$0	$0	$0	$0	$161	
総現金収入	($100)	$0	$0	$0	$0	$160	
税引き前リターン	10%						
50%の配当							
期首の資本		$1,000	$1,050	$1,103	$1,158	$1,216	
純利益		$100	$105	$110	$116	$122	$128

		($50)	($53)	($55)	($58)	($61)
支払い配当金	$1,000					
資本(配当後)	$500	$1,050	$1,103	$1,158	$1,216	$1,276
時価総額		$525	$551	$579	$608	$638
受取配当金		$10	$11	$11	$12	$12
株式売却	($100)	$0	$0	$0	$0	$128
総現金収入		$10	$11	$11	$12	$140
税引き前リターン	15%					
100%の配当						
期首の資本	$1,000	$1,000	$1,000	$1,000	$1,000	$1,000
純利益		$100	$100	$100	$100	$100
支払い配当金(配当後)		($100)	($100)	($100)	($100)	($100)
資本(配当後)	$1,000	$1,000	$1,000	$1,000	$1,000	$1,000
時価総額	$500	$500	$500	$500	$500	$500
受取配当金		$20	$20	$20	$20	$20
株式売却	($100)	$0	$0	$0	$0	$100
総現金収入		$20	$20	$20	$20	$120
税引き前リターン	20%					

出所=ザ・マニュアル・オブ・アイデアの分析より

いるのである。しかし、上場会社の株に投資するときは、バランスシート上の価値は過小評価し、定期的な収益を過大評価する人が多い。はやりの会社は、実物資産があまりなくても時価総額が驚くほど高くなったり、豊富な資産を持つ会社の株が代替価値よりも下がったりすることがあるのはそのためだ。これについて、チャーチ・ハウス・インベストメントでインベストメント・ディレクターを務めるヨーレン・ボスは次のように考察している。「私が買っている会社は、ほぼすべてが損失を出していて、配当もしていません。……しかし、株価は運転資本を下回っています。これらの会社の損失は次の2～3年は許容できる程度で、経営もうまくいっています」

株の分析において収益とキャッシュフローを考慮すべきことに疑問の余地はない。ほとんどの場合、それが最重要項目だと言っても過言ではない。コカ・コーラやジョンソン・エンド・ジョンソン、プロクター・アンド・ギャンブルなどは、実物資産は比較的少ないが、収入源を持っていることが素晴らしい価値になっている。これらのフランチャイズ事業が地道に収益に貢献しているかぎりリスクは小さいため、バランスシートを重視して評価する必要はない。ただ残念なことに、多くの投資家がフランチャイズ事業の定義を緩くしすぎてバランスシートの見方が甘くなっているように思う。長い目で見れば、ほとんどの会社の収益は、投入できる純資産と関連している。資本集約度が高い事業ならばなおさらだ。これらの企業は、需給の偏りやそのほかの一時的な要因によって短期的に運転資本利益率が大きく跳ね上がるかもしれないが、いずれは平均値に戻る。しかし、この一時的な好調を過大評価してしまうと、投資家はかなり苦しむことになる。

投資家が収益に注目することで価値が適切に評価されなくなるのはどのような会社だろうか。私たちが特に関心を持ったのは、バランスシート上の実物資産に大きく依存して投資家に直接利回りを提供しようとする会社である。例えば、営業純利益が株価に大きく影響する不

動産管理会社の場合、マーケットは通常キャップレート（収益還元利回り）を適用している。しかし収益が下がると、それが一時的なことなのかどうかを見極めるのは難しい。マーケットに恐怖感が広がればなおさらだ。このようなとき、不動産管理会社の株価は代替価値を大きく下回ることになる。バランスシート上のレバレッジが大きくなければ、投資家は必要以上に悲観的になる。不況にでもなれば、マーケット参加者の多くはノンリコースローンなどの評価すべき点も無視してしまうかもしれない。株式を公開しているリミテッドパートナーシップなどもこのタイプで、その多くはエネルギー関連だが、予測が難しい石油やガスの探査会社と違い、もっと安定した事業運営をしている。

　ベイス・ファンドでポートフォリオマネジャーを務めるマッシモ・ファゲッタは、2011年初めに過小評価されていた不動産関連会社について次のように語った。「最近、気に入っている会社のひとつに、バラット・デベロップメントというイギリスの住宅メーカーがあります。この会社の株価は、2007年まで有形固定資産の１～２倍だったのに、現在は簿価の25％しかない１ポンド以下まで下げています。これはタイミングも価格も悪かった買収で問題を抱えているうえに、建設業界の低迷も続いているためですが、いずれ市場が平常化すれば今の株価の何倍もの価値がある会社だと考えています」。そしてこの２年後、バラットはファンダメンタルズが今までの平均近くまで回復したことで、株価も２倍以上に上昇した。

　価格が市場に左右される製品を扱っている会社についても考えてみよう。もし物価の時系列がある程度平均に回帰することが期待できても、底を付けたときに投資家が怖いと感じれば、彼らはその会社の資産を過小評価するかもしれない。2010年、アメリカの石油会社（テソロ、アロンUSA、ウエスタン・リファイニングほか）の株価が何年かぶりの底値を付けるというアノマリーにみんなの関心を向けたのが、

ウォートン・スクールのパベル・セーバー教授だった。これらの株価は、クラックスプレッドが平均の水準を回復すると、大きく反転した。需要が増えているのに、規制が精製量の増加を阻んでいることも、スプレッドが広がる要因になっていた。

さらによくあるのは、もともと「堀」が狭い事業でも現在の利益率が低いため、投資家に人気がないというパターンで、さまざまな会社がグレアム流の割安株に分類されている。これらの企業の多くは、バランスシートに隠れ資産があるわけではないが、純資産価値が高いのに無視されてきた宝物として勤勉な投資家に発掘されることもある。例えば、ローンデール・キャピタル・マネジメント社長のアンドリュー・シャピロが目をつけたリーディング・インターナショナルは、豊富な資産があるのに投資の世界で無視され続けていた会社だった。同様に、ユーダイモニア・インベストメントでゼネラルパートナーを務めるエリック・デュモントは、カナダの天然ガスの探査・生産会社のコリドー・リソースの価値をサム・オブ・ザ・パーツ分析(事業ごとの分析を合わせて評価する手法)で明らかにした。バランスシートに注目した投資はミスターマーケットの理解の範疇だが、収益ばかりに注目していたら、この会社は人知れず放置されていただろう。このようなケースはタイミングが難しいが、もし価値を正しく評価できれば、報われることも多い。

人材派遣業界も、マーケットが目先の収益に注目するため価格が変わりやすい業界のひとつだ。長期投資家は、タイムアービトラージ戦略でかなりの利益が見込めるかもしれない。シュローダーのスペシャリスト・バリュー・UKエクイティースでファンドマネジャーを務めるニック・キラージは次のように書いている。

> **人材派遣業は……固定費が高く、売り上げと収益はかなり変動します。それを理解したうえで、通常この業界のバランスシートは、**

あえて現金比率を高めにするか、負債比率を低めにしています。しかし、マーケットは短期的な利益に注目して、株価が周期的に大きく落ち込むと、もう利益は回復しないか、するとしても長くかかりすぎるから待てないと結論付けます。しかし、バランスシート上のリスクは低いため、3〜5年待つつもりならば期待できます。損失が永遠に続く可能性はとても低く、むしろ経営レバレッジが両方に働いて、大きな利益につながる可能性が高いでしょう。

エイジス・バリュー・ファンドでポートフォリオマネジャーを務めるスコット・バービーが資産価値で下方リスクを防ぎ、収益力で上昇の可能性を追求する方法を紹介している。「私たちは、資産価値よりもかなり安くて、2〜3年前の平時の収益の1桁台前半の倍率になっているときに買っています。そうすれば、資産が下落の下支えになり、収益が増えれば投資利益も上がります」。バービーの方法は、赤字続きで時価総額が有形固定資産以下に下げている企業には特に有効だと思う。ただし、現在の損失が回復不能な原因によるのか、周期的なことなのか、一時的な利益率の低下によるのかは見極めておく必要がある。

グレアム流投資 ── 利用と誤用

ディープバリュー投資のパフォーマンスは長年マーケットの平均を上回ってきたのに、なぜすべての長期投資家がこの手法を用いていないのだろうか。投資家はほぼ全員が、マーケットで儲けるという同じ目的を持っていても、その道のりは人によって大きく違う。特定の手法の過去の実績は、それが成功した理由を理解して受け入れなければあまり意味がない。もしかしたら、グレアム流投資は、ひとりで耐え

る並外れた意思が必要なわりにバカだと思われるため、投資家のなかでもほんの一部の人にしか適していないのかもしれない。コーホー・キャピタル・マネジメントでマネジングパートナーを務めるジェイク・ロッサーはこの手法について、「耐えることを学びました」と言っている。

精神的な不快感に耐えた報酬

ディープバリュー投資について、「割安度は大きいと思うけれど、どうしても安心できない」という感想をよく聞く。そして、チャンスを見送る理由を聞くと、多くの投資家が不確実性、悪材料が出てくる可能性、単純に悪い予感がするなどの理由を挙げる。また、悪いニュースが出ている会社を保有しているということを顧客に伝えにくいということもあるようだ。

ただ、投資において安心は高くつくこともある。別の言い方をすれば、保有しているのが不安な株はかなり割安になっていることが多いため、不安を受け入れれば報われることもある。ただ、不安の原因が事業の見通しや本質的価値などファンダメンタルズ的な要素にかかわる場合は、不安を受け入れても報われないかもしれない。ちなみに、不安を感じる一因は、投資家の心理的な受け止め方にもある。投資家の多くは、良い会社で失敗するほうが、ミスを受け入れやすい。エンロンに投資して失敗しても、大勢の賢い人たちが同じ間違いをしたと考えれば、多少不快さが癒やされる。しかし、多くのアナリストに酷評され、最高のヘッジファンドが空売りしていた銘柄で失敗すれば、無力感を味わうことになるだろう。

アップルが台頭しているときに、リサーチ・イン・モーションやノキアやソニーといった負け組のライバル会社に投資したらどうなるか考えてみてほしい。これらの企業の株価が下落すると、多くのアナリ

ストが彼らの終焉を予測する。もしこれらの企業に投資して損失が出れば、自分1人が負けたような気がするだろう。同じようなことは、評判が悪く、大きく空売りされている営利目的の教育産業にも言える。同病相哀れむではないが、1人で不快感に耐えられる人には報酬が待っているのかもしれない。レッグ・メイソン・キャピタル・マネジメントのチーフ投資ストラテジストでサンタフェ・インスティチュート会長のマイケル・モーブッシンによれば、「バフェットのアドバイスは優れていますが、実践するのは簡単ではありません。評価が最悪なときは、投資から気持ちが最も離れているときでもあるからです」。GMOでポートフォリオマネジャーを務めるジェームス・モンティエも、「みんな外挿による推定が好きで、周期の存在を忘れています。ただ、株の収益率も倍率も低ければ、リターンが高くなる可能性はあります。私たちは不快でもそれを保有することで給料をもらっています。楽なことをしていても、お金は稼げません」と言っている。GAMの投資マネジャーのジョン・ランバートは、「現在センチメントが落ち込んでいる分野、つまり評価も下げていると思われる分野」で投資先を探しているという。

　もしポートフォリオにグレアム流の割安株のみを保有していると、ポートフォリオの市場価値が急落したときなどは非常に不安になることがある。そうなると、すべての銘柄に価値がないように思えてくるかもしれない。これらの株は、言うなればみんなそこそこの事業をそこそこに経営している会社で、資産が浪費されているだけかもしれないのだ。そこで、ディープバリュー株の投資は大数の法則――ディープバリュー株のリターンは歴史的に見てマーケットを上回っているということと、分散によってポートフォリオ全体で見れば長期間には十分なリターンを上げることができるということ――を信じる必要がある。ただ、理にかなっていることは分かっていても、本当に耐えられるかどうかはポートフォリオの価値が下がったときに試される。

反対に、質の高い会社——負債が少なく、株主を重視した経営がなされている会社——に投資していれば、たとえ株価が下がっても事業が下落を下支えしていずれ回復すると根拠を持って信じることができる。
　グレアム流投資で不安に陥るのは、資産価値が高くても、収益やキャッシュフローが低いからだ。このようなストレスの下で、投資家は自分の投資テーマに疑念を抱き、客観的に評価した資産価値を無視してしまうかもしれない。彼らは怖くなると「キャッシュフローを生まない資産にどんな意味があるのか」「小売業全体も低迷しているし、自分が保有している会社の店舗も儲かっていなければ、その不動産にどんな価値があるのか」などと考え始める。ビル・アックマンがJ・C・ペニーに投資したケースは、彼の分析に基づけば非常に理にかなっていたが、おびえた投資家はその想定を見て「株主にはわずかな資産しか残らない」などといった歪んだ解釈しかできないかもしれない。ただ、さまざまな見方があることでJ・C・ペニーのような銘柄は大きく変動し、みんなが売っているときに買うという不安を受け入れる投資家にチャンスを提供している。
　素晴らしい投資リターンの見返りにどこまで不安に耐えられるかを最もよく分かっているのは自分自身である。ここは、自分をごまかしてはならない。パフォーマンスが悪くなるのは、資金やそれ以外の理由で投資を継続する力がないときが多い。ちなみに、安心して投資できる会社でも、大きな利益を上げることはできる。成功をもたらすものはあまり変わらないのだ。例えば、おろかに見えてもみんなの逆を行くという方法ではなく、企業の競争力の持続性を分析することもできる。このような例はたくさんある。不動産投資では、海岸沿いの一等地でも、中流の住宅地のボロ家でも利益を上げることができる。ただ、それぞれの地域で利益を上げるためには、まったく違う能力や感覚がいる。成功する人たちの多くは、探し当てたチャンスに合った強

みを発揮できる人たちなのだと思う。

回転率も低くないし、長期投資でもない

　グレアム流のディープバリュー投資は、元祖バリュー投資と呼べるものかもしれない。しかし、彼の手法は多くのバリュー投資家の主な特徴である忍耐、つまりポートフォリオの回転率が低いこととは少し違う。豊富な資産があっても、事業リターンが低い会社への投資は、時間が不利に働くこともあるからだ。経営陣が資産を維持したうえで本業に再投資して低いリターンしか上げていない会社は、たとえ割安で買っても株主リターンは期待できない。ウォーレン・バフェットは、かつてグレアムの手法を道に落ちているしけモクを拾うようなことと表現した。つまり、湿気た吸い殻だが、タダであと一吸いできる。ちなみに、しけモク株投資は継続的なリターンではなく、一度だけのヒットを狙うもので、できれば速いほうがよい。湿気た吸い殻をいつまでも持っていたい人はいないのだ。

　ディープバリュー投資家について、何カ月もニュースがないこともある無名の銘柄を保有し続ける最高に忍耐強い人たちだと誤解している人がいる。もちろん、高値の人気銘柄ならば、頻繁にニュースがあり、ウォール街の多くのアナリストが分析をし、ネット上でもたくさんの情報が行きかっているため、あまり忍耐は必要ないかもしれない。そう考えれば、しけモク銘柄は流動性が高い人気銘柄よりは長く持つつもりでいなければならないこともある。しかし、しけモク株の成功は年100％台の回転率にかかっている。ディープバリュー株の場合は、ポートフォリオが年に１回入れ替われば税的には長期のキャピタルゲインを得ることになるが、しけモク株投資の場合は税金を繰り延べられるポートフォリオを構築することにあまり意味はない。

　反対に、同じバリュー投資でも、魅力的な再投資のチャンスがある

会社を探す場合は、同じ会社への投資を何年も続け、税金を繰り延べながら複利で運用できる。ロッサーは、質が高い事業にシフトしていったことについて、次のように語っている。

> 以前、私のツールキットにはネットネット株やサム・オブ・ザ・パーツ株が入っていましたが、今はもうありません。今でも財務内容が良い会社を探していますが、より重視しているのは、収入源になって、修理の必要がないエンジンを持っていることです。結局、そのほうが株価と清算価値のギャップを埋めるよりも大きな利益が期待できます。つまり、私たちは**本質的価値とのギャップを狙うグレアムのしけモク投資から、複利マシンを若干安く買うチャーリー・マンガーの手法に移行したのです。**

最終的には、バフェット流でもグレアム流でもマーケットで利益を上げることはできる。大事なのは、それぞれの手法に必要な分析や規律が個人の好みに合っていることだろう。ある手法をずっと使う人と、別の手法に移行していく人がいるのはそのためかもしれない。ちなみに、同じ投資商品で、両方の手法を同時に用いて成功している人はあまりいない。

グレアム流投資は、バイ・アンド・ホールドが必ずしも最善策でないということを示している。むしろ、価値ある資産を持っていても事業が低迷している会社から価値を引き出すときは短期のほうがよい。ただし、これは株価に対してではない。むしろ逆だ。分析が正しければ、株価の下落は売りよりもさらに買うチャンスになる。短期の矛先は、経営陣に対して向けられる。不満の表明は、多くの投資家にとっては理論上のことだが、それを投票で示すことができる機会がときどきある。バリュー投資家の多くが、不満を表明する物言う株主の存在を調べるのはそのためである。株主が分別のある人たちならば、あま

り心配しなくてもよいかもしれない。だが、物言う株主の触媒的な行動が委任状の争奪戦になったときは、同じように憂慮していても受身な株主の投票が重要になってくる。

　通常、しけモク株は時間の経過とともに株主の年間リターンが下がると予想されているが、そうであっても一定期間が経過したら単純に売ってしまってよいのだろうか。もしその会社が1～2年のうちに株主の価値を実現するために何の活動も起こさなければ、塩漬けになってしまう前に売るべきなのだろうか。私たちは、そのような杓子定規な考えをすべきではないと思っている。慎重さを欠くと、状況に合った行動をするための選択肢も失うことになる。そこで、一定期間が経過したら自動的に売るのではなく、定期的に方針を見直すことを提案したい。

　毎年、もしくは四半期ごとに方針を見直すときは、最初の投資テーマと実際の動きの違いに注目してほしい。もし経営陣の動きが期待したよりも遅ければ、その理由を知りたい。そして、何より重要なことは、過去の経験と照らして、将来価値が創造される可能性が高いかどうかの判断をすることである。もし現時点でこれ以降も十分な価値の創造が期待できるならば、投資を継続すべきだろう。過去は埋没費用と考え、将来起こり得ることの参考にする以外は、期待リターンの算出に含めるべきではない。

しけモク投資ではポートフォリオの集中に気をつける

　創造的破壊は、グローバル経済においても健在である。変化のペースが加速したことで、多くの会社はより大きな危険に直面しているという意見もある。新聞社やテレビ局は、長年、業績が最も予想がしやすい会社と考えられてきたが、インターネットの台頭でこれらの企業の将来は危機に瀕している。インターネットの先駆者でベンチャーキ

ャピタリストでもあるマーク・アンドリーセンがウォール・ストリート・ジャーナル紙に寄稿した記事に出てくる「ソフトウェアが世界を席巻しつつある」という言葉は洞察にあふれていた。これには反論の余地がないし、投資でも人生でも拒絶は成功にはつながらない。もしこれまでのペースで創造的破壊が続くことを受け入れれば、ディープバリューでトレードされている会社が創造的に破壊される可能性が高いことは明らかだ。しかし、弱小フランチャイズの本質的価値がどれくらいの速さでどれくらい徹底的に破壊されるのかを見極めるのは難しい。ただそうなると、たとえ大きなリターンが期待できたとしても、資本の大部分を1つのディープバリュー株に配分するのが賢いとは言えない。

　集中的なポートフォリオのもうひとつの問題は、ディープバリュー株による価値の創造の本質にかかわっている。しけモク株の場合、本業を運営する能力ではなく経営戦略の巧みさのほうが、株主に価値をもたらすことが多い。ただ、通常は最近の業績から将来の業績を推定するよりも、最近の活動から将来の戦略的な出来事を推定するほうがはるかに難しい。仮に経営陣が戦略的な価値の創造を明示していたとしても、将来の活動のタイミングと価値の実現の予定は変わりやすい。また、十分な価値を実現できる格好のチャンスに遭遇することがあっても、それを逃すと急速に価値が破壊されるかもしれない。豊富な資産があっても現金が少ない会社ならば、返済期限に迫られて資産を売却せざるを得ないかもしれない。つまり、本来予想が難しい戦略的出来事をあてにして1つのディープバリュー株に集中的に投資すると、ポートフォリオ全体のパフォーマンスが不本意な結果に終わる可能性がある。

　最後に、特定の会社や業界へのイクスポージャーをヘッジしたくても、しけモク株では難しいかもしれない。ディープバリュー企業の価値創出は、関連業界での価値創造とはあまり関係がない。Kマートが

破産後に復活の道を歩んでいたとき、同業のウォルマートやターゲットの売れ筋とＫマートの債権者が搾り取ろうとしていた価値とはほとんど関係がなかった。サーキット・シティ（家電量販店）が破産の淵から抜け出そうともがいていたとき、株主にとって同業のベスト・バイの売れ筋はどうでもよかった。むしろ、ベスト・バイがサーキット・シティのシェアを奪うことになれば、両者の価値の創造は逆相関にもなり得る。また、グレアム流の価値は、本業の業界の周辺や外側で見つかることもある。Ｋマートの場合、価値の多くは小売業自体ではなく、不動産に関連していた。ディープバリュー投資の多くにはこのような要素があるため、同じ業界の株を空売りすることでヘッジするのは非常に難しい。

　もうひとつヘッジでよく使われるプットオプションの買いも、しけモク株の世界ではなかなか難しい。ディープバリュー株はたいてい時価総額が小さい。これは株価が安いためだが、そもそも株価が高ければもっと多くの投資家が分析するため、そこまで割安にはならないと考えられる。時価総額が平均以下のグレアム流の割安株の場合、現在のオプション市場でこれらの銘柄を扱っているところはない。たとえもし許容できるスプレッドのオプションがあったとしても、インプライドボラティリティが大きいため、おそらくプレミアムもかなり大きくなるだろう。また、グレアム流の割安株の株価は急落したことで、ヒストリカルボラティリティが高くなっている。もしたくさんの投資家が将来の戦略的な動きの可能性に気づけば、そのこともオプションの売り手が価格モデルに用いるボラティリティを高めることになるだろう。最後に、不安な株のプットオプションの場合、多くの投資家が負けているポジションをヘッジしようとするため、価格が高くなることが多い。また、下落している株は激しく空売りされることがあり、そのときは空売りしても高くつく。借りられる株があまりないと逆日歩が付き、プットオプションを買うにしても、それはほとんどのバリ

ュー投資家にとっては高すぎるからだ。つまり、しけモク株には実質的にヘッジの方法がないため、ポジションはポートフォリオを危険にさらさない程度に抑えざるを得ない。

グレアム流割安株を探すためのスクリーニング

　ディープバリュー株を探すには、定量的なスクリーニングが適している。グレアム流投資は、初期の選別段階では主観的な判断の余地が比較的少ない。そのうえ、多くのスクリーニングツールには、ディープバリュー株を探すのに必要なバランスシートのデータが含まれている。スコット・バービーは、アイデアの見つけ方について次のように言っている。「私たちはまず、単純に有形固定資産よりも安くトレードされている株を探します」

グレアムのネットネット株を探す

　バリュー投資家は、グレアム流ネットネット株の基本的なスクリーニング方法——正味流動資産よりも安い株を探すこと——をよく知っている。この方法は長期資産を考慮しないため、有形固定資産を使うよりも厳しい基準になっている。この基準は、清算シナリオでも流動性があり、価値が大きく損なわれずに処理できる資産を重視している。

　機械的なスクリーニングが広まったことで、ネットネット株を探している投資家が投資できる銘柄は減ってきたが、それでも見つけることはできる。それに、世界中でグレアム流の株を探すつもりならば、たくさんのチャンスがあるだろう。近年、幅広くネットネット株が見つかるのは日本かもしれない。ここには、業績が好調で、現金を生み出している会社もある。ただ、正味流動資産よりも安い銘柄の数が減

ってきているため、ディープバリュー投資のリターンが減少しつつあるというリスクはある。

デザリン・バリュー・アドバイザース業務執行役員のスー・チューエン・タンは、定量的な条件に見合う株がわずかしかなければ、そのなかに希望する価値を提供する候補がない場合もあると言う。多くの賢い投資家がグレアム流の割安株を探しているなかで、まだ残っているネットネット株は適格ではないリスクもある。そこで、投資家は世界中のマーケットにおけるネットネット株の歴史的な割合を調べておくとよい。そして、もしその割合が平均を超えれば、そのマーケットはディープバリュー投資の機が熟しているのかもしれない。タンは、このような場所で魅力的なネットネット株を探した経験に基づいて、ギリシャ、日本、マレーシアなどの会社に関するケーススタディーを、バリューカンファレンスで発表した。

マーティン・ウイットマンの改善策

サード・アベニュー・マネジメント会長のマーティン・ウイットマンは、グレアムの手法に、当時はなかった会社の開示情報を取り入れるという改善を加えている。また、資産を単純に短期と長期で区別するだけでなく、実際の経済性を適切に反映させるようにもした。彼は、長期資産のなかにも、一部の短期資産よりも流動性が高いものがあると言う。

例えば、マンハッタンのAクラスのオフィスビルのほうが、はやっていない小売店の在庫よりも簡単かつ大幅な値引きもなく売れるかもしれない。そう考えると、ネットネット株の公式を定義し直して、自動的に長期資産を外して短期資産のみを含めるのではなく、常識を使ってすべての資産を積極的に判別するほうがよいのかもしれない。場合によっては、グレアムのネットネット株の条件に満たない会社のな

かに、ほとんどのネットネット株よりも大きいディスカウント（正味資産価値に対して）でトレードされているものが見つかる可能性もある。

スクリーニングを改善する —— 自社株買い、インサイダーの買い、必要運転資本の減少

グレアム流のスクリーニングによって見つけた候補がマーケットを上回る可能性を高める方法がいくつかある。ここでは、事業のパフォーマンスを改善するのではなく、ディープバリューの効果を高めるためのスクリーニングの条件に注目していく。

自社株買いによる価値の創造
自社株買いは、事業で現金を生み出しているのに有形固定資産よりも安くトレードされている会社の場合、特に効果がある。このような会社がキャッシュフローを自社株買いに使えば、1株当たりの有形固定資産が上がり、株価と運転資本のギャップはさらに広がる。それに、株価が変わらなくて1株当たりの簿価に対するディスカウント幅が広がっていけば、株価はさらに下がりにくくなる。そして、ある時点でマーケット参加者がディスカウント幅の大きさを無視できなくなり、再評価されることになるだろう。何年か前にシアーズ・ホールディングスの株価が下落して簿価を下回ったとき、ブルース・バーコウィッツは「もしエディー・ランパート会長が自社株買いを続けていけば空売り派はおしまいだ」と語っていた。1株当たりの価値が上がれば株価は下がらないからだろう。

ただ、この方法では自社株を買い進めて1株当たりの有形簿価が上がったとしても、1株当たりの本質的価値が増えているとは限らないことに気をつけてほしい。もしこの会社が適正価格以上でトレードさ

れているときは、自社株買いによって1株当たりの簿価は上昇しても、価値は破壊される。このようなときは、株価有形純資産倍率（PTBV）が下がっても、下方リスクは軽減する。結局、自社株買いは株価が本質的価値よりも低ければ、価値を創造する。もし株価が簿価よりも低くて、かなり割安だと正しく判断できれば、1株当たりの簿価が上昇したときには、自社株買いをしたときのほうが、しなかったときよりも早く再評価が行われる可能性が高い。

インサイダートレードが示すこと

インサイダーの買いも、ディープバリュー株ではシグナルになる。インサイダーの買いは株主にとってファンダメンタルズ的な価値を創出するものではないが（多少のやる気の向上につながる程度）、彼らが悲観的な株を買う動機は低いため、これは強いシグナルになる。通常、インサイダーのムードがマーケット参加者のそれに近いことは分かっている。合併や買収が、株価が低いときよりも高いときに起こるのはそのためである。業績が悪ければ、インサイダーもそこに資金をつぎ込みたいとは思わないはずだが、それでも買ったということは、マーケットが過剰反応していると判断したからだろう。

インサイダーの多くが本質的に投資家ではなく実業家だということを考えれば、彼らは株の評価よりも事業のパフォーマンスを重視して株を買っていると考えられる。つまり、彼らが買うということは、事業のファンダメンタルズが少なくとも許容水準にあると考えているということだろう。ファンダメンタルズの問題が実際よりも過大評価されて株価が下落していることを見抜いて買い向かうのは、ジョン・マローンやエディー・ランパートのような有能なインサイダーだけである。もしインサイダーが株の評価よりも業績を重視するとすれば、高騰している株よりも買いたたかれている株のほうがインサイダーの買いというシグナルの価値は明らかに高い。ただ、高騰している株の場

合は、ファンダメンタルズに対する経営陣の楽観的な見方以上にマーケットが楽観視しているということで、そこに多少でも楽観的な見通しが加われば、グレアム流の割安株ならば、本来付ける天井を越えて上昇することになる。

売り上げ減少のメリット

　多くの会社は売り上げが増えると運転資本を増やしている。これは資金がいくらあっても足りないビジネスモデルの特徴で、急成長して収益が上がっていくのに従い、資金調達を行うことになる。しかし、運転資本の割合が大きい事業がトラブルに見舞われたり低迷期に入ったりすると必要な運転資本が減るため、現金に余裕ができる。さらに、必要な設備投資が減ると、既存の設備に対する減価償却のほうが現状維持のための設備投資を上回ることが多くなる。そうなると、成長率が緩やかな事業の多くは、フリーキャッシュフローが純利益を上回ることになる。もし売り上げの減少や損益計算書にばかりマーケットの注目が集まっているときは、フリーキャッシュフロー利回りが高い企業を買うチャンスかもしれない。もし経営陣が成長率の回復を期待して現金の多くを再投資する代わりに、それを株主に還元すれば、業績は不振でも株主は大きな利益を上げることができる。

　ただ、このようなケースでも価値の創造ができないほど収益が急落しているならば、警戒しなければならない。もし売り上げがなくなれば、損失が資本基盤を侵食し、株主価値を破壊することになりかねない。ヨーレン・ボスは、利益を増やすことよりも売り上げを増やすことのほうが難しい場合もあるため、売り上げが好調であることが重要だと強調している。「私は、売り上げがほとんどなく、それを回復しようとしている会社よりも、売り上げは高くても利益が出ていない会社を選びます」

スクリーニングのあとに ── ディープバリューの投資候補を絞り込んでいく

　さまざまなディープバリュー株に分散投資をする以外の方法で成功確率を高めたいならば、故ウォルター・シュロスが成功した方法──勝率を最大化すべく1つ1つの株を注意深く評価する──をまねるべきだろう。ただし、これは簡単ではないし、失敗する投資家も多い。グレアム流の本質に迫る分析を行うのは難しいからだ。もし安全域の大きい会社を探し出すためのリストを使って清算価値付近の価格でトレードされている株を調べても、得るものはあまりない。

　この意味では、通常は市場の評価を知る前に企業価値を調べるべきだが、ここでは市場価格からまず調べるのが合理的だ。間違いなく安い（ただし割安ではないかもしれない）株を見つけたときは、市場の価格に織り込まれた主な懸念に注目し、それに対する正しい答えを見つけることで洞察を得ることができる。

　例えば、保守的に評価した清算価値の半分の価格でトレードされている会社ならば、「堀」の大きさや利益率を調べる必要はない。それよりも、重要な懸念である「この会社は清算されるのか、それならばいつなのか」について分析しなければならない。もしこの答えが「イエス」で「近いうち」ならば、本業が低迷していても、素晴らしい投資チャンスなのかもしれない。同様に、もし現金を生み出していて、有形固定資産の25％で自社株買いを行っている会社ならば、「この会社はこの先も現金を生み出していくのか、自社株買いを続けていくのか」ということを調べるべきだろう。もし両方の答えがイエスならば、株価がいずれ上がるということに異論の余地はないだろう。最後に、もしある会社が内在する企業価値以下でトレードされていれば、そのときは「この先、キャッシュフローは増えそうか、減りそうかと、経営陣はこのキャッシュフローを何かバカなことに使いそうか」につい

て考えてほしい。

清算シナリオでバランスシートの価値を調整する

『証券分析』のなかでグレアムとドッドが紹介しているバランスシートの調整方法は、今でも清算シナリオを考えるときに不可欠な資料となっている。何度も述べているように、実際の清算はバランスシート上の資産に用いるディスカウントの計算よりもはるかに複雑になることが多い。清算が想定される投資について考えるときは、それぞれのケースで発生し得る誤差について必ず十分に考慮しておかなければならない。

本書では、通常のバランスシートの清算分析に出てくる項目以外のことをすべてまとめて誤差と呼ぶことにする。例えば、私たちは小さい会社の推定清算価値を算出するとき、大きい会社のそれよりもマイナス項目を大きく想定する傾向がある。会社が小さければ、弁護士費用やインサイダーの報酬やそのほかの倒産費用の割合が高くなって残存価値を下げる可能性があるからだ。また、会社が小さいと債務者が支払いを免れようとする可能性があるため、売掛金などの項目に大きいディスカウント幅を適用したほうがよいときもある。

逆に言えば、バランスシートの負債側には前向きな要素があるかもしれないが、これはむしろ例外だ。いずれにしても、主な負債項目を精査すると、価値ある洞察を得ることができるかもしれない。ホウクウッド・ディープバリュー・ファンドでファンドマネジャーを務めるアンドリュー・ウィリアムソンは、次のような例を挙げている。「アメリカでは清算に備えた項目があり、まず実行される可能性のない納税義務がバランスシートに載っています。さまざまな会計規則や保守的な（あるいは保守的すぎる）経営陣によって、それらはバランスシート上の大きな一角を占めているのです。しかし、注釈を読み、経営

陣と話をしたうえで査定すると、納税の可能性はほぼゼロなのです」

シクリカルな安値を付けている会社と長期的に下げている会社

　十分安く仕掛けることができれば、永続的にファンダメンタルズが低下していくことが分かっている会社でも、シクリカルに平均に回帰するかもしれない会社でも、利益を上げることはできる。しかし、本書ではシクリカルに安値を付けていて、収益力が完全とはいかなくても、かなり回復して何倍にもなる可能性がある株を探している。ちなみに、長期間下げそうな会社ならば、極めて安いうえに、継続的に株主に現金を還元して投資利益を実現できる会社でなければならない。

　ある会社が永続的に下げているのかどうかを見分けるのは簡単ではない。ほぼすべての会社は、大底を付けると永遠に下げていくように見えるからである。過去にシクリカルな動きをしていたとしても、アナリストは「今回は違う」という姿勢を見せることが多い。ほとんどの投資家は悲観的な株価に影響を受けて客観的な評価ができなくなり、マーケットに広がったコンセンサスと正反対の見方をするのがますます難しくなる。

　ここで、かつては永続的に低迷するだろうと言われていたにもかかわらず、今後数年間で大きく回復するだろうと言われている業界について考えてみよう。2008～2009年の金融危機のあと、多くのアナリストが、銀行は自己資本比率の引き上げや規制強化によってROE（株主資本利益率）が圧迫され、その影響は恒久的に続くだろうと予想した。また、格付け会社も、サブプライムローン・バブルの崩壊で当局にビジネスモデルの変更を迫られ、低迷するだろうと言われていた。住宅業界は、慢性的に供給過多なうえに住宅価格は建築費に影響されるため、過去のような強力な回復はできないと思われていた。精錬業

も、資本集約的で、業績は変動が大きい商品価格に引きずられるため、恒久的に低利益率に悩むことになるだろうと言われていた。

　もしこれらの業界が実際に回復を果たしたことについてあとから考えれば当然だと思えるのならば、本書執筆時点でもまだ恒久的に低迷すると思われている業界について考えてみてほしい。例えば、アメリカの天然ガス探査会社は、シェールガス革命によって天然ガスの価格が永遠に下げ止まると予想されていることから、恒久的に利益率の低迷が続く運命にあると言われている。海運会社は、新型で高性能の大型船が増えて供給が過剰になり、かつてのような高い利益率を回復するのは難しいだろうと言われている。教育産業も、アメリカ政府の規制の壁によって低い利益率が運命づけられたと思われている。しかし、投資家は将来これらの業界が収益力を大きく回復して驚くことになるかもしれない。

矛盾かチャンスか —— 資本集約型ではないネットネット株

　ここで少しひねった質問をしてみよう。実質的な資産を持たないのにグレアム流のネットネット株として評価される事業とはどのようなものだろうか。実は、このような事業は相当の有形資産を持つ大企業のなかに隠れている。多くの場合、この大企業は質が低い資本集約型で、その資産は株主に還元すべき超過資産なのかもしれない。

　株価が下落して、流動資産の価値が時価総額と負債総額の合計を上回ってしまうと、多くの投資家はバランスシートが低利回りの魅力のない資産で構成されているという事実に注目する。しかし、実物資産に注目してしまうと、有形資産をまったくあるいはほとんど使っていない隠れ資産が見逃されることがある。例えば、不動産不況になると、不動産管理会社の資産評価が簿価を下回り、株価が有形固定資産を大

幅に割り込むことがある。しかし、もしこの会社が不動産投資も行っていて、バランスシート上の資産を使わずに高利率で継続的な手数料収入を得ていれば、この会社は本質的価値を大きく下回る価格で買うチャンスなのかもしれない。

　賢い投資家のなかには、ディープバリュー投資の候補として有形固定資産に下落の下支えがある一方で、資本をあまり使わない隠れた事業で上昇が見込める会社を探す人もいる。もしこのような非資本集約型の事業を見つけたときは、その事業の価値がその会社全体の時価総額に占める割合に注目すべきだろう。もしこの隠れた宝が時価総額のわずかな部分しか占めていなければ、投資しても伸び代は限定的かもしれない。しかし、隠れた宝の価値が時価総額に占める割合が大きければ、資産が下落の下支えになり、資産を必要としない事業からは大きな上昇が期待できるという非対称な状況かもしれない。

　ただ、このようなケースでは隠れた良い事業を過大評価してしまうという間違いもよく起こる。もし投資家がその事業の過去の業績のみで将来のパフォーマンスを評価すれば、失望することになるかもしれない。もしかしたら、マーケットはすでにこの事業を認識しているだけでなく、ピークは過ぎたことも正しく判断しているのかもしれないのだ。非資本集約型の事業は競争力が弱いことも多いため、それも十分あり得る。資本を使わない事業が大きな収益源になっている場合、その事業に持続的な「堀」がないかぎり、状況が急変することもあり得る。資本集約度が低い事業は、資本が規模拡大の障壁にならないため、勝者が一人勝ちする傾向がある。アップルが瞬く間に名だたる企業──ノキア、リサーチ・イン・モーション、そしてソニーまでも──を蹴散らしたときのことを思い出してほしい。これは、アップルがマーケットシェアの拡大に伴って資本を増強する必要がなかったからこそできたことなのである。ノキア株が暴落したときに、この会社が非資本集約型の事業に加えて多額の現金を保有していたことに注

目してかなり早いタイミングで投資を考えた人は、非資本集約型事業の利益率がライバルの出現によって受ける影響の大きさに驚いたと思う。

グレアム流割安株を見極めるために正しい質問をする

ディープバリュー投資の候補は、本質的に複雑なチェックリストにかけると否定的な見方をしたくなるような会社が多い。そこで、グレアム流の投資候補としての条件に欠ける部分を考慮し、知識に基づいた投資判断を下すための重要な要素に注目した質問を考えてみよう。

今後、価値は上がるのか、変わらないのか、それとも下がるのか

会社の本質的価値について考えるとき、私たちは価値を構成するすべての要素を分析に盛り込もうとする。たとえ将来が予測できないことを認めていても、評価の過程で予想を含めないわけにはいかない。そこで、具体的な結果を予想する代わりに、いくつかのシナリオを想定してみるのもひとつの方法かもしれない。その会社にとって悲観的な結果とはどのようなことなのか。楽観的なシナリオはどうか。将来の結果が変わる可能性を理解したうえで、模範ケースを概念化することはできないか。このような考え方をすることで、将来の価値を一定のレンジで想定することができる。

もしさらに踏み込んだ予想をするならば、さまざまなシナリオが起こる確率を主観的に決めてみてもよい。この２番目のステップは、本質的価値を具体的な数字で算出したいときに必要になる。その確率をシナリオごとの現在価値に掛け合わせ、その結果と株主価値の推定額

を合計するのである。ちなみに、シナリオごとの確率を合計すると100％になるはずなので、すべての予想を算出したうえで総合的な評価を行わなければならない。

　グレアム流の割安株の場合、価値の大部分がバランスシート上にあるため、この分析は複雑になる。また、資本集約的な会社の場合、コカ・コーラやプロクター・アンド・ギャンブルなどよりも、将来のシナリオを予想するのが難しい。そのため、多くの投資家はグレアム流の株に関してはできるかぎりバランスシートに沿って評価しようとする。しかし、そうなると得られるのは本当の割引現在価値の予想ではなく、バランスシート作成時の一時的な価値の分析になってしまう。

　もしバランスシート上の確認可能な数字のみを使って会社を評価すると、その価値は時間の経過とともに劣化し、将来の株主価値が減少するリスクがある。そこで、将来の収入源が減っていく傾向にあるのならば、現在の予想価値にもその軌道を反映させなければならない。２つの会社の現在の実物資産が両方100でも、落ち目の会社への投資額は、安定もしくは成長路線の会社よりもかなり低くなるべきだろう。もし２つの会社を50で買ったとしても、前者は一定の株価のまま長い間安値にとどまるかもしれないからだ。

　そこで本書は、最初の評価比率が変わらなければ、価値というものを、そのあと株価が上がりそうか、それとも下がりそうかで評価する。例えば、ある会社を有形固定資産の0.5倍で買い、それから長い期間が経過してもこの比率が0.5倍のままならば、そのとき株価はどうなっているのだろうか。

　『ダンドー』（パンローリング）の著者であるモニッシュ・パブライがこれと似たようなことを言っている。「私は絶対的に安い会社よりも収益が安定している会社を評価します。株価が安い会社は、さらに安くなる何らかの理由があり、そのなかのいつかは無価値になることが分かっているからです」。ロボッティ＆カンパニー社長のロバート・

ロボッティも、本質的価値が時間をかけて上昇していくディープバリュー株を探している。彼は、2012年半ばに投資したストルトニールセンのケースについて次のようにまとめている。

> 私たちは、この会社の現在の資産価値が1ADR（米国預託証券）当たり50ドル以上あると思っていますが、次の3～5年でもう少し上がると考えています。現在の株価は18ドルで、簿価は20ドル台後半です。これは簿価と比べても割安ですが、本質的価値に対してはさらにディスカウントになっていると思っています。また、内部所有率が高く、ストルトニールセン家が半分以上の株を所有しています。同社は過去に自社株買いや配当を行っていますし、ほかにも株主重視の姿勢を示すさまざまなことをしています。しかし、過去4年間の逆風で、マーケットはそのことに気づいていません。

清算価値は本当に時価総額を大きく上回っているのか

　私たちは、清算価値よりもディスカウントだとする分析をよく目にする。しかし、その多くは清算が好条件で行われた場合を想定しているため、実際には疑わしいと思う。例えば、海運会社の清算価値を、M&A市場での売却価値（所有船舶マイナス純負債額）だと想定してみよう。この株は清算価値よりも安いのだから強力な下支えがあるという説明は信用できるだろうか。もちろんこの会社が過小評価されている可能性もあるが、私たちの経験ではむしろ下支えの根拠が弱い場合が多い。
　現実的に考えれば、清算シナリオは業界全体が低迷しているときに起こることが多く、複数の船舶の買い手を見つけるのは極めて難しいかもしれない。もし買い手が見つかったとしても、同じように売却を

望む同業他社との競争になることもあり得る。また、船舶以外の資産の価値についても、このようなシナリオ下では売掛金の回収が突如難しくなり、前払いした資産の価値は下落するため、あまり当てにならない。ところが、負債のほうはまず変わらないし、むしろ増えるかもしれない。また、国によっては大量解雇を行うと会社の負担が増える場合もある。同様に、清算過程では弁護士費用だけでなく、幹部が追加的な報酬を要求するなど、経費が跳ね上がることもある。

　グレアムは、清算シナリオではバランスシートの資産価値を下方修正していたが、このような調整は近年では適当ではない場合もある。清算過程においては、会社の規模、帳簿上の資産の特性、経営陣の報酬、清算完了までのスピード、業界全体の状況、主な資産に興味を示した買い手の数、偶発債務（係争中の案件や環境負債など）などさまざまな要素が影響を及ぼす。しかし、おおまかな清算分析ではこのなかのいくつかが考慮されないため、楽観的すぎる予想価値が算出されることになる。

　また、取締役会が会社の清算という厄介な作業を選択することはあまりない。トビー・カーライルによれば、「通常、同じ資産でも順調な会社の一部であるほうが清算会社の一部であるよりも価値が高いため、清算すればたいていは最低額になります。私の経験では、ほとんどのネットネット企業が清算ではなく再生されています」。

何が価値の再評価を促すのか

　グレアム流の割安株は、高リターンで再投資できる機会をあまり持っていない会社が多い。ほとんどの場合、既存の資産によるリターンは低下しているかすでにマイナスになっているのだ。そのため、その会社から現金を引き出すことが株主にとって最重要事項となる。通常、会社が投資家に現金を還元するペースが、リターン率を決める。しか

し、経営陣に任せておくと、ディープバリュー企業は絶望的な事業に再投資を続けたり、もっと魅力的な事業を求めて無駄に高い買収を行うなどということを繰り返して永遠に停滞することになる。会社の規模が小さければ、経営陣の要求する報酬を支払うだけでも株主の利益が阻害されることになる。

既存の資産の利益率が低く、許容できる再投資先もない場合は、価値を再評価する方法が具体的に分からなくても、それを促す触媒の存在が重要になる。この見方は、ディスカウント幅が大きければ触媒など必要ないという一部のバリュー投資家の意見と実は一致している。ガイ・スピアも、「価値自体が触媒であり、だからこそみんなが『けっして上がることはない』と見ているし、安いのもそのためだろう」と言っている。

価格自体が触媒だという考え方は、触媒となる出来事が起こる可能性があることを前提としている。ただ、内部者が決議権を握っているなどの理由で、これを主導できるのが経営陣しかいない場合は、価値自体が触媒にはならないのかもしれない。例えば、CEO（最高経営責任者）が決議権を握っていて、配当も支払わないし、自社株買いもせず、価値が自動的に経営陣の報酬に流用されているという極端なシナリオならば、株の価値はゼロに毛が生えた程度かもしれない。この「毛」の部分は選択性が有する価値であり、このなかにはCEOが行いを改めるか、会社を売却するなどの可能性が含まれている。しかし、これらの可能性に期待しても、株主はたいてい失望することになるだろう。

価値自体が触媒になることが期待できるのは、次のような状況が考えられる――①投資家が、実物資産だけでなく、事業見通しや経営陣の資本配分の姿勢などを含めて本質的価値を正しく評価している、②触媒となる出来事が、外部者（別の会社か物言う投資家）主導で起こる可能性がある。このようなシナリオが可能かどうかは、経営陣が

議決権を握っているかどうかだけでなく、その会社の定款などに乗っ取り防止条項があるかどうかや、偶発債務が外部の買い手の意欲をそいだり、支配権が変わる前に経営陣が主要な資産を破壊したりすることが可能かどうかなどにもかかっている。表面上は割安に見えた資産運用会社のBFCキャピタルの場合は、物言う投資家たちが支配権を握ったあとで、経営陣が主な資産（顧客である投資家との関係）を破壊していたことが判明した。会社は運用資産の大部分を失い、社員の解雇を余儀なくされ、収益力がなくなるという壊滅的な状態だったが、これらはすべて合法的に行われていた。結局、CEOと物言う投資家が対立する前は割安だった株が、終わってみれば割高になっていたのだった。

本章のまとめ

次の10のポイントを覚えておいてほしい。

1. グレアム流の投資は、いきなり株価から始まる。そして、グレアム派の投資家は、価格が何らかの具体的な基準で見て割安でなければ興味を示さない。
2. 経済学者のユージン・ファーマとケネス・フレンチは、株のパフォーマンスと簿価時価比率の関係を詳しく研究した。それによれば、この比率が高い株のパフォーマンスは比率が低い株を常に上回っていた。
3. バリュー投資の聖杯は、バランスシート上の資産を確保しつつ、資本利益率が高い事業を行っている会社を見つけだすことかもしれない。しかし、このような会社を見つけだすことは、短期的に収益が急落した会社でもないかぎりほとんど不可能に近い。
4. 自社株買いを十分安い価格でできれば、株主に現金を還元するこ

とを優先する企業は、たとえ事業リターンが低くても投資家に高い投資リターンを提供できる。
5. 末期状態の会社に思いがけない問題が潜んでいることがよくあるにもかかわらず、投資家は清算価値を高めに推定する傾向がある。
6. 保有しているのが不安な株はかなり割安になっていることが多いため、不安を受け入れれば報われることもある。
7. 豊富な資産があっても、事業リターンが低い会社への投資は、時間が不利に働くこともある。経営陣が資産を手放さずに低リターンの事業に再投資し続けているかぎり、株主は割安で買ってもさえないリターンしか上げることができない。そのため、利益を引き出すための触媒があるかどうかが重要になる。
8. ディープバリューでトレードされている会社は、創造的に破壊される可能性が高い。たとえ大きなリターンが期待できたとしても、資本の大部分を1つのディープバリュー株に配分するのは賢くない。
9. グレアム流のスクリーニングによって見つけた候補がマーケットを上回る可能性を高める方法がいくつかある。自社株買い、インサイダーの買い、運転資本を少なくして現金を生み出すことなどをスクリーニングの要素として取り入れるとよい。
10. もしバランスシート上の確認可能な数字のみを使って会社を評価すると、その価値は時間の経過とともに劣化し、将来の株主価値が減少するリスクがある。

第3章

サム・オブ・ザ・パーツの価値── 追加的な資産や隠れ資産がある会社への投資

Sum-of-the-Parts Value : Investing in Companies with Excess or Hidden Assets

> 「ボーダフォンがベライゾン・ワイヤレスを連結していないため、証券会社のアナリストは重要な価値を無視しているように見える」── デビッド・アインホーン(『黒の株券』[パンローリング]の著者)

　2010年に、グリーンライト・キャピタル社長のデビッド・アインホーンは、ボーダフォンについて驚くほど率直に語った。彼は、ボーダフォンがベライゾン・ワイヤレスの45%の持ち分を連結していないことで、マーケットがこの持ち分の価値を無視していると主張したのだ。このような意見は、機関投資家の目にとまらない小企業についてならば分かるが、このときは時価総額が1000億ドルを超える大企業について、アナリストたちの見過ごしを指摘したのである。彼は、アナリストたちがボーダフォンの持ち分を知らないと言っているのではなく、独特の決算報告に惑わされて、そこに目がいかなかったと主張したのだ。アインホーンが意外な事実を公に指摘しても自分が不利にならないと考えているのは、彼がサム・オブ・ザ・パーツ分析でしか分からない非効率的な株価の会社がたくさんあると考えているということでもある。

その方法はなぜうまくいくのか

　投資家は会社をひとつの組織として、全体の簿価や収益やキャッシュフローに基づいて価値を分析することが多い。しかし、なかには異なる事業や資産を別々に評価して合計したほうが、全体の企業価値や

資産価値を正確に推定できる会社も数多くある。

ペンシルベニア州ホーシャムにあるメース・セキュリティ・インターナショナルは、2007年に3つの異なる事業を運営していた——民間用の護身用スプレー事業と企業保障事業と洗車事業である。もしこの会社を決算報告書にある全体の純利益の倍率で評価すれば、深刻な間違いを犯すことになる。この会社の3つの主力事業は、利益率も資本利益率も成長見通しもまったく違うからだ。仮に、このうちのひとつに利益がなく、全体の収益にまったく寄与しなかったとしよう。もしこの会社を全体の収益倍率で評価してしまうと、それは暗黙のうちにトントンの部門の価値を評価していないことになる。しかし、この部門は、例えば洗車に使う土地や建物など価値が高い資産を持っているかもしれない。メースのケースは、2つ以上の異なる資産を持つ会社が過小評価される可能性を示している。投資家は、価値ある部門の収益が低迷しているときでも、全体の収益率に過度に注目してしまうことがあるからだ。

複数の収入源を持つ会社の株価がときどき適正価格から逸れるもうひとつの理由に、投資家が本業とまったく関係のない資産を過小評価するという傾向がある。石油やガスの探査・生産会社で、株主の多くがエネルギー重視の投資家——会社の価値を埋蔵量や生産量など石油やガスの生産に関する数値で評価しようとする人たち——だとしたら、どうだろうか。もしこの会社が石油を汲み上げるための革新的な技術を持っていたとしても、投資家はそれをあまり評価していないかもしれない。しかし、この技術はほかの石油会社やガス会社に販売すれば、大きな設備投資をしなくても新たに利益率の高い収入源になる可能性がある。その好例が、カナダのアルバータ州カルガリーにある石油・天然ガス会社のペトロバンク・エネルギー・アンド・リソースで、2011年のこの会社の企業価値とサム・オブ・ザ・パーツの価値には相当な開きがあった。

実践的な観点でいえば、異なる価値を併せ持つ会社のほうが適正評価されている資産を売却してバランスシートを改善したり、割安の自社株を買ったり、高リターンの事業に再投資することができるため、戦略的な選択肢が多い。そして、このような戦略を選択できる経営陣は、洗練された投資家の関心を引き、その株主たちが経営陣を後押ししてさらに価値を高めさせることになるかもしれない。パーシング・スクエア・キャピタル・マネジメントCEO（最高経営責任者）のビル・アックマンがターゲットの取締役会に圧力をかけて同社が所有する不動産価値を積極的に公表したとき、彼はこの会社のサム・オブ・ザ・パーツの価値を強調することでマーケットの関心を集めた。同様に、ポールソン＆カンパニー社長のジョン・ポールソンがハートフォード・ファイナンシャル・サービスに同社で最も重要な損害保険事業をスピンオフさせようとしたとき、彼はこの部門が持ち株会社のなかで埋もれていると主張した。この事業は生命保険会社として扱われていたため、損害保険のアナリストにはあまり注目されず、簿価の低い倍率でトレードされていた。

GAMで投資マネジャーを務めるジョン・ランバートは、このような見方を通信会社のケーブル＆ワイヤレス（C&W）の例を用いて語っている。

> C&Wは、この10年ほどは経営がうまくいっていませんでしたが、やっと旧経営陣が一掃されて、新たなスタートを切ることができるようになったと感じています。現在の急落した株価では、資産がかなり過小評価されており、特にイギリスのネットワークや海底の国際ネットワーク、高成長が見込めるホスティング事業、相当額の税金資産などはそのほんの一部です。私たちは、キャッシュフローや営業成績をもっと注視することで、これらの資産の価値がさらに明らかになると考えています。……株価が低迷してい

ることで、この数カ月間、大口の買い手が同社の個別資産および会社全体に関心を寄せていると報じられています。

マーケットの参加者は、バランスシートの数字を掘り下げなかったために、企業の主要な有形資産の価値を見誤ることがある。クロム・キャピタル・マネジメントでマネジングパートナーを務めるエリック・クロムは、ヘリコプター運航会社で主に沖合の石油やガスの生産現場向けのサービスを行っているPHIを例に挙げて次のように語っている。

> 2008～2009年の金融危機で石油価格は急落しました。……私は、PHIが300機以上のヘリコプターを所有していることに改めて目を向けました。……ヘリコプターには専用の評価方法があります。……ヘリコプターは飛行機と違い、非常に安定した資産価値があることが分かりました。ヘリコプターの価値は飛行機ほど変動しないうえに……同じ機種をさまざまな業界に転用できます。石油・ガス会社用のものでも警察用や観光用に使えますし、ある国の需要が減れば、別の国で運航できます。……PHIの清算価値を分析してみると、現在の株価はその30％程度しかありません。つまり、石油・ガス業界で何が起こっても、PHIの業績がどうなっても、……この株は大量のヘリコプターの価値よりもはるかに安くトレードされているのです。このことは、株価を見ただけでは分からないと思います。

見過ごされがちな資産を持つ会社への投資 ── 利用と誤用

サム・オブ・ザ・パーツ分析で良い投資先が見つかることもあるが、

すべてが魅力的な会社とは限らない。資産が多いことが必ずしも価値が高いことではない。再生を目指す赤字事業の資産ならばなおさらだ。

見つけた資産は本当に区別すべきなのか

　サム・オブ・ザ・パーツ分析をしたときに、会社を必要以上に分割して評価する人がいるが、理論的には魅力的なチャンスが見つかったとしても、現実は違うかもしれない。例えば、小売りのチェーンは店舗用の土地を多く所有しているかもしれないが、売り上げが不振ならば好調な会社の土地よりもはるかに低く評価されることもある。もちろん、土地の価値は店の売り上げとはまったく関係ないかもしれないし、リースバックで土地の価値を現金化することだって可能かもしれない。しかし、リースバックする土地の買い手は、そこにある小売店の利益率を大いに気にする。もしテナントの売り上げが不安定ならば、土地の価値も不安定になるからだ。そうなると、業績不振の小売店はリースバックをやめて、その土地を競合相手に売却することになるかもしれない。ちなみに、店舗を閉鎖せざるを得なかったことは業界の低迷につながり、新店舗用の土地の需要も減るかもしれない。もちろん、土地には間違いなく何らかの価値はあるが、その価値は関連する小売業の価値と連動していることが多い。つまり、この会社の事業と土地を別々に分析したとしても、２つをまったく関連がない資産として見ることはできないのである。

　ヒューレット・パッカードやゼロックスなどのようにハードウェアを売ると同時に、サービスでも大きな収益を得ている大手テクノロジー企業にも同じようなことが言える。投資家は、利益率が高いサービス事業の価値を重視し、ハードウェア事業の業績にはあまり目を向けないことが多い。しかし、サービスは、ほとんどがハードウェアに関連しており、ハードウェア事業が陳腐化すればサービス事業は消滅し

てしまう。そのような状況では、ハードウェア部門とソフトウェア部門とサービス部門をサム・オブ・ザ・パーツで分析しても、楽観的すぎる価値が算出されることになる。同様のことは、ベンダーファイナンスを使った資本財や高額商品にも言える。もし主力事業が金融子会社に依存していれば、別々に評価したとしても注意が必要だ。

何が非主力部門の価値を再評価するための触媒になるのか

　企業のさまざまな部分の価値を別々に評価することは可能だが、注意して行う必要がある。例えば、スタインウェイ・ミュージカル・インスツルメンツはピアノ製造会社として有名だが、バンド用の楽器事業やニューヨークの高額な不動産も所有している。マンハッタンのミッドタウンに所有するオフィスビルをはじめとする不動産は、大きな需要があるため、独立した資産として評価してよいだろう。ちなみに、スタインウェイの株価は、長年、本質的価値よりもかなり低くトレードされている。しかし、サム・オブ・ザ・パーツの評価に基づいてこの株を買った投資家は、長年不動産が収益化されない状況を目の当たりにしてきたはずだ。経営陣には急いで株主価値を再評価しようという姿勢は見えないし、それを促そうとする株主の試みもうまくいっていない。

　隠れた資産を持っていても、それを株主に還元しようとしない企業はスタインウェイだけではない。実際、株主の利益のためだけに資産を手放そうとする経営陣はほとんどいない。もちろん、資産を売却したあとで自社株買いや配当が行われることがないわけではない。しかし、このような行為はCEOにとっては自分の領地を減らすようなことなので、進んでしようという人はあまりいない。そのため、複数の資産を持つ会社を評価するときは、その価値を再評価させる触媒の存在が非常に重要になる。

触媒については、これ自体を価値とみなす人もいるため、バリュー投資家のなかでも意見が分かれている。グレアムが安全域の概念を考案したとき、本質的価値に対するディスカウント幅を狭めるのは何かという疑問がわいた。これについては、モニッシュ・パブライが次のようなエピソードを紹介している。

> グレアムは、フルブライト議員の要請で、上院公聴会に出席しました。議員は、マーケットの本質を理解したいと考えていました。……フルブライト議員がグレアムに（これは1950年代のこと）、「グレアム教授、あなたは10ドルで買った株の本当の価値が20ドルだと言っていますが、どのような力が、いずれみんなに20ドルの価値があると認識させるのですか。そして、本当に20ドルでトレードされるようになるのですか」と質問すると、グレアムは「フルブライト議員、それは私たちにとっても謎です」とだけ答え、「ただ、本質的価値を正しく推定していれば、ある程度の時間が経過すると、その価値でトレードされるようになります」と付け加えたそうです。

ディスカウント幅が小さくなる理由は分からない、という回答は、多くの投資家にとっては不満だろうが、直感的に価値を探す人たちはそれを受け入れている。ただ、マケルバイン・インベストメント・マネジメント社長のティム・マケルバインは、触媒に「固執しすぎる」と「触媒はタダで手に入れるのが難しい」と思ってしまう恐れがあるという。

通常、価値を再評価するための触媒は必要ないが、価値を生み出す資産が複数ある場合は戦略的行動の予定がないとバリュートラップになってしまう可能性が高い。すべての事業が高い収益性を誇っている会社はあまりなく、ほとんどの会社は資産の一部を儲からないビジネ

スにつぎ込んでいるからだ。しかし、本質的価値が時とともに低下していても、ミスターマーケットはなかなかその資産を評価し直さないため、恐れていたバリュートラップに陥ってしまうのである。

シーシス・ファンド・マネジメントでファンドマネジャーを務めるスティーブン・ローズマンは、触媒を主要な要素として用いながら投資している。「私が資本を投じて買うときに譲れない条件は、次の6〜12カ月間に認識できる明らかな触媒があることです。資本にはコストがかかっており、この規律を守ると2つの意味でリターンを向上させることができます。バリュー投資によくあるバリュートラップを避けることと、価値の実現につながる出来事と近い時期に資本を配分することで内部収益率を改善できることです」

その案件は、「1つ買えばもう1つ付いてくる」なのか、それとも「10買えば1つ付いてくる」なのか

投資分析に、タダで何かを得られる株だなどと書いてあると腹が立つ。しかし、このような分析は頻繁にあるし、一部分だけで会社全体の株価に匹敵する価値があるのだから、それ以外の部分はタダで手に入ることになるなどと書いてあると、ついそれを信じそうになる。しかし、何かを買わなければ手に入らないものは、本当はタダとは言えない。「タダ」という言葉は、貨幣価値があるものを手放すことなく手に入れることができる場合のみに使うべきである。そう考えると、タダというのは物理的な物の世界ではめったに存在しないが、オンラインの世界では割に手に入りやすい。フェイスブックや、グーグル、ツイッターなどは本当にタダで、クレジットカードもいらない。これらの会社は広告収入型のビジネスモデルで、消費者が自社のウェブサイトをタダで使用することを収益化している。残念ながら、上場株をタダで手に入れるための広告収入型モデルはない。ウェブサイト上で

バナー広告を見る代わりにタダで普通株をトレードできる広告収入型の証券取引所は存在しないのだ。投資の場合、タダは「１つ買えばもう１つ付いてくる」という売り口上を意味することが多い。

ただ難しいのは、「１つ買えばもう１つ付いてくる」なのか「10買えば１つ付いてくる」なのかで話が大きく違ってしまうことである。買い手にとっては前者のほうが魅力的な提案だ。それなのに、投資家はこの重要な違いを見過ごしてしまうことが多い。タダで資産が手に入ることを強調しつつ、実際に支払う資産の価値を開示していないような投資資料を目にしたことがあると思う。私たちの経験では、投資の関連書類で「１つ買えばもう１つ付いてくる」なのか「10買えば１つ付いてくる」なのかを開示しているものはほとんどない。サム・オブ・ザ・パーツ型投資の多くが期待したパフォーマンスを達成できない理由はまさにそこにあるのだ。

例えば、アナリストが10億ドルで売りに出ている会社を見つけたとする。その会社の評価価値も10億ドルと推定されるが、実はこの会社は公表されていない１億ドルの不動産を所有していたとする。１億ドルの資産がタダで付いてくると喜んだアナリストは、おそらく投資提案書に次のように書くだろう。「事業価値は10億ドルと推定される。時価総額も10億ドルなので、１億ドルの不動産はタダで手に入ることになる」。これは洞察に満ちた分析にも見えるが、110ドルのものを100ドルで売っているとも言える。もちろん、投資家が110ドルの価値をすぐ簡単に手に入れることができるのならば問題はない。しかし、現実は違う。投資家がおまけでもらった10ドルは、もし事業の本質的価値が10％下がったら簡単に消滅してしまうからである。

複数の資産を持つ会社のスクリーニング

サム・オブ・ザ・パーツ分析の対象となる会社にはいくつかのタイ

プがあり、スクリーニングの方法も少し変えたほうがよい。余剰資産は、現金やそれに準じる資産や、ほかの会社の持ち分、不動産、またはその組み合わせであることが多い。余剰資産がある場合は、それを売却するか配分する前提で、その金額を差し引いて中核事業を評価することが多い。しかし、複数の事業を運営している会社の場合は、分析方法を変える必要がある。このようなときは、各事業部門の評価が中心になり、余剰資産はあまり重要ではないかもしれない。サム・オブ・ザ・パーツの合計は、1つの会社として算出した本質的価値よりも高い場合もあれば低い場合もある。例えば、バークシャー・ハサウェイの場合は、ウォーレン・バフェットの優れた資本配分によってさらなる価値が生み出されているため、全体の評価額はサム・オブ・ザ・パーツ分析の評価額を上回っている可能性がある。しかし、ほかの複合企業の場合は、サム・オブ・ザ・パーツ分析の評価額は割り引いて考えたほうがよいのかもしれない。

複数の事業を運営している会社の場合

　低コストのスクリーニングツールのほとんどは会社全体のデータしか用いていないため、複数の事業を運営している会社を簡単に見つけることはできない。しかし、ブルームバーグやキャピタルIQのような情報端末が使えないとなると、投資家は年次報告書の財務諸表の細かい注釈まですべて読み込んで分析を行わなければならない。アメリカの上場企業は、SEC（証券取引委員会）に提出した10-Kのセグメント情報（事業、商品群、顧客層、チャネル、地域などの切り口ごとに集計したデータ）を注釈で開示していることが多い。事業部門の評価は、このようなセグメントデータを基に算出していく。経営陣の話や年次報告書上の分析と併せて分析する場合はなおさらだ。同業他社のマーケット倍率と比較すれば、セグメントごとの相対的な価値をさら

によく理解することにつながる。

　しかし、仮にブルームバーグやキャピタルIQのスクリーニングがセグメント情報まで網羅していたとしても、自分でデータを詳細に調べるとさらにたくさんのことが分かる。会社によっては、各セグメントの事業がある程度似ていて、分けて評価する意味があまりないケースもある。そのようなときは、会社全体のデータを使った推定価値とサム・オブ・ザ・パーツ分析の結果にあまり差がないのかもしれない。同じようなことは、各部門のつながりが強くて、評価のために適正に分けるのが難しい会社にも言える。セグメント間の売買がある会社は、さまざまなセグメントが相互に依存しているのかもしれない。

　サム・オブ・ザ・パーツ分析は、事業部門ごとに異なる方法で評価する必要があるときに役に立つ。そのような会社では、サム・オブ・ザ・パーツ分析の結果が全社的なデータを使った評価とかなり違うこともあり得る。もし後者が前者よりもかなり低ければ、全体のデータのみで評価しているマーケット参加者が見逃している会社なのかもしれない。複数の業種の事業を運営する会社や、資本利益率が大きく異なる事業を運営している会社、市場が予想以上に急拡大している会社などもその可能性がある。

　部門ごとに評価することは、事業部門によって業績の傾向が大きく違うことを考えるとメリットがある。例えば、収益が横ばいから下降傾向にある通信サービス会社があったとする。投資家は一見苦戦しているこの会社を低く評価するだろうが、もしこの会社に小さくても急成長しているモバイル事業があって、固定電話事業の減益分の一部を埋め合わせていることを知っていれば評価は変わっていただろう。いずれこのモバイル事業の収益の割合が増えて、会社全体の収益が黒字に転じるかもしれない。セグメントごとの分析は、ほかのマーケット参加者が気づく前に収益成長率が反転することを予想する助けにもなるかもしれない。

現金を多く保有している会社の場合

　2013年までに、アップルのネットキャッシュポジションは1000億ドルをはるかに超え、低利回りだが流動性が高い追加資産になっていた。アップルが過小評価されていると主張する人たちは、バランスシート上のネットキャッシュを追加的な資産として見ていたのだ。実は、このキャッシュポジションは低金利で同社の収益にはあまり貢献していなかったが、実際の価値とマーケットの評価は大きく違っていた。アップルのPER（株価収益率）は収益の十数倍だったのに、ネットキャッシュ調整後のPERは1桁台になっていたのである。アップルのネットキャッシュポジションは簡単に見つけて調整することができたのに、多くの投資家はPER分析の過程でそれをしなかったようだ。

　株式投資用のスクリーニングツールの多くは、現金や短期投資、負債などのデータが含まれていて、多額の現金を保有している会社を探すことができるようになっている。私たちは、そのなかで株式市場の評価よりも多いネットキャッシュポジションを持つ会社に関心がある。マーケット参加者は、多額のネットキャッシュを見過ごしたり意図的に無視したりすることがあり、純資産価値と企業価値を区別している投資家にとってはチャンスとなる。私たちは、ネットキャッシュが時価総額の3分の1以上ある会社に特に興味がある。33％割安ならば50％の値上がりが期待できるからだ。もし自社株買いをしたり戦略的行動をとったりしなくてもネットキャッシュが増えれば、さらに魅力的になる。ネットキャッシュポジションが増えれば、安全域が大きくなるため、株価が変わらなくても下落の可能性は低くなり、上昇の可能性は高くなるからだ。

　ネットキャッシュが時価総額を上回っている会社はあまりないため、注目しておきたい。そして、ミスターマーケットが内在価値をマイナス評価した理由について考えてみたい。そのネットキャッシュポジシ

ョンは時間とともにどう変わっていくのか。もしそれが増えていくのならば、経営陣が資本配分で大きなミスを犯すことをマーケットは想定しているのだろうか。言い換えれば、企業価値以下でトレードされている会社には、それなりの理由があるべきだと考えられる。そして、私たちは株主の価値が将来破壊される可能性にも注目しなければならない。もし破壊される可能性が高ければ、その会社は企業価値以下でトレードされていても割安とは言えないのかもしれないからだ。しかしその一方で、もし本質的価値が増え続けるならば、ゆっくりではあるが下落リスクが減って、上昇の可能性は高くなる。このような場合は、将来再評価された場合よりも、ディスカウントが解消するまでの期間に上がるリターンのほうが高いため、ディスカウントが埋まるまでにかかる長さにも注目する必要がある。企業価値よりも安くトレードされている会社はマーケットの否定的なセンチメントにも苦しむことが多いため、インサイダーの買いは価値を確認できる強力な方法になる。インサイダーがマーケットの見方に反して株を買うということは、普通は企業価値がゼロではないことを示す強いシグナルだと考えられる。

　時価総額の大きな割合をネットキャッシュが占める会社は、「買い」のチャンスとして見るべきだとスノーウィー・オーガスト・マネジメント社長のマイク・オンガイは言う。彼は、かつてテクノロジー系の起業家だった経験を生かして「オンライン技術を次の段階にうまく移行できる」企業を探している。このような会社は、マーケットが製品の移行について悲観的な見方をしているときは、株価がネットキャッシュを下回ることがある。しかし、その移行が成功すれば、たとえ小さな成功であっても大きな選択肢を持つことができる。オンガイは、ルックスマートが企業価値を下回っていて、製品移行の過程にあるという条件を満たすと考え、2013年初めにこの会社のCEOに就任した。

他社に投資している会社の場合

　スクリーニングツールの多くは、長期投資のデータを含んでいるが、これらの投資の構成を理解するためには、個別に調べる必要がある。私たちが他社に大きく投資しているとして評価する会社は、長期投資が最低でも時価総額の10％に達していることを条件としている。このときに、簿価ではなく時価を使うのは、時価簿価比率が高くなると長期投資の価値の割合が下がってしまうからである。また、保有期間に長期投資の時価が簿価を下回ることも考慮して、最低条件を10％と低めに設定してある。

　例えば、Ａ社が時価総額の20％に当たる長期投資（Ｂ社への投資）を行っているとする。この投資の簿価は、バランスシートの日付時点の時価で記載される。このとき、この持ち分の価値はバランスシートの日付時点の株価で評価される。つまり、もしＢ社の株価がバランスシートの日付以降２倍になれば、長期投資はＡ社の時価総額の40％を占めることになる。しかし、Ｂ社への投資分を除いた60％がＡ社の本質的価値を下回っていれば、これは大きな問題である。

　ロウズの場合、ほかの上場会社に投資した株の価値が自社の企業価値に近づくことがあり、そうなると自社のために所有している資産と経営陣の資本配分力の価値が実質的にゼロだということになる。もしロウズの投資先を資本をかけずに手に入れたければ、ロウズ自体を買ってもよいが、投資先の会社を買う方法もある。ちなみに、後者ならばロウズを一部空売りすることになる。ただ、ゼロコストのシナリオは魅力的だが、空売りする株の価値は調べておかなければならない。もしそれが割安ならば、空売りはしないでロウズを買うだけでもよいのかもしれない。

不動産を多く所有している会社の場合

　不動産の価値は十分理解されているかもしれないが、上場会社が保有している不動産の価値をマーケットが無視していることはよくある。特に、中核事業が不動産と関連していない場合や、適正価格よりもはるかに安く取得している場合はそうなりやすい。GAAP（一般に公正妥当と認められた会計原則）では、ほとんどの会社が取得時のコストで計上することとしており、何十年も前に取得した不動産はかなり過小評価されているケースが多い。例えば、2011年にヒュー・ヘフナーがプレイボーイ・エンタープライズを上場廃止にしたとき、プレイボーイマンションの簿価はわずか100万ドルだったが、実際には5000万ドル以上の価値があった。この差は、この物件を購入したのが約40年前だったことで発生したものだ。同様に、マウイ・ランド＆パイナップルもハワイに所有する土地のほとんどを20世紀初めに購入したため、簿価と市場価格には大きな隔たりがある。

　セタンタ・アセット・マネジメントでポートフォリオマネジャーを務めるデビッド・コインは2010年に、所有する不動産が過小評価されていたMIデベロップメント（MIM）への投資について次のように語っている。コインは、MIMの不動産が市場価値ではなくコストで計上されていることに気づいていた。

　　MIMの開示資料だけでは詳細は分かりませんが、同社が所有する不動産のほとんどが1998-1999年にかけてマグナ（MIMのかつての親会社）から移転されたことはほぼ間違いありません。2003年以降は不動産の数はほぼ安定しており（私の知るかぎりでは、追加施設は既存の土地に建設されています）、MIMはその後に起きた世界的な不動産バブルには巻き込まれていません。正味簿価14億ドルの不動産は、最低家賃で計算してもテナントであるマ

グナから将来12億ドルの収入が見込める（リース契約が満了するまでの平均期間は6.7年しかない）のに加えて、不動産資産の賃貸利回りは14.5％にも上っています。MIMの不動産は、オーストラリアのグレーター・トロント地域とドイツ南部という世界的な金融危機の影響を受けなかった地域にあります。概算ではありますが、控えめに見ても同社の不動産は50％程度過小評価されており、MIMの株価有形純資産倍率（PTBV）は0.25倍程度の可能性があります。

不動産資産のスクリーニングが難しいのは、簿価が市場価値と大きく違っているからだけでなく、スクリーニングツールの多くが土地や建物の簿価をPP&E（有形固定資産）に含めているからである。そのため、会社ごとに財務諸表の注釈を調べてPP&Eの詳細を確認しなければならない。PP&Eが大きな誤差の元になる可能性が高いことを考えれば、スクリーニングツールを使うことは実践的ではない。

機械的なスクリーニングツールを使う代わりに、不動産業以外でたくさんの不動産を所有している会社をリストしてみることもできる。これは業界ごとに行ってもよい。例えば、小売会社の店舗を分析すると、自社の店舗用不動産の大きなポートフォリオを持つ会社が分かり、そのなかには不動産の管理、修繕のみを行っている会社や、さらに面白いのは土地や建物を所有しているだけの会社が見つかるかもしれない。

スクリーニングのあとに ── 隠れ資産を探すための実績ある方法

本当の隠れ資産は、定量的なスクリーニングでは見つからないこともあるため、より質的な方法が必要になる。ローラー作戦で、できる

だけ多くの会社の開示情報を取り入れていく方法もあるが、次のような方法を使えば、より効率的な調査を行うことができる。

隠れ資産を見つけるのがうまい賢い投資家が保有している会社を精査する

　隠れ資産を持っていそうな会社に注目する賢い投資家は少なくない。ほかの条件が同じならば、そのような資産が存在するほうが過小評価されている可能性は高くなる。それに、もしほかのマーケット参加者が中核事業以外の資産を明らかにすれば、それによってその会社の再評価につながるかもしれない。さらに言えば、明らかに割安になっているのは、多くの投資家が隠れ資産があることに気づいていないことも理由のひとつかもしれない。セス・クラーマンは、マーケットが見逃したり、判断を誤ったり、投資チャンスを生み出したりした理由を理解すると、その会社が重要な投資先だと確認できることもあるという。例えば、割安な会社が急落しても、大株主の機関投資家が顧客の解約要求に応じてその株を売らざるを得なかったことを知っていれば、この会社への投資理由は強化される。

　私たちは、隠れ資産を持った会社を探すなかで、独自の視点——例えば、見逃されている収入源を持つ会社に注目している——を持つ賢い投資家についても知ることになった。このような投資家10人を次に紹介しておく。CIK番号（SECに開示情報を提出した法人や個人に割り当てられた番号）を使えば、SECのデータベース（http://sec.gov）で彼らの情報を簡単に検索できる。

●ビル・アックマン（パーシング・スクエア・キャピタル・マネジメント。CIK 0001336528）
　アックマンの投資戦略の基本は、複数の資産を持つ会社を探すこと

にある。彼が過去に投資したマクドナルド、ターゲット、アレキサンダー＆ボールドウィンを見ると、戦略的行動を通じて隠れた価値がある可能性を見いだしたことが投資理由のひとつになっているように思える。

●デビッド・アインホーン（グリーンライト・キャピタル。CIK 0001079114）

アインホーンは投資家向けの四半期報告書で、同社の最大の投資先に関する投資テーマを説明している。ここには、マーケットは無視しているが大きくても簡単には見つからない収入源を持つ会社がよく登場する。例えば、モバイル通信大手のボーダフォンは、ベライゾン・ワイヤレスの大株主でもある。

●カール・アイカーン（アイカーン・アソシエーツ。CIK 0000921669）

アイカーンは「物言う投資家」という言葉が広まる以前は、企業乗っ取り屋として知られていた。彼は長年、戦略的結合やスピンオフや資本構成の見直しなどによって価値を再評価するよう経営陣に迫ってきた。

●ダニエル・ローブ（サード・ポイント。CIK 0001040273）

ローブは数年前に数人のCEOに批判的な手紙を送ったことで一躍有名になったが、彼の長期投資のパフォーマンスはさらに注目に値する。彼はチャンスがあれば投資するスタイルで、このなかには複数の収入源を持つ会社も含まれている。例えば、ヤフーはローブが投資していた時期には、アリババ・グループやヤフー・ジャパンの株式を保有していた。

●ミック・マクガイア（マーカト・キャピタル・マネジメント。CIK 0001541996）

かつてビル・アックマンの弟子だったマクガイアは、割安だが、経営陣によって価値が再評価される可能性がある中規模の会社で物言う株主として活動している。2013年初めの時点で、マーカトは自動車部

品メーカーのリアの株主として活動を行っている。ちなみに、この会社は、シートと電力管理という2つの異なる部門を運営している。

●**ロイド・I・ミラー3世**（個人投資家。CIK 0000949119）

ミラーは、長年、ネットキャッシュが多い超小型株に数多く投資している。彼の強みのひとつは、本業のパフォーマンスが弱いために、マーケットが現金の保有を無視しているような会社を見つける能力にある。ミラーは、パフォーマンスが改善して再評価されそうな会社をうまく見つけている。

●**ジョン・ポールソン**（ポールソン＆カンパニー。CIK 0001035674）

ポールソンは、スペシャルシチュエーション（状況が急変して急騰するかもしれないバリュー株）で成功していたが、サブプライムローンの崩壊で莫大な利益を上げて有名になった。サブプライム危機以降、彼はサム・オブ・ザ・パーツ分析が適した数社に投資している。そのひとつであるハートフォード・ファイナンシャル・サービスは、ポールソンによれば、傘下の損害保険会社の業績が親会社の陰に埋もれているという。

●**マイケル・プライス**（MFPインベスターズ。CIK 0000918537）

プライスは投資家として名を成したあと、1973年にマックス・ヘインがいたミューチュアル・シリーズ・ファンドで働き始めた。プライスは、追加的な資産や見逃されている資産を持つ会社に注目するバリュー投資の手法で、同ファンドの長期パフォーマンスを大きく伸ばした。彼は、MFPインベスターズでも、長年の実績があるこの方法を用いている。

●**ウィルバー・ロス**（WLロス＆カンパニー。SECへの報告はインベスコ・プライベート・キャピタル。CIK 0001128452）

ロスが最も知られているのは、苦境にある業界への投資だろう（例えば、2000年代初めのアメリカの鉄鋼業界）。彼は、ほかの投資家がリスクばかりだと思っている会社の価値をうまく見つけだすことがで

きる。マーケットが見誤ったり無視したりしている資産を見つけだすことで、変革を遂げている業界のなかの魅力的な投資先を探し当ててきた。

●マーティー・ウイットマンとアミット・ワドワニー（サード・アベニュー・マネジメント。CIK 0001099281）

ウイットマンは、バランスシート上の有形資産に注目するタイプの投資家のなかで最も高く評価されている。彼は、明確な純資産価値によって下落の下支えを確保したうえで、ほかの投資家がまだ目を付けていない資産を持つ会社を探している。ワドワニーは、この手法やそれ以外の方法で、世界中の持ち株会社のなかから投資先を探している。

特定のチャンスがある分野を精査する

　隠れ資産を持つ会社を体系的に探すためには、まずこれらの会社が見つかりそうな投資分野を考えなければならない。この場合の分野は従来定義されているものではなく、むしろ明らかではない資産を持つ会社ということでも分野になり得る。例えば、評価引当金によって繰越損失（NOL）が資産に記載されない会社をひとつの分野としてもよい。ちなみに、NOLが大きい会社の場合はそれが長期間続くこともあるが、貯蓄銀行の株式公開などは期間限定のチャンスかもしれない。

貯蓄銀行の株式公開

　発行済株数が、SEC提出書類に記載されている株数よりもはるかに少ない会社に興味はないだろうか。この幸運な誤差は貯蓄銀行などで持ち株相互会社（MHC）が発行済みの普通株の大きな割合を保有している場合などに起こる。これらの株の経済性は残りの株主（未公開の場合は預金者）にかかっている。MHCが保有する株に隠れた価値

があるとすれば、貯蓄銀行の株式公開は、銀行業界で最も保守的かつ長年の実績がある方法で、魅力的なリスク調整済の利益が期待できる。

貯蓄銀行の株式公開では、まず実質的に預金者が所有している銀行を株式会社に移行することで、IPO（新規株式公開）として資金を調達できる。このとき、新たな投資家は、実質的に自分が所有する資本を買い、既存の銀行の資産と事業をただで手に入れることになる。セス・クラーマンは、この仕組みを次のように説明している。

> 純資産が1000万ドルの貯蓄銀行が1株当たり10ドルの株を100万株発行するとします。……IPOのコストを考えなければ、調達した1000億ドルは銀行のそれまでの純資産に追加されることになり、形式上の株主資本は2000万ドルになります。しかし、発行済株式はIPOの100万株なので、形式上の純資産は1株当たり20ドルです。それまでの純資産と投資家の資金が合わさって、1株当たりの純資産は即座に投資家の投資額を上回ってしまうのです。

公開の次のステップは、この銀行を部分的に所有しているMHCが保有する株を売却することで、これによって組織全体が上場会社になる。理想的なのは、上場会社になった銀行の株のほとんどをMHCが所有しているケースである。これらの株は発行済株式とみなされるが、その経済性はすべてMHC以外の株主にかかっている。ちなみに、会社が自社株買いによって保有している金庫株も似たようなケースと言える。大きな違いは、金庫株が発行済みの株とは考えられていないことにある。

貯蓄銀行の公開が最も盛んに行われたのは1980年代と1990年代で、クラーマンなどの賢い投資家は、公開に積極的にかかわっていたが、ファンドの成長とともにもっと大きな投資チャンスを求めるようになっていった。そのうえ、銀行に投資していた投資ファンドは、その多

くが2008年の金融危機で破綻したため、貯蓄銀行の公開は以前ほど注目されていないのかもしれない。クラーマンはこのことについて、「貯蓄銀行の公開は、計算上は非常に魅力があります。しかし、個人投資家による貯蓄銀行への投資がはやった短い期間を除き、この分野はほとんど無視されてきました。この間、ごく一部のプロの投資家だけが、このバリュー投資のチャンスの存在を理解したうえで探し続けています」と語っている。

　貯蓄銀行の公開で特大のリスク調整後リターンが見込めるチャンスは、おそらくまだいくつか残っているだろう。2013年初めには、MHCのランプライター・ファイナンシャルがウォーターストーン・ファイナンシャルの普通株式の74％を保有していた。これらの株は実質的には発行済みの株とは言えず、その経済性はすべて残りの26％を保有している人たちにかかっている。現在、この銀行の表面上の時価総額は２億4000万ドルだが、実際の市場価値は6200万ドルしかない。つまり、ウォーターストーンの調整後の時価総額は、この６カ月間で２倍に上昇したにもかかわらず、17億ドルの有形資産のわずか４％なのである。

不動産を多く所有している小売会社やホスピタリティ会社

　小売業、レストラン、ホテルなどは、事業を運営するうえでさまざまなタイプの不動産を必要としている。そのため、これらの会社は顧客対応に使っている資産だけでも資本集約型になる傾向がある。しかし、これらの業界では、近年不動産を所有しないでリースに切り替えようとする動きがある。そうすれば、資本集約度を下げて資本利益率を改善できるからである。しかし、事業運営と不動産の所有を切り離す傾向に反して、不動産を多数所有している会社も残っている。

　会社が事業を行っている場所に土地や建物を所有していることは、バランスシートを見ても簡単に分からないこともある。不動産は通常、

取得価格で計上されているからである。何十年も続いている会社ならば、簿価は不動産リース会社が、営業用に大規模な修繕をした不動産の簿価と同じ程度かもしれない。また、小売会社が出店前に改装したり、修繕したりしていればそれは資本に計上され、詳細は財務諸表の注釈で開示されている。

　小売会社やホスピタリティ会社が、事業で使う不動産の多くを自社で所有しているときは、その不動産を売却してリースバックするという前提でその会社を分析するとよい。そうすれば、実際の資産と運営している事業を別々に評価することができ、リース費用が増えると多少減ることになる形式上の利益率も明らかになる。ちなみに、もし不動産資産を切り離した本質的価値が時価総額よりもはるかに高ければ、隠れ資産を持つ会社が見つかったのかもしれない。

　たくさんの賢くて勤勉なファンドマネジャーが株式市場をくまなく精査しているなかで、本当の隠れ資産を持った会社を探し出すのは、ますます難しくなっている。賢い投資家の多くは、規制が緩いリミテッドパートナーシップで比較的少額の資産を運用しており、投資対象を選ばない。例えば、数人の賢い投資家が目を付けたのが、マンハッタンなどにかなりの不動産を所有しているディスカウントストアのシムスだった。時価総額が１億ドル以下のシムスでも、バリュー投資家の目を逃れることはできなかったのだ。ただ、アメリカ以外の会社で、特に地方の取引所でトレードされている銘柄だと、不動産資産が見つかるまでに時間がかかることもある。このような会社のデータは、安価なデータベースではほとんど扱っていないため、それを見つけだすのは難しいからだ。

　意欲のある投資家は、世界中で隠れ資産を持つ会社を探しているが、彼らの関心は単純に隠れ資産を探し出すことから、どうすればマーケットを使ってその資産を資金化したり資本化したりできるかに移っている。ビル・アックマンがいくつかのケースで提唱した不動産のスピ

ンオフは、このような再評価につながるかもしれない。戦略的な行動は、株主に現金を還元することにつながるかもしれないし（資産売却の場合）、それまで隠れていた価値に光を当てることになるかもしれない（スピンオフの場合）。そのような行動がなければ、賢い投資家が隠れ資産を見つけても、株価が適正価格まで上げることはないし、その場合は平均的なリターンしか上げることはできない。積極的な投資家の多くは、保守的な投資家が次々と買いを入れることで期待以上の投資リターンが得られることを望む。

多額のNOLを繰り越している会社

　通常、一般に公正妥当と認められた会計原則では、現在のパフォーマンスから推定して将来十分な利益が見込めないときは、NOL（繰越損失）に対して評価引当金を計上することになっている。これは高いハードルで、利益率が回復しそうな会社の多くは、事業が再生したことを示すまで評価引当金を維持しなければならない。そうなると、リサーチ重視の投資家は、NOL資産の分だけバランスシート上の株主資本が実際よりも低く見えている会社を見つけだすかもしれない。あるいはNOLを、資本強化によって簿価を高める隠れ資産ではなく、将来の推定フリーキャッシュフローというプラス要素として見ることもできる。

　なかには、多額のNOLが利益を税金から守る盾になっており、それが1〜2年ではなく10年以上に及んでいる会社もある。ただ、NOLにはさまざまな規則が課されるうえ、それらはかなり複雑なので、NOLの正確な効果を推定するのは難しい。例えば、もしある会社のNOLが翌年の税引き前利益を上回っていても、NOLが適用されない利益項目については課税される（収益が発生した場所が違うなど）。さらに、NOLの将来の使い方も、株主構成に変化があれば制限される場合もある（買収や5％以上保有する株主の保有比率が変わっ

た場合など)。株主構成については、大量保有報告書(13G)が義務付けられているため、IRS(国税庁)は株主の変化を把握できるようになっている。とはいえ、規制の制限はあっても、多額のNOLを計上している会社のなかには魅力的な買収対象になるものもある。

製造会社の仮面をかぶった金融会社

金融会社は、マーケットに敬遠されるようになるまでは利益率が低い製造会社の利益のかなりの部分を生み出していた大きな存在だと見られていた。ゼネラル・モーターズの価値の大部分は、自動車事業ではなく、傘下の巨大な金融会社であるGMACにある。同様に、パソコンメーカーは、ハードウェアの販売利益率は低いが、保障サービスが利益を押し上げている。

金融危機を経て、金融会社のリスクが十分理解されたあとの世界でも、製品の販売会社は利益の多くを製品に付随する金融サービスや保険サービスで上げている。保証は種類によって利益率が高いだけでなく、投資可能なフロートが手に入る。そこで、利益率が低いメーカーを調査対象から外す前に、その会社が大きな金融サービス事業を行っているかどうかを確認したほうがよい。通常、製品に関連した特殊な金融商品は利益率が高く、平均以上のリターンが期待できる場合もある。

複合企業

複合企業は、複数の異なるタイプの資産を使い、全体として株主のために利益を上げていく会社である。そのため、持ち株会社(例えばバークシャー・ハサウェイ)が所有する事業の価値については稼働しているものもしていないものも含めて議論の余地があるが、さまざまな資産の存在は通常明らかになっている。ポリー&リーシャー・インベストメント・マネジメントのマティアス・リーシャーは、ドイツの

建設関連の複合企業のホッホティーフが過小評価されている主な理由について次のように言っている。「ホッホティーフは、数年間コングロマリット・ディスカウント状態にありました。それは、戦略的な改革によってそのギャップを埋める能力を持った経営陣がいなかったからです」

通常、複合企業はサム・オブ・ザ・パーツの価値よりもディスカウントになって当然だと考えられていることが、チャンスにつながることもある。バークシャー・ハサウェイやルーカディア・ナショナルやマーケルの場合は、ディスカウントよりもプレミアムが適当だろう。これらの会社が持つ経営陣の能力や株主重視の姿勢といった知的資産は、マーケットに過小評価されているのかもしれない。実際、彼らは平均以上の資本利益率を上げており、それがプレミアムを正当化している。

複合企業の構成は、アジアの同族系の大企業にもよく見られる。このような会社は、さまざまな一般消費者向けの事業に加えて、多くの不動産や資産を所有している。経営陣は、株主の価値を生み出そうという意欲が高いが、インサイダーの支配権の乱用も珍しくない。それでも、同族系の複合企業は複雑な構成になっていることで、マーケットに見過ごされている可能性があり、彼らの主要な価値構成を評価しようとする投資家にとっては、チャンスにもなり得る。

隠れた価値を持つ会社の監視リストを作る

次は、隠れた価値を持つ会社の調査を、具体的な割安株への投資につなげていく必要がある。安全域が非常に大きい会社の場合、私たちは非中核事業や隠れ資産を持つ会社の監視リストを作って観察している。これらの会社のサム・オブ・ザ・パーツの価値は、投資先の会社の市場価格によって変動するため、私たちは積極的に適正価値に対す

るディスカウント幅を推測していく。例えば、好調な複合企業のロウズは、2013年初めにさまざまな上場会社の株を所有していた——CNAファイナンシャルの90％、ダイヤモンド・オフショア・ドリリングの50.4％、ブロードウォーク・パイプライン・パートナーズのリミテッドパートナーシップを53％とゼネラル・パートナーシップを2％など。ロウズは、これらの上場会社の株に加えて、ハイマウント・エクスプロレーション＆プロダクション、ロウズ・ホテル＆リゾートなどにも直接投資していた。また、ロウズ本体にも、多額の現金や投下資本があった。

　ロウズのような会社の監視リストを作る場合、もしマーケットがパニックに陥って、みんながサム・オブ・ザ・パーツの価値を考えずに普通株を投げ売りしたときなどは即座に行動を起こせるようにしておかなければならない。もしみんなが持ち株会社の株を投げ売りしなくても、原資産の価値が上がったことに気づいていないときは、それもチャンスになる。できれば、時間をかけて監視リストに情報を蓄積していくだけでなく、本質的価値に対する推定ディスカウント幅と市場価値も記録しておくとよい。そして、ディスカウント幅が歴史的な大きさになれば、投資判断を下すための分析に入る。

隠れ資産を持つ会社に正しい質問をする

　上場会社で予期しない資産を見つけると、明らかにエッジであるとの仮説を立ててすぐに株を買いたくなる。しかし、残念ながら関連するすべての隠れ資産が必ず良い投資先につながるとは限らない。そこで、サム・オブ・ザ・パーツが高いと思われる会社を評価するときは、次のような点に注目した質問をするとよい。

その隠れ資産はどの程度見過ごされているのか

　主力ビジネス以外に大きな資産がある会社は、魅力的な投資先として賢い投資家の関心を引く。まず、さまざまな資産があることで、その会社が過小評価されている可能性が高まる。また、資産が隠れているからこそ、その会社はマーケットで見過ごされているのかもしれない。つまり、ファンダメンタルズとは無関係に見える理由で割安になっているということが、洗練されたマーケット参加者を引き付けるのである。

　隠れ資産に関する話には説得力があるものもあり、賢い投資家でさえ割安、隠れ資産という要素を差し引いても魅力的な会社だと誤解してしまうことがある。なかには、ほかにもたくさんの賢い投資家が隠れた価値に関する話を信じて買っていることに気づかないまま買ってしまう人もいる。もし適正価値に対するディスカウント幅がもともとなかったり、その後の進展によってなくなったりすると、似たような考えの投資家が一斉に売ろうとするため、痛みはさらに増す。

　あったはずの隠れ資産が存在しなかった例は、バリュー投資の世界にはいくらでもある（買いのみのトレードでも、アービトラージのトレードでも）。ポルシェ・フォルクスワーゲンのペアトレードや、スピンオフ後のエコスター、2008年初期の過剰資本に見えた住宅ローンの貸し手、地域航空会社のピナクル航空とリパブリック・エアウェイズ、経営破綻前のゼネラル・モーターズの株、など、賢い投資家が隠れ資産があると誤解したケースはほかにもたくさんある。

　そこで、私たちは経験則に従って、次のようなルールを適用している――もし2人以上のスーパー投資家がその株を保有していれば、それにどれほどの価値があっても、隠れ資産とはみなさない。もし2人以上のスーパー投資家がその会社への投資に反対していれば、価値が隠れているとは考えない。例えば、ブルース・バーコウィッツがフ

ロリダ州の不動産会社であるセント・ジョーで見つけた隠れ資産は、デビッド・アインホーンが明確に下げる銘柄だと語っていれば、その時点ではもう隠れ資産ではない。ただ、スーパー投資家の定義は人によって違うし、だれがそれに該当するのかを決めるルールもない。私たちは、隠れた価値がある会社を探し当てた実績があるファンドマネジャーとは、できるだけ知り合いになっておきたいと思う。このような投資家は、平均的なマーケット参加者に名前を知られていなくても、自分にとってはスーパー投資家かもしれない。例えば、ほとんどの投資家がロイド・ミラーの名前を知らないが、彼は、本業以外に重要な資産を持つ小型株や超小型株をこれまでいくつも見つけてきた。

中核事業以外に資産がなかったとしても投資候補になる会社を探す

　隠れ資産と言われているものに注目しすぎて、マーケットが中核事業を適切に評価していると誤解してしまうケースもよくある。もし中核事業を無視すれば、隠れ資産の価値と市場価値の差だけ上昇チャンスがあると思ってしまうのだ。残念ながら、ミスターマーケットも私たちが隠れていると思っている資産をすでに知っているかもしれない。そうなると、実はその株はほかのマーケット参加者が特定の資産を見逃したからではなく、中核事業が順調でないからPERやPBR（株価純資産倍率）が低いのかもしれない。マーケットが中核事業以外の資産を無視していると誤解してしまうと、中核事業を高く買いすぎて、結局バリュートラップに陥るかもしれない。

　隠れ資産があるように見える会社を見つけたときは、まず、中核事業を分析しなければならない。超小型株や、何か特定の理由で無視されている株でないかぎり、中核事業の価値はほかのマーケット参加者にも分かっている。まずは中核事業をきちんと評価して、それだけで

もこの会社全体に対するマーケットの評価が割安だという状態が望ましい。そのようなときは、隠れ資産だと思った部分が本当にほかの投資家に見過ごされているのかもしれない。本業も魅力的でないかぎり、隠れ資産がありそうだという理由だけで投資しても、うまくいくことはあまりない。

価値を手に入れるための方法

　隠れ資産があることで興味を持った株の場合、その価値がどうすれば明らかになるのかが重要になる。ただし、これは自分に見えている価値をどうすればほかの投資家に知らせることができるのかという投機的なことではなく、むしろ隠れ資産の価値がどうすれば、いつ私たち株主のものになるかという経済的なことである。もし隠れ資産を持つ会社がこの価値を現金化するための行動を何もとらなければ、ほかの投資家に隠れ資産について知らせたとしても何も起こらない。仮にマーケット全体が中核事業以外の資産について知ったとしても、株主が本当に追加的な価値を得られるのかが懸念されて株価は変わらないかもしれない。

　もし隠れ資産の価値がこの先も変わらなくて、資産が資金化されることも株主に配分されることもなければ、その資産の割引現在価値は非常に低いのかもしれない。そのため、隠れ資産の存在が投資の主な決め手である会社の場合は、価値がすぐに株主の利益になるかどうかが重要になる。このとき株主としてできることとしては、非中核資産のスピンオフ、現金化して特別配当を行う、自社株買いを行う、バランスシートのレバレッジ解消などがある。

本章のまとめ

次の10のポイントを覚えておいてほしい。

1. 多くの会社は異なる事業や資産をそれぞれ評価して合計したほうが、全体の企業価値や資産価値を正確に推定できる。
2. 複数の収入源を持つ会社の株価がときどき適正価格から逸れるもうひとつの理由に、投資家が本業とまったく関係のない資産を過小評価するという傾向がある。
3. 異なる価値を併せ持つ会社のほうが適正評価されている資産を売却してバランスシートを改善したり、割安の自社株を買ったり、高リターンの事業に再投資することができるため、戦略的な選択肢が多い。
4. サム・オブ・ザ・パーツ分析をしたときに、会社を必要以上に分割してしまう人がいるが、理論的には魅力的なチャンスが見つかったとしても、現実は違うかもしれない。
5. 通常、価値を再評価するための触媒は必要ないが、価値を生み出す資産が複数ある場合は戦略的行動の予定がないとバリュートラップになってしまう可能性が高い。
6. 「1つ買えばもう1つ付いてくる」なのか「10買えば1つ付いてくる」なのかで話が大きく違ってしまう。買い手にとっては前者のほうが魅力的な提案だ。それなのに、投資家はこの重要な違いを見過ごしてしまうことが多い。
7. サム・オブ・ザ・パーツ分析の対象となる会社にはいくつかのタイプがあり、スクリーニングの方法も少し変えたほうがよい。余剰資産は、現金やそれに準じる資産や、ほかの会社の持ち分、不動産、またはその組み合わせであることが多い。
8. サム・オブ・ザ・パーツ分析は、事業部門ごとに異なる方法で評価する必要があるときに役に立つ。そのような会社では、サム・

オブ・ザ・パーツ分析の結果が、全社的なデータを使った評価とかなり違うこともあり得る。
9. 隠れ資産に関する話には説得力があるものもあり、賢い投資家でさえ割安、隠れ資産という要素がなくても魅力的な会社だと誤解してしまうことがある。なかには、ほかにもたくさんの賢い投資家が隠れた価値に関する話を信じて買っていることに気づかずに買ってしまう人もいる。
10. 隠れ資産があることで興味を持った株の場合、その価値がどうすれば明らかになるのかが重要になる。ただし、これは自分に見えている価値をどうすればほかの投資家に知らせることができるのかという投機的なことではなく、むしろ隠れ資産の価値がどうすれば、いつ私たち株主のものになるかという経済的なことである。

第4章
グリーンブラットの安くて良い株を見つける魔法の公式
Greenblatt's Magic Search for Good and Cheap Stocks

> 「投資のカギとなるのは、その業界がどれほど社会に影響を及ぼし、どれほど成長するのかを査定することではなく、その会社がどれだけ競争力を持っていて、何よりもその競争力がどれだけ持続するのかを見極めることにあります。広くて持続する『堀』を持った製品やサービスこそが、投資家に利益をもたらすのです」──ウォーレン・バフェット

　2005年にジョエル・グリーンブラットの**『株デビューする前に知っておくべき「魔法の公式」』**（パンローリング）が出版されると、すぐにベストセラーになった。ただし、これは本の内容が評価されたというよりもグリーンブラットが投資の世界で伝説に近い存在になっていたからだった。彼が10年間運用していたヘッジファンドのゴッサム・パートナーズは、年率50％という比類ないリターンを上げていた。このファンドで大金を稼いだグリーンブラットとパートナーは、10年後に他人の資金の運用をやめて資金をすべて返還すると、その後は自己資金のみの運用に集中することにした。ヘッジファンド解散後の彼の投資パフォーマンスに関して信頼できるデータを入手するのは難しいが、おそらくその素晴らしいパフォーマンスが1994年以降の20年間も続いているのだろう。

　ちなみに、出版直後はグリーンブラットの神秘的な雰囲気もこの本をベストセラーに押し上げた一因だったかもしれないが、そのあとは彼の簡潔で強力なメッセージが支持され続けている。「安いときだけ良い会社を買う」という教えは、一見うますぎる話にしか聞こえない。しかし、この本のなかで紹介されている「良い」と「安い」の定義と、実行可能な枠組みは、マーケットを上回るリターンを求める人にとっ

ては非常に貴重な教えになっている。レッグ・メイソンのマイケル・モーブッシンも、「グリーンブラットの公式を使えば、安くて質の高い会社を見つけることができる。それを長く続けることができれば成功できるはずだ」と語っている。

イーサン・バーグが自身の手法について語ったなかにも、グリーンブラット式投資の本質と通じるところがある。

> 私が新聞配達をしていたころ、ボストンの小売店が毎週「良いものを安く」とうたった広告を出していました。私はこのスローガンをそのまま自分の投資に取り入れています。ちなみに、もう少し学術的に説明したいときは、これを「適正に評価されていない株価が付いた、優れた会社」を探す方法と呼んでいます。投資先を評価するとき、私は２×２の表を使っています。縦軸は価値、横軸は優劣です。この方法は、今でもあまり変わっていませんが、長年の間に多少洗練されてきました。例えば、収益の基準はキャッシュフローに変えました。また、かつては優れた会社かどうかを調べるときに、ほとんどパターン認識に頼っていましたが、今は必要に応じて資本利益率などの定量的なデータも用いています。

その方法はなぜうまくいくのか

良い会社の定義は、些細な問題ではない。もし10人の投資家に「良い」の定義を聞けば、10通りの答え――例えば、利益率が高い、資本利益率が高い、資本配分がうまくいっている、ビジネスを守る広い「堀」がある、収益が伸びている、大きな市場があるなど――があるかもしれない。これらの定義はそれぞれ一般的に望ましい特性を表しているが、簡単に適用できる総合的な「良さ」の定義にはなっていない。例えば、「利益率が高い」は、一般的に望ましいことではあっ

ても必須条件ではない。ウォルマートはその好例で、良い会社でも利益率は低い。「資本利益率が高い」も、望ましいことではあっても大きな負債を抱えた会社の万能薬ではない。同様に、資本配分がうまいことは株主にとっては優先度が高いが、経営陣にとって最高の資本配分が自社株買いや配当で資本を還元することならば、投資家は事業利益を複利で増やしていくことはできない。また、競争力という広い「堀」を持つ会社は、常に他社を上回っているかもしれないが、その優位性が必ずしも業績に結びつくわけではない。最後に、急成長していて大きな市場がある会社にかかわる投資判断は、大きな間違いにつながることもある。

　表4.1は、高い運転資本利益率の会社を買った投資家のリターンを示している。この例では、最初の運転資本のリターンを50％とし、再投資した分は控えめに10％として計算している。この表が示すとおり、通常、このような事業では、たとえ売却時の資本倍率が買ったときより低くても、投資家はそれなりの年間リターンを得ることができる。もし売却時の倍率が最低でも買ったときの倍率ならば、株主の年間リターンはかなり良くなるはずだ。ここでは、保有期間を5年としているが、保有する期間が長いほど、投資家の年間リターンに対する売却時の倍率の影響は小さくなる。

お金を儲けるための魔法

　グリーンブラットの魔法の方法がうまく機能するためには、良い会社を見つける方法が欠かせない。ここではその定義を説明するよりも、根拠を説明していくことにする。再びウォルマートの例で考えてみよう。もちろん、ほかの条件が変わらなければ、株主にとってはウォルマートの利益率が上がるほうがよい。しかし、ウォルマートは資本を効率的に使って事業を運営してきたため、長期的に見れば利益率が低

表4.1 良い会社に投資した場合のリターン

	1年目	2年目	3年目	4年目	5年目	内部収益率
会社としての見通し						
期首の資本	100	140	183	230	280	
1年目の資本に対するリターン	50%	50%	50%	50%	50%	
追加資本に対するリターン		10%	10%	10%	10%	
純利益	50	54	58	63	68	
再投資の割合	80%	80%	80%	80%	80%	
再投資額	40	43	47	50	54	
期末の資本	140	183	230	280	335	
投資家に還元した金額	10	11	12	13	14	
平均資本額に対する混合リターン		45%	36%	30%	27%	
株主としての見通し						
投資家が買って資本の1倍で売る	−100	10	11	12	13	348	35%
投資家が買って資本の2倍で売る	−200	10	11	12	13	683	31%
投資家が2倍で買って資本の1倍で売る	−200	10	11	12	13	348	16%
投資家が3倍で買って資本の1倍で売る	−300	10	11	12	13	348	6%
投資家が10倍で買って10年目にその年の利益の10倍で売る	−500	10	11	12	13	694	8%
投資家が20倍で買って10年目にその年の利益の10倍で売る	−1000	10	11	12	13	694	−6%

出所=ザ・マニュアル・オブ・アイデア

くても株のパフォーマンスは良かった。もしウォルマートが毎年250億ドル以上の営業利益を上げるために１兆ドルの資本（物理的な設備、在庫など）を使っていれば、株主が許容できるリターンを達成するのはほとんど不可能だろう。しかし、もし同じ利益を上げるのに使った運転資本が1500億ドル以下ならば、株主は３％という利益率の低さも気にならない。

　ウォルマートの例は、投資の成功においてカギとなる条件を示している。投資家としては、上場会社に投資した資金以上の見返りがあることを望む。これを事業運営という観点で見れば、会社は運転資本に対してできるだけ多くの追加資本を生み出してほしい。成功は、絶対的な数字ではなく割合で測るため、1000ドルの資本を使って100ドルの追加資本を生み出すよりも、200ドルの資本を使って100ドルを生み出すほうが会社として優れている。事業で実際に使われた資本は、ある程度推測するしかない。例えば、アップルのような会社は、バランスシート上に1000億ドル以上の現金や投資が計上されているが、これらを事業に転用できる流動資産と考えるのは適当ではない。アップルの利益は、利息収入を除けば、銀行預金が500億ドルでも1000億ドルでも変わらない。つまり、アップルが会社として良いかどうかを判断するためにリターン率を算出するときは、分母に多額の現金を含めるべきではない。それよりも、事業運営に必要な金額だけを使って算出すべきだろう。

　魔法の公式における良い会社の定義も同じことで、実際の運転資本に対する収益率が高ければ、良い会社と言える。さまざまな税率を標準化するために、分子には事業収益を使うことにする。また、財務レバレッジの効果を標準化するため、分母には運転資本使う。グリーンブラットは、運転資本の定義を、

（流動資産－現金）－（流動負債－負債）＋純固定資産

としている。純固定資産には、通常バランスシート上で有形固定資産に含まれるものが含まれる。この定義の最初の2つの項目は、正味運転資本、つまりこれは日々事業運営に投入される資金を表している。純固定資産は事業運営に長期的に投入されている資金で、例えば建物、修繕費、所有する自動車など長期的に必要な有形資産が含まれている。逆に、運転資本に含まないのは無形資産と営業権である。これらを過去に取得したときに支払った金額は、事業の本質的な質には影響しないため、これらを除外するのは理にかなっている。営業権は、その事業を取得したときに支払った価格を会計上反映させるためだけの項目であり、実際の事業運営には使われていない。

低価格のまやかし

良い会社の定義にはいくつかの欠点もあり、それについては本章の後半で見ていく。今のところは、会社の資本利益率が高くても、私たちの資本（企業の評価に基づいて株に投資した金額で、これは運転資本とは違う場合が多い）が必ずしも高リターンになるわけではないという点に注目していきたい。事業リターンが高い会社は、マーケットの評価が割高になっていることが多いため、株のリターンは、質が低くて安い会社と同じ条件になっている。結局、質が高い会社よりも安くないかぎり、質が低い会社に投資したい人はいない。

魔法の公式は、この問題を軽々と解決してくれる。それが、グリーンブラッドのランキング方法論における2番目かつ最後の定量的な要素で、利回りを事業収益と企業価値の比率で示すことで、企業に対して支払う対価を測っている。グリーンブラットは、株を運転資本利益率と事業利回りでランク付けしたうえで、2つの要素を同じ比重で組み合わせて会社ごとのランキングを出している。彼が事業収益と企業

価値の比率で安さを判断しているのは、事業収益と運転資本の比率で質を判断する考え方と一致している。どちらもレバレッジと税金の影響を除外した計算になっているからだ。シュローダーのスペシャリスト・バリュー・UKエクイティーズのファンドマネジャーを務めるニック・キラージは、「私たちは評価基準として、グレアム・ドット式のPER（株価収益率、この場合は景気循環調整後のPER）か、資本構成を考慮して景気調整後の企業価値÷EBIT（営業利益倍率）を主に使っています」と語っている。3Gキャピタル・マネジメントでマネジングパートナーを務めるパベル・ビーガンも、フリーキャッシュフローの8～11倍の会社を探すために調整した評価基準を使っている。「私たちは、事業の質と成長見通しによって支払う具体的な金額を変えています。……フリーキャッシュフローの8～11倍というのは、今期かぎりのフリーキャッシュフローではなく、正常化した持続可能なフリーキャッシュフローのことです。私たちは、会社を評価するときに、景気循環半ばの環境でどれくらいのフリーキャッシュフローが見込めるかを見極めようとします」

　魔法の公式のランクが高い株が高パフォーマンスを上げる理由は容易に想像できる。運転資本利益率が高い会社にはプレミアムが付くはずなのに、グリーンブラットの公式で選んだ銘柄が割安でトレードされているならば、少なくとも理論的には安くて良い会社ということになるからだ。

将来の高パフォーマンス――絶対ではないが可能性は高い

　グリーンブラットの過去の高パフォーマンスを見てみんながこの手法を使うようになると、理論的にはその優位性が失われるように見える。しかし、いくつかの理由から、実際にはこの魔法の公式が将来も

高いパフォーマンスを上げると思われる。

　1つ目の理由は組織由来の旧習で、これがひとつの手法を順守するのを難しくしている。機関投資家のマネジャーは、投資リスクだけでなく、自分のキャリアリスク（むしろこちらのほうが大きいかもしれない）も考えなければならない。多くのマネジャーは、たとえ勝てる戦略でも低パフォーマンスが長く続くようならば採用できない。キャリア的に言えば、みんなが間違ったときに間違えるほうが、みんなが正しいときに間違うよりもはるかに安全だからだ。グリーンブラットが魔法の公式を研究していた期間のパフォーマンスはS&P500をはるかに上回っていたが、それとは別の3年間はパフォーマンスが低迷したこともあった。ほとんどのファンドマネジャーは、1四半期、もしくは1年程度基準を下回ったくらいならば耐えられるが、それが2〜3年になると顧客は離れてしまう。ステップワイズ・キャピタルでマネジングパートナーを務めるラメンツ・アロン・ボックマンも、「機関投資家として成果を出すのは大変です。それは公式が悪いからではなく、機関投資家は良い方法でもそれを続けることができないことがあるからです。……魔法の公式のように、何年もパフォーマンスが低迷することがある戦略を使い続けるのは極めて難しいのです」と言っている。

　2つ目の理由は、感情的なバイアスを払拭するのが難しいことである。魔法の公式による候補にさっと目を通すだけでも（http://www.magicformulainvesting.comに掲載されている）、投資家は胃が痛くなるに違いない。ここに載っている会社の多くは、人気がない業界の会社か、大きな問題を抱えた会社だからだ（当局の監視下にある、会計上の問題がある、経営陣が交代した、業績が下がっているなど）。人気がないときに良い会社を買うことが長期的な高パフォーマンスにつながると頭では分かっていても、それを実行できる人はあまりいない。ボックマンもこのことについて、「これらの株を買うことは、分析内

容を理解していても、実行するのは本当に難しいです。魔法の公式を使うと、主力製品の特許が切れようとしている製薬会社や、企業価値の大きな割合を占めるほどの金額の訴訟を抱えている会社などを買うことになります。……これらの会社にあまりかかわりたくはありません」と言っている。シーハン・アソシエーツのゼネラル・パートナーのダン・シーハンは、マクドナルドのチャンスを逃したときのことを思い出すという。これは良い会社だったが、ドキュメンタリー映画の「スーパーサイズ・ミー」（マクドナルドの食事の健康被害を訴えた映画）が公開されると株価が下落した。ファストフードが次のタバコになるかもしれないという恐怖が広がり、投資家はこの業界の会社の株を避けるようになったが、その先を見通すことができた人たちにとっては、それが魅力的な投資チャンスになった。

　魔法の公式は定量的なスクリーニングなので、不況なのにヘッドハンティング会社が候補に挙がったり、メディアでレーシックの安全性が疑問視されているときにこの手術を行う会社が選ばれたりする。そこで、プロの投資家はグリーンブラットのリストのなかからさらに調べを進め、最後は主観的に投資判断を下す。ただ、その主観的な判断が感情的なバイアスによって冷静に下されないこともある。そうなると、ヘッドハンティング会社は「確かに安いけれど、今は不況だから」と言って候補から外されてしまう。レーシックの会社も「確かに安いが、つぶれるかもしれない」などと考えてしまうのだ。アビツァー・アセット・マネジメント社長のアミール・アビツァーは、株価について「投資家が１日中目にしている情報のひとつでしかないのですが……ずっと見ていると、ゆっくりでも確実にそれがその会社の価値だと信じるようになっていきます。……株価に集中してしまうと買い時が分からなくなり、さらに困るのは売り時も分からなくなることです」と語っている。

　魔法の公式を使えば、必ず投資候補が見つかる。バリュー投資戦略

のなかには、実質的に時代遅れになってしまったものもいくつかある。例えば、ベンジャミン・グレアムが50年以上前に注意深く見つけだしたいわゆるネットネットの会社は、今日のアメリカには残っていない。流動資産が時価総額と総負債の合計を超えている数少ない会社も、その多くは流動資産が急速に減っているか、実際には理論的な価値で清算できない何らかの事情を抱えているからだ。そのため、ネットネット株のみで運用を続けられるプロの投資家は、今ではほとんどいない。一方、グリーンブラットの手法は単純に上場会社をランク付けしているだけなので、ネットネットや簿価が時価総額を上回るなどといった安さの絶対的な条件はない。そのため、この手法はどのようなときでも、投資可能なリストとして相対的に魅力のある上場会社を提供してくれる。

　最後に、たとえ長い期間高いパフォーマンスを上げている戦略であっても、懸念が拭えない投資家たちがいる。マーケットが効率的で、ただのものなど存在しないと教えられてきたからだ（洗脳と言ってもよい）。そのため、彼らは単純な定量戦略が、証券アナリストやポートフォリオマネジャーが最大限努力した結果を上回るはずがないと悩んでしまう。例えば、PBR（株価純資産倍率）の倍率が低くても、幅広いマーケットのパフォーマンスを統計的に優位な形で長期間上回っている株がある。経済学者のユージン・ファーマとケネス・フレンチは、この現象を詳しく研究した（最新のデータは http://www.kennethfrench.com に掲載されている）。皮肉なことに、この効率的市場仮説に矛盾するこの結果を長年見てきたファーマでさえ、純粋にプロとして効率的市場仮説にかかわる原則──「もしある戦略が高いパフォーマンスを上げられるならば、リスクも高いはずだ」──でこれを説明しようとした。ファーマにとって都合が悪いことに、PBRが低い株を買う戦略は、ボラティリティも比較的低かった。もちろん、ボラティリティは効率的市場仮説では、リスクの定義とされる

ことも多い。そのため、ファーマはPBRが低い株は、何か別の理由でリスクが高いと結論づけてしまった。PBRが低い株の例外がこのままずっと見つからないと、長年実績があるグリーンブラットの手法がこの先も敬遠されてしまうかもしれない。

安くて良い会社への投資 ── 利用と誤用

　グリーンブラットの手法のように簡単に使える投資戦略が長年着実に成果を上げていれば、常識的に見てこれを使わない投資家は不合理で、愚かにすら見える。しかし、ことはそれほど単純ではない。投資家は生身の人間であり、コンピューターアルゴリズムだけでは動けないし、そうすべきでもないからだ。人は自分の質的な洞察や判断を無視することができないだけでなく、自分の欠点（認知的なことでも感情的なことでも）も無視することはできないのである。

　何年か前に、ジョエル・グリーンブラットとブレイク・ダーシーはフォーミュラ・インベスティングを立ち上げた。これはゴッサム・アセット・マネジメントが運営する投資サービスで、質的な証券選択のプロセスにおいて避けられないバイアスに惑わされることなく、魔法の公式を使えるようにすることを目的としている。フォーミュラ・インベスティングは、量的な手法を使って顧客のポートフォリオを設計しながら、バックテストで素晴らしい結果を出しているグリーンブラットの手法を再現できるようになっている。ポートフォリオの管理や証券分析を積極的に行わなくても高いパフォーマンスを上げたい投資家ならば、フォーミュラ・インベスティングは妥当な選択肢なのかもしれない。

汝を知れ、そして汝の顧客を知れ

　逆説的に聞こえるかもしれないが、パフォーマンスが長く低迷する時期があることも、長い目で見れば魔法の公式が高いパフォーマンスを上げる理由のひとつなのである。ただ、高いパフォーマンスを上げる可能性があっても、私たち自身（もっと言えば顧客）がこの手法を機能させ続ける理由になってしまっては意味がない。もしパフォーマンスが１年か２年か３年低迷したあと、この戦略をやめてしまうのならば、その理由が資金の流出であっても、ただ「うまくいかない」という思いからであっても、そもそもこの戦略を使うべきではない。それならば、最初から自分の手法を崩さない程度にグリーンブラットの手法の一部を取り入れる程度にしておくのがよいだろう。そうすれば、低パフォーマンスの間もその手法を続ける自信が持てるかもしれない。
　もし魔法の公式が自分には合わないと思ったときは、そのなかからどの要素を採り入れれば自分の戦略を成功に近づけることができるだろうか。その答えは投資家ごとに違うかもしれないが、一般的なアイデアをいくつか紹介しておこう。
　まず、問題を抱えた業界や会社がすべて破綻するわけではない。投資家は魔法の公式でランクが高い株のほとんどが問題を抱えていると思っている。営利目的の教育会社は厳しい規制が課せられているし、石油サービス会社はメキシコ湾の石油流出事故の影響が続いている。軍需産業はイラクやアフガニスタンの戦争が終わりかけているし、人材派遣会社は不況の影響を受け、製薬会社は近い時期に特許切れを迎える。もちろん、これらはみんな将来の事業パフォーマンスに間違いなく悪影響を及ぼす問題ではある。ただ、平均的な投資家が利益率を蝕むマイナス要因の影響の大きさや速さを過大評価する傾向があるからこそ、魔法の公式が成功するのである。
　例えば、破綻が迫った会社や業界や国などに関するあらゆる記事を

読んだとしよう。もし真実がメディアの報道やアナリストのコメントとはほど遠いように見えたら、今日投資できる会社がいくつかあるかもしれない。2012年の時点で世界で最も高く評価されていたアップルでさえ、一時は破綻寸前の会社として見限られていた。ここでの教訓は、もしある会社に対してマーケットに蔓延した弱気な見方を受け入れることができれば、見方を少し変えてほかの投資家が過剰反応していないかと考えてみることにある。このとき、落ち込んでいる会社の株価について、それでも買うことを正当化するならば、将来どうなる必要があるかとも考えてほしい。さらには、もし将来の株価がミスターマーケットが恐れていたほど下がらなければ、どれくらいが適正かも考えてみるとよい。

　魔法の公式のもうひとつの教訓は、高い資本利益率が可能な会社の評価である。この評価は、明らかな資産価値よりもディスカウントになっている会社に注目するいわゆるディープバリュー投資家に多少欠けている視点かもしれない。常に高い資本利益率を達成している会社のなかには、資本集約型ではないために、リターンの基準が妥当でない場合がある。そのため、バランスシート上の価値のみに注目していると、全体としては魅力的な投資先かもしれない会社を見逃す可能性がある。

　例えば、ソフトウェア会社の本質的価値は、実物資産（机、椅子、ソフトウェアを書き、更新し、販売するためのコンピューターなど）の価値とはまったく関係がない。それよりも、この会社の価値は技術力、人材、契約などといった無形資産にある。このような非資本集約型の会社の場合、資本利益率が20％や50％でも、株の価値は低いかもしれない。もしソフトウェア会社が机や椅子やコンピューターの価値の50％のリターンしか上げていなければ、投資候補にはならない。同様にこのような会社の株価有形純資産倍率（PTBV）が1倍とか10倍ならば、さほどの価値はない。このような会社の場合は、フリーキャ

ッシュフロー利回りや株価と平均の収益の比率などの基準で見ていくことが重要になる。

　ただし、これはディープバリュー投資家が投資の基準を緩め、安心して投資できる範囲を超えて冒険しろということではない。結局のところ、資本集約型の会社も非資本集約型の会社も同じように評価できるスキルを持った投資家はそう多くはいない。ディープバリュー投資家は、資本集約型の会社をトレードしている人が多いが、それもよいし、うまくすれば高い利益率を得られる。しかし、もし株価有形純資産倍率が0.9倍の2つの会社から投資先を選ぶとしたら、バランスシート上の資産価値を細かく査定するよりも、ほかの要素の評価に時間を使うべきだろう。もしA社の株価有形純資産倍率が0.82倍でB社は0.88倍ならば、A社は不利かもしれない。しかし、それよりも資本集約型の構造のなかに隠れた非資本集約型の事業を探すつもりで、それぞれの会社の事業部門を分析してみるとよい。例えば、2つの不動産会社が、所有する不動産資産の評価額に対して同程度のディスカウントでトレードされていれば、投資管理事業で非資本集約型の手数料収入があるかどうかが選択の決め手になるのかもしれない。

　最後に、魔法の公式の過去の高パフォーマンスは、株価が重要だということを示している。資本利益率がどれほど高くても、利回り（事業利益と企業価値の比率）が低ければ、会社としてのランクは高くならない。投資家は特定の会社が気に入ってしまうと、この一見些細な洞察を忘れてしまう。株価について触れずにメリットばかりを並べる分析をよく見かけるのはそのためだ。このことについては、SIMリミテッドでマネージングディレクターを務めるサイモン・カーフィールドがうまくまとめている。「ほとんどの資産は正しい価格ならば買うべきであり、ほとんどの資産は正しい価格でなければ売るべきである」。特定の会社を気に入って高く買ってしまうリスクがある場合は、フリーキャッシュフロー利回りか収益利回りの最低水準を設定して、

分析を始める前にチェックするという方法もある。そうすれば、素晴らしい会社を、「少しだけ」「今回だけ」と言い訳して高く買いたくなる気持ちから解放され、明確な評価基準に見合う会社に絞ってから分析することができる。私たちは世界中の会社に投資できるわけではないが、投資可能ななかから賢く選べば、良い価格で良い会社が買えるかもしれない。

分散と集中

　グリーンブラットの魔法の公式の過去のパフォーマンスに関する初期の研究で、ランキングに関して興味深い発見があった。トップ10％にランクした会社のパフォーマンスは、次の10％にランクした会社を上回っており、同じことはその次の10％についても言えたのである。わずか２つの簡単な要素を組み合わせただけでこのような結果になるのはできすぎた話のようにも見えるが、この方法はデータマイニングによるものではない。

　魔法の公式に関するこの発見は、２つの要素を使ったランクが高い株で有効だっただけでなく、上場会社全体の相対的なパフォーマンスの予想にも使えるということで、この手法を低リスクのロング・ショート・ポートフォリオに使えると考えた投資マネジャーもいた。つまり、トップ10％の株を買い、下から10％の株を空売りするのである。残念ながら、グリーンブラットが行った過去のデータの分析では、このポートフォリオがトップ10％の株の買いのみのポートフォリオを上回ることはできなかった。ロング・ショート・ポートフォリオのレバレッジが大きいと、どこかの時点で痛い目に遭う可能性があるため、極端なレバレッジはかけられないからである。しかし、もしロング・ショート・ポートフォリオのレバレッジが大きくなければ、パフォーマンスは買いのみの場合よりもはるかに低くなる。その主な理由

は、下から10％の株がかなり低いパフォーマンスでも長い目で見れば若干プラスのリターンになるからで、これはマーケットが長期的には上昇していることも関係している。もちろん、ロング・ショート戦略は、マーケットが停滞しているときや下落しているときならば可能だという考えもあるかもしれないが、おそらく魔法の公式の銘柄はこのような戦略には適していないのだろう。

　ロング・ショート・ポートフォリオのリスク調整後リターンが良くないのと同様に、魔法の公式のランキングが高い少数の株だけを使って買いのみのポートフォリオを組み立ててもボラティリティに苦しむことになるだろう。魔法の公式の手法は長い期間で見れば高いパフォーマンスを上げてきたが、大きな外れ値もあった。高いランクの株のなかにはほぼすべての価値を失ったものもあれば、大ヒットになったものもある。プロの投資家はこのような外れ値を事前に探す試みを続けるが、それを継続的にできる人にはまだ会ったことがない。そのため、魔法の公式の戦略に質的な条件を加えたとしても、集中的なポートフォリオで運用するのにはまだ不十分かもしれない。グリーンブラットは、ランクが高い30銘柄のポートフォリオは、最適に分散されていると言っている。しかし、もしさらに洗練された手法でトップ5かトップ10の候補を選ぶ戦略が見つかれば、魔法の公式で決める割合をポートフォリオの100％から（銘柄数÷30）に減らすことができる。例えば、10銘柄に絞り込むことができれば、全体の3分の1（10÷30）を魔法の公式で選んだポートフォリオにすればよい。

放っておくか、調整するか

　私たちがジョエル・グリーンブラットに魔法の公式の素晴らしいパフォーマンスをさらに高める調整について質問すると、「私たちの経験では、自分が明らかに保有したくない銘柄を除外すると、大きな勝

ちも逃すことになります」という答えが返ってきた。そのうえで、グリーンブラットは彼のチームが行っている基本的な調整のいくつかを教えてくれた。

> まず、私たちは市販のデータベースを使わずに、独自のデータベースを作っています。私の会社のアナリストチームが、投資候補の会社のバランスシートや損益計算書やキャッシュフロー計算書を分析したものです。次に、私たちは財務内容を分析するためのモデルを開発し、それを時価総額で加重した分散型ファンドで使いました。最後に、ファンダメンタルズ分析の過程で得た情報を加味するために、基準を若干調整しました。

　グリーンブラットの最初のポイントは、魔法の公式では良いデータを使うことが重要で、普通とは違う一時的なデータは外さなければならないということだった。そうしないと、突発的に最高利益を上げた会社が最高ランクになってしまう。それでは、あまり使い道のないたくさんの選択肢を提供するだけで、将来のパフォーマンスは期待できない。市販のデータベースの多くは、主な異常項目を除外するのには良いが、異常項目の定義が私たちの目的に必要な定義よりも狭いため、除外されない項目もある。非経常損益のいくつかは損益計算書を一見しただけでは分からないこともある。そこで、魔法の公式の計算に使ったデータが経常損益であることを確認したい場合は、決算報告書や当局への報告書の財務諸表の注釈を読むとよい。
　グリーンブラットの２つ目のポイントは、銀行やほとんどの金融機関についてはデータをそのまま使っても意味がないことなど、基本形の魔法の公式の限界を示している。例えば、企業価値の標準的な定義（時価総額＋負債－現金）は銀行には適用できない。同様に、銀行の場合は受取利子や支払利子も主要な営業項目なので、利払い税引き前

利益も基準として使えない。

　グリーンブラットの最後のポイントは、私たちにとって最も重要な点かもしれない。彼は、過去のデータ——過去の営業利益と企業価値の比率や過去の営業利益と運転資本の比率——を使った値ではなく予想値を使うように基準を調整することで、魔法の公式のパフォーマンスを改善する可能性を示している。将来のパフォーマンスが会社の継続事業の価値を決めるため、過去の値に頼るよりも今年や来年の利益率について信頼できる予想を使うほうが望ましいというのだ。思慮深く推定し正常化した営業利益ならば、さらに価値があるのかもしれない。結局、明らかに魅力がない候補を排除するのはよくないかもしれないが、魔法の公式に使うデータの質と有効性を改善するための調整は期待できる。

　最後のポイントは、多少の警告も含まれている。もし魔法の公式をアイデア探しのツールとして使う場合は、この方法による候補リストを主観的な評価方法に照らして最大のリターンが見込める銘柄（最も心配をかける銘柄でもある）を除外してしまうようなことにならないよう気をつけなければならない。グリーンブラットの定量的な手法のパフォーマンスを向上させるためには、新たな条件を加えるのではなく、魔法の公式がさらにうまく機能するような調整を加えるだけでよい。ちなみに、不要な要素のなかには、インサイダーの売買、インサイダーの所有、最近のニュース、アナリストによる格上げや格下げ、株価のモメンタム、利益率の傾向など、魔法の公式とは関係のないことが含まれている。もしチェックリストを使ってグリーンブラットの手法を改善できるならば、多元的なモデルを使っても魔法の公式のパフォーマンスを上回る可能性がある。しかしこれについては、データをまとめたグリーンブラット自身が、そうはならないと言っている。彼の手法の期待リターンを体系的に上げる唯一の方法は、戦略の内部に調整を加えることしかない。

魔法の公式で最高の候補を選択するためには、この手法の基となる理屈にもう一度目を向けてみるとよい。マーケットは高リターンの事業で限られた再投資の機会を安定的に維持できる段階に達した会社を評価するのはうまいが、ミスターマーケットにはよく犯す間違いが２つある。１つは、資本利益率が一時的なトレンドや流行で急上昇した高リターンの会社を過大評価することである。例えば、ボストン・チキン、グリーン・マウンテン・コーヒー・ロースター、ハーバライフ、ヒーリーズ、テーザー、トラベルズーなどがそうだった。反対に、目立たなくても高リターンで持続的な再投資の機会がある会社は過小評価してしまうことがある。魔法の公式が成功する大きな理由は、これらの会社も収益利回りが高ければ、投資候補に入ることにある。グリーンブラット式の候補を、持続的に資本を再投資できるチャンスがあるかどうかに注目して評価すれば、勝つ可能性が高い銘柄を見つけ、負けそうな銘柄を避けることができるのかもしれない。投資マネジャーのマルコ・ブセミロビックは「投資の仕事を始めたばかりのころは、EVA（経済的付加価値）と『EVA創造の経営』『続EVA創造の経営』（いずれも東洋経済新報社）という本に取りつかれていました。グリーンブラットの魔法の公式を使ったスクリーニングは、EVAの概念を単純化したもので、これはグレアムが資産価値に基づいて統計的に株の選択ができる手法を考案したのと似ています。私はグリーンブラットの本を読み、彼の研究と実績に感銘を受けました。……私たちも似たようなスクリーニングを行っていますが、高いROIC（投下資本利益率）が維持できるかどうかに重点を置いています。そうしなければ、ポートフォリオが景気循環型の会社や衰退した会社ばかりになってしまうからです」と言っている。

安くて良い会社を探すスクリーニング

『株デビューする前に知っておくべき「魔法の公式」』が出版されたとき、グリーンブラットは読者のためにもうひとつ実践的なツールを提供した。マジック・フォーミュラ・インベスティング（http://www.magicformulainvesting.com）という無料のウェブサイトである。このサイトには、最新のスクリーニング結果が掲載されており、ユーザーはそれに時価総額の最低額を設定して表示することができるようになっている。ちなみに、トップ30やトップ50の会社は、スコア順ではなくアルファベット順に表示されている。グリーンブラットは、トップの何社かが集中的に買われることを避けるため、スコアは表示していない。

このサイトの主な欠点は、高いランクの会社について示されているデータが少ないことで、スコアの計算に用いた運転資本利益率も営業利回りも載っていない。公正を期して言うならば、投資サービスのフォーミュラ・インベスティング（http://www.formulainvesting.com）が設立されて以降、グリーンブラットのこのサイトへの関心は薄れているのかもしれない。結局、この無料のサイトは、グリーンブラットの条件に見合う会社の見当をつけることができる興味深いツールではあるが、この戦略を積極的に取り入れたい投資家は、さまざまなデータにアクセスできるスクリーニングツールを自分で設計したほうがよいだろう。

ここからは、魔法の公式を使った独自のスクリーニングツールを設計し、それをさらに強化する方法を紹介していく。

グリーンブラットの勝てる銘柄のスクリーニングを再現する

　魔法の公式でスクリーニングを行う独自のツールを設計するためには、まずエクセルに取り込むことができるファンダメンタルズと株価の信頼できるデータを確保しなければならない。低コストでこれができるツールとしては、ストックスクリーン123（http://www.stockscreen123.com）と、AAII（米国個人投資家協会、http://www.aaii.com）が提供しているストック・インベスター・プロの2つがある。後者は主にトムソン・ロイターのデータを使っており、手ごろな価格で優れた機能を提供している。

　グリーンブラットの2つの要素を使ったシステムのように、限られた条件でスクリーニングを行うときは、第三者のツールを使うよりもエクセルでできるだけ多くの作業をしたほうがよいと私たちは考えている。そのほうがエクセルを使ってデータを好きなように加工できるため、柔軟性が高くなるからだ。つまり、第三者のアプリケーションを使って複雑なスクリーニングを行ってから候補に残った企業をエクセルに移すのではなく、最低条件を満たした会社をまずエクセルに取り込んでしまうのである。最低条件は魔法の公式とはあまり関係がないことで、例えば、時価総額が最低5000万ドル、国内の証券取引所でトレードされている銘柄、本拠地が特定の国の会社などといったことである。グリーンブラット式のスクリーニングを有効に使うためには、金融セクター以外の会社を最低条件にしてもよいだろう。グリーンブラットの手法も調整版ならば金融機関も扱えるが、それには専用のスクリーニングの設定が必要となる。

　AAIIのストック・インベスター・プロのスクリーニングには、アメリカにある証券取引所に上場している約1万社の会社が含まれている。これを絞り込んでエクセルに取り込む方法を紹介しておこう。ま

ず、時価総額が最低2500万ドルという条件でリストの40％強が消えて5900社以下になる。次に、金融セクターの会社を外すと約4200社が残る。最後に、直近の決算データが6カ月以内の会社を残すとリストは3900社以下になる。さらに絞り込んでもよいが、幅広い範囲の上場会社に対して魔法の公式のスクリーニングを行いたいのならば、この時点でエクセルに取り込むことにする。このとき、各社の関連データ（特に営業利益、企業価値、運転資本など）も必ず一緒に取り込んでおく。もし特定のデータが第三者のデータサービスで提供されていなければ、それを計算するためのデータもすべてエクセルに取り込んでおく必要がある。例えば、運転資本の項目がなければ、流動資産、現金、短期投資、流動負債、短期負債、純有形固定資産などを取り込んでおく。

次に、エクセルに2つの列――運転資本利益率（＝営業利益÷運転資本）のランキングと、利回り（＝営業利益÷企業価値）のランキング――を用意する。これは、エクセルのRANK関数を使えば簡単にできる。最後に、もうひとつコラムを足して2つのランキングの合計を入れ、昇順に並べれば魔法の公式でランクが高い会社のリストが出来上がる。

このあとは、このスプレッドシートに好きな情報を足していけばよい。そうすることで、特に興味を引く会社が見つかるかもしれない。通常は、魔法の公式の2つの項目の実際の比率を見てみたい。また、ランキングには考慮されていないが、税率も実際の投資判断に影響を及ぼす可能性があるため、入れておきたい。もし税率が低くて利回りが高い会社があれば、税引き後利回りが非常に魅力的な会社としてさらに調べを進めたくなるかもしれない（ただし、ネットキャッシュポジションが大きい場合は、EBIT÷企業価値の値が歪められている）。エクセルを使えば、欲しい情報を追加できるだけでなく、魔法の公式を簡単に調整することもできる。例えば、バリュー重視ならば、EBIT÷企業価値をEBIT÷運転資本よりも加重するという方法もあ

る。これはランキングの合計の列の計算方法を調整すればよい。

バックミラーをコンセンサス予想に取り替える

　私たちが魔法の公式に加える主な調整のひとつは、計算に予想値を使うことである。過去のデータは正確だが、投資で大事なのは将来であり、予想値を使うほうが私たちに必要な評価が得られると思う。仮に予想値が正確でなかったとしても、将来の収益は過去の値よりも現在予想した値に近くなる可能性が高い。

　そして、コンセンサス予想よりもさらに良いのが、将来について正しいがまだコンセンサスに反映されていない見方を取り入れることである。バリュー投資家のジェームス・ブラッドフォードは、ユニオン・パシフィック鉄道のファンダメンタルズが改善することを理解すれば、2011年初めのコンセンサスよりも正確な予想ができると考えている。

> **この会社のROA（総資産利益率）が上昇しているのには、交通渋滞やガソリン価格の高騰という理由があります。鉄道と競合する州間高速道路網は、もともとは運賃がかからない鉄道網のような存在でした。ところが、その高速道路の運賃が高くなってきたのです。ガソリン価格の高騰と渋滞によって、ユニオン・パシフィックのROICは今後2～3年で9％から16％に上昇することになるでしょう。ちなみに、2～3年前は6％でした。つまり悪い事業が良い事業に転じているのです。株価と出来高が上昇しているのも良い傾向です。これから新たに東西に鉄道を引こうという人もいないため、この線路は特別な存在と言えます。**

　とはいえ、過去のデータの代わりに予測データを使うことにも難点はあるため、私たちは両方を使って投資候補を探している。まず、コ

ンセンサス予想は比較的規模が大きい上場会社の収益についてはある程度信頼できる。しかし、小規模の会社を候補から外してしまうと、魔法の公式の候補のなかでも過去に高いパフォーマンスを上げた企業の多くを除外することになってしまう。

次に、コンセンサス予想は、自己相関になることがあり、特に収益が急速に変化しているときにはそうなりやすい。ウォール街のアナリストの収益予想が、直近の予想値の平均近くという無難な範囲に集中するという研究もある。仕事を失いたくないというアナリストの気持ちが、コンセンサス予想を低めに調整してしまう可能性があるのだ。また、魔法の公式の候補の多くは直近の収益が圧迫されているため、これらの会社の平均収益も少しずつ下がっていく可能性がある。単刀直入に言えば、私たちのランキングが頼っている予想は、もうすぐ大きく下がるのかもしれない。

最後に、コンセンサス予想は、営業利益よりもEPS（1株当たり利益）の影響を受けることが多い。そのため、予想データを使うとランキングも魔法の公式には含まれない金融レバレッジと税金の影響を受けることになる。ちなみに、営業利益をEPSから推測することはよくあるが、私たちはレバレッジの問題をレバレッジを制限することで軽減したいと思っている。それを単純かつ効率的に行うには、企業価値と純資産の比率が1.5以下であることを条件にすればよい。

外国株

アメリカ以外のマーケットにおけるグリーンブラットの手法のパフォーマンスに関しては、総合的なデータはなかなかそろわないが、この手法は外国でも有効だと思う。そうなれば、アメリカとそれ以外の国の株式データベースを魔法の公式にかけると、選択肢が増える分だけパフォーマンスが向上すると考えられる。残念ながら、世界中の株

式の信頼できるデータが入手できるのは、ブルームバーグやキャピタルIQなどといった高額のデータベースしかなく、機関投資家以外の投資家にとって魔法の公式を試すのは難しい。しかし、ある程度限られたデータでもよいのならば、フィナンシャル・タイムズが無料で世界の株のデータを提供しているエクイティー・スクリーナー（http://markets.ft.com/screener/customScreen.asp）を使うとよいだろう。

スクリーニングのあとに ── どこまで改善していくのか

魔法の公式で選んだ投資候補に対する正しい質問を考える前に、この手法のパフォーマンスを改善するための方法をあといくつか考えていきたい。結局、この公式をどこまで改善すれば納得できるのかは人によって違う。しかし、過去のデータを使ってパフォーマンスを向上させる改善策を考えても、データマイニングのワナ ── 過去のデータではうまくいくがあまり理にかなっていない調整になってしまうこと ── に陥る恐れがある。例えば、火曜日に仕掛けて木曜日に手仕舞うと魔法の公式のパフォーマンスが最高になるという結果が出たとしても、そのような無意味な方法を採用するわけにはいかない。

資本集約型の会社を外す

魔法の公式でランクが高い会社を調べてみると、多くは非資本集約型の会社だが、そのなかに資本集約型かつ景気循環型の会社が隠れている。後者は、通常は資本利益率がさほど高くないため、リストには載ってこない。しかし、周期的なピークの前後になると、資本利益率が十分魅力的になって魔法の公式のリストに飛び込んでくる。このなかには、石油やガスの探査・生産会社や、鉱業会社、一部のメーカー

などが含まれている。また、商品関連会社の多くは、商品価格が長期的なトレンドラインをはるかに超えるほど上昇したときに特大の利益率を謳歌することになる。

　また、魔法の公式の条件に見合う会社は同業社よりも安いことが多いという理由で、景気循環型の会社を候補から外すべきだとも言い切れない。特に、周期的な事業の場合はピークに近いときでさえ安さのランキングが良さのランキングよりも高い可能性だってある。ちなみに、評価が低いのは、すでに利益率が低迷するかもしれないというマーケットの予想を織り込んでいるためなので、さらに踏み込んでこれらの会社を除外する必要があるのだろうか。ここで、一時的な利益の恩恵を受けた会社について考えてみたい。このような会社を外すのは、クリーニング済みのデータであればリストには入らないはずだからである。同様に、周期のピークに近づいている資本集約型の会社も、その運転資本利益率の高さをずっと維持することはできない。

　資本集約型で景気循環型の会社を除外したことで、気に入らない会社は循環型や資本集約型だとして誤った判断を下してしまう可能性がある。例えば、政府の規制が強まったあとの営利目的の教育会社について考えてみよう。これらの会社の最盛期が過ぎたと言うのは簡単だ。少なくともそれまでの収益源についてはそうかもしれないし、だからこそ景気循環型に入れられてしまったのかもしれない。このような間違いを防ぐ方法のひとつとして、除外したい会社について周期的な平均利益もしくは平常化した収益を考えてみるとよい。もしそれでもランクが高いのならば、候補に残してよいだろう。ただ、最初に悪い印象を持ってしまうと、正常化した収益を使っても過小評価してしまうリスクがある。例えば、評価に将来の予想値ではなく、前回の周期の平均収益（通常７年分）を使ってしまうかもしれない。また、特定の業界を除外するという単純なルールを作ってしまうこともある。例えば、鉱業会社はそのような対象になることが多い。

ブランド価値を正しく把握する方法

　魔法の公式を使った投資は、もうひとつの人気の手法であるブランド価値を持つ会社への投資と一部重なる部分がある。広告会社のオスクイ＋オスクイは、ブランド価値を「特定のブランドに傾倒し、追加的な金額を支払う顧客がいることに対して得られる金銭的なプレミアム」と定義している。ブランドは無形の価値で運転資本の計算には含まれないため、価値が高いブランドを持つ会社は運転資本利益率が高くなる。

　もし魔法の公式の候補を分析するときに、ブランドの価値を明確にしようとすると、ブランドの経済的なメリットは、営業利益にすでに反映されているため、二重にカウントしてしまうリスクがある。もし会社の利益に貢献しないブランドならば、投資対象としては意味がない。同じようなことは、ブランドを生み出し、顧客が望む形を維持するためのコストについても言える。このような経費も、すでに営業利益に反映されているため、分析で改めて考慮する必要はない。ブルタバ・ファンドのCEO（最高経営責任者）であるダニエル・グラディスは、このことについて次のように語っている。「もし良いブランドでも変化する可能性があれば、その影響は株価に表れます。だからこそ、ブランド自体の価値ではなく、評価額を使うのです。ブランドを高く設定していても、あまり利益が出ていない会社もあります。例えば、自動車メーカーにはたくさんの良いブランドがありますが、フリーキャッシュフローはあまり高くありません。私はフリーキャッシュフローこそ重要だと思っています」

　耐久力があるブランドは、高い運転資本利益率を持続するために重要な役割を果たしている。例えば、コカ・コーラのブランドは、コカ・コーラ・カンパニーの収益においてほかのどの要素（このなかには経営の質、世界的な販売網、そして味までも含む）よりも大きく貢

献している。コークと同じくらいおいしいソーダもあるかもしれないが、顧客選考という意味では、コークの足元にも及ばない。グリーンブラット式の候補を評価するときには、資本利益率の高さが持続するかどうかが非常に重要で、追加資本を高いリターンで再投資するためには、現在の利益率を維持することが必須条件と言ってよい。そのため、ブランドの強みを分析することは、魔法の公式の候補を評価する過程でとても役に立つ。もちろんブランド以外にも、参入障壁、顧客の乗り換えコストの高さ、規模のメリット、ネットワーク効果、そのほかの永続的な競争力などが持続性を支えている。

「安い」と「良い」の組み合わせを工夫する

　私たちが自分たちで使うためにグリーンブラットの魔法の公式用の画面を設計したとき、あることに気がついた。営業利益と企業価値の比率を見ると、利益がない会社はゼロを下回り、安くても企業価値の最低条件を満たしている会社は20％、25％、30％などになるという規則性が見つかったのである。もしこの比率が高い株があれば、それは時価総額に近い額の現金を保有しているか、利益が一時的な恩恵を受けたかのどちらかになる。

　反対に、営業利益と運転資本のデータのほうは規則性がなく、ランクが高い株は利益率が100％台の会社もあれば1000％台や、なかにはそれよりもはるかに高い会社もあった。後者は、非資本集約型の会社で、運転資本がマイナスなのは、固定資産が少なく、支払勘定が受取勘定を上回っているような会社なのだろう。私たちは、運転資本利益率が5100％の会社を5000％や1000％よりも上にランクする意味があるのかと疑問に思った。そして、これらの候補の投資先としての魅力は、算出した資本利益率というよりも、その会社の利益率で事業に再投資できる相対的な資本の額だということに気がついた。

結局、私たちは魔法の公式の２つの項目を単純に合計するのではなく、ある基準以上の会社はすべて資本利益率と言う観点では同位とみなすことにした。これらの会社については、安さの項目がにわかに重要になるが、それは直感的にも理にかなっている。さらに、非資本集約型の会社を分析したときに資本利益率がトップの会社が２社あるときは、それぞれのリターンを計算し、両社の競争力の予測性と持続性に注目する。最後に、私たちは各社の資本の再投資力を優先的に評価することにした。これは、既存の運転資本で素晴らしいリターンを上げているという条件を満たす会社のなかで重要なポイントとなる。

グリーンブラット式の割安な会社に関して正しい質問をする

　世間ではチェックリストがはやっているが、投資に関しては、すべての会社について同じ質問が適しているわけではない。私たちは、査定しているチャンスの種類によって分析の仕方を変えている。例えば、正味流動資産よりも大幅に割安になっている会社を分析するときに知りたいのは、この会社が長期的に競争力を維持できそうかではなく、もしこの会社が清算されたら、資産価値が大きく減ることはないかということかもしれない。また、買収を仕掛けられている会社を分析するときは、その会社の長期的な見通しではなく、買収の条項や、実際に買収が行われそうかどうかに注目する。反対に、株価が簿価よりもかなり高く、収益の高い倍率でトレードされている質の高い会社を分析するときは、高い収益成長率が持続するかどうかを精査しなければならない。

　魔法の公式の候補のパフォーマンスは、グリーンブラット式の選択の本質を考えた質問をすれば、さらに改善できるかもしれない。特に注目したいのは、この手法が運転資本利益率が高い会社を高く評価す

る点だろう。このような会社は、通常資産の清算価値で見れば割安ではない。しかし、現在と将来の収益力で見れば、割安かもしれない。そのため、魔法の公式の候補を評価するときは、平均以上の資本利益率が一時的なことなのか、それとも永続的だと考えられる理由があるのかを見極める必要がある。ウォーレン・バフェットはこれを「堀」と呼んでいるが、ほかには持続的な競争力などとも呼ばれている。

　また、その会社が成長産業にあって、キャッシュフローの一部を高リターンで再投資できるかどうかも重要な点である。私たちは、もし株価が変わらなければ、時間とともに利回りが増えていく会社を探している。このような会社は、高い資本利益率を維持できるだけでなく、その事業に再投資して収益を増やすことができる。そして、高いリターンを生み出せば、キャッシュフローの一部を再投資するだけでそれなりの成長率が維持できるし、配当や自社株買いに充てる現金も確保できる。そのうえ、良い価格で自社株買いが行われると、EPSの成長率と価値の創造も加速する。

　魔法の公式の候補のリストを絞り込んで最も有望な投資先を探すためには、いくつかの主観的な条件を加えていく。このとき、競争力の持続性や経営の質、業界の成長性などといったプラスの条件で絞り込むだけでなく、マイナスの条件で調査対象から外すことも考える。チャーリー・マンガーの言うところの、「逆に考えろ」である。

競争力はどれくらい持続しそうか

　持続性は非常に重要で、合理的な投資家が有形資産に対して大きなプレミアムが付いている会社を評価したとしても、競合他社が参入してくる可能性は常にある。デビッド・コインは、「良い会社には独自のリスクが付いてきます。ブランドや「堀」や複利やそのほかのバフェット用語のメリットは認めますが、マジノラインにどれくらいの

「堀」が必要なのかを正確に示す自信はありません。『良い』会社を見誤ると、売り上げ、利益率、リターン、評価倍率のすべてが圧迫され、株価の急落に至ります」と警告している。

　もし物理的な資産に1000ドルを投資し、価値を増やす処方箋に従ってそれが株式市場で1万ドルに評価されるようになれば、さらなる価値を探したくなる。このような価値の製造マシンは、ライバル候補の目にも留まるが、彼らが同じ処方箋を持っているかどうかは分からない。処方箋には、独占的な事業過程、著作権や特許、注意深く育成した消費者好みのブランド、意図的に高くした顧客の乗り換えコスト、それ以外にも物理的な運転資本に対して特大の利益率を上げるための要素が含まれている。機に敏感な企業はスキルがあれば1000ドルの投資を1万ドルの市場価値に転換できる処方箋がある産業やニッチ産業に参入しようとするが、私たちは魔法の公式の会社が競争力を維持していく可能性は高いと考えている。

　UKソサエティ・オブ・インベストメント・プロフェッショナルスの前会長ヤスフ・サマッドは、次のような方法を採用している。

> 私は良い会社を安く買うことを重視しています。綿密なファンダメンタルズ分析を行って事業を理解し、それを安く買うのです。私は時間をかけて自分の手法を改善してきた結果、事業と財務内容が理解できる会社を選ぶようになりました。投資する会社は、まず事業分野と収入源が明確で、それと財務内容とのつながりも明快であるべきです。良い会社は、強力なキャッシュフローがあり、高い参入障壁に守られています。このような会社を見つけるために私は次の特性をひとつ以上備えたビジネスモデルを探しています――繰り返し使われる製品、顧客の価値連鎖にうまく適合する製品、顧客の乗り換えコストが高い、収益に波がなく安定している、ある業界の重要要素やインフラを提供しているなどで

す。

　グリーンリー・レーン・キャピタル・パートナーズでゼネラル・パートナーを務めるジャッシュ・タラソフも、「これまでに出合った最も強力なアイデアのひとつは、ワン・ディシジョン・ストック、つまり一度買うと判断すれば、あとは10年、20年と素晴らしいリターンをもたらしてくれる株です。私の理想とする投資は、このような会社を、本質的価値よりもかなり安く買って長く保有することです。そうすれば、素晴らしい事業の経済性を生かすと同時に、機を見てマーケットの非効率性を利用することもできます」と言っている。ちなみに、タラソフの言うワン・ディシジョン・ストックの反対が、素晴らしい会社ならば高くても投資するという考えである。タラソフは、本質的価値よりも割安にトレードされている複利マシンを探すことで、人気があっても長期的な価値が小さい会社は除外している。

　MACインベストメント・マネジメント社長のマイケル・マッキーによれば、競争力の持続性は、その会社が「インフレ率以上に値上げできるかどうか」と密接な関係があるという。競争力が衰えているのに、価格力が落ちない会社があるとは思えない。ジャッシュ・タラソフも、名目上の価格力と本物の価格力を区別して見ている。彼は、名目上の価格力が良い事業を反映していると誤解している投資家がいると指摘する。しかし、本物の価格力というのは、インフレ率以上に値上げすることができる特別な力だという。彼は、価格力を顧客が製品やサービスから引き出す価値と関連付けて考えている。この価値と価格のギャップが大きいほど、その会社の価格力も大きくなる。この会社がいつ、どの程度この価格力を行使するかはいくつかの要素にかかっているが、投資家にとってカギとなるのは、値上げをしても販売個数に大きく影響が及ばないかどうかである。

　競争力の持続性を判断するためには、いくつかの追加的な要素が役

に立つかもしれない。パベル・ビーガンは、イギリスの不動産調査会社LSLプロパティー・サービスの例を使って考慮すべき点を挙げている。

> **契約更新の主な決定要因を見てみると、価格はまったく関係ない**ことが分かります。ほとんどの場合、重要なのは提供されるサービスの質であり、LSLは最高のサービスを提供する会社だと考えられています。このことは、2008年の業績を見ると分かります。この年は、ノーザン・ロック銀行の経営不振でイギリスの調査会社にとっては最悪の年でしたが……LSLはこの時期に大きなマーケットシェアを獲得しているのです。

ビーガンはさらに、「調査費用が平均的な住宅ローンに占める割合はわずか0.1％」なので、価格弾力性が低いであろうことも指摘している。

ハーバード・ビジネス・スクールのマイケル・ポーター教授は、「革新によって競争力を得た会社は、改善を続けることによってしかそれを維持することはできません。しかし、ほとんどの強みはまねができます」と断言する。さらには、「結局、競争力を維持する唯一の方法は、それを改善し、洗練させていくことしかありません。日本の自動車メーカーはまさにそれをしてきたのです。彼らは最初に安くて質が高い小型車で外国の市場に浸透し、安い労働力を武器に戦ってきました。そして、人件費というメリットがまだあった時期に、改善を重ねていったのです」とも語っている。ただ、改革を続けていくことの重要性についてはポーターの言うとおりかもしれないが、私たちは、過去の革新と将来の革新の成功にどれほど相関性があるのかは分からないと思っている。現時点で、日本の自動車メーカーが最も革新的であっても、彼らの競争力が持続すると言いきれるのだろうか。ポーター

が言うように、持続性は経営陣の行動に大きく依存しているが、それゆえにこれは予想するのが極めて難しいのである。

資本を高いリターン率で再投資するチャンスがあるのか

グリーンブラット式の候補を評価するときに、資本を再投資できるかどうかを考慮することについてはすでに述べたが、なぜ再投資がそれほど重要なのだろうか。既存の資本（すでに事業で使われている資本）に対する高いリターンは、新たな資本を平均以上のリターンで投資できなければほとんど意味がない。既存の資本のリターンは高くても低くてもすでに営業利益に反映されている。つまり、状況が変わらなければ、投資家に高い資本利益率をもたらすのは益回りであり、さらに正確に言えばフリーキャッシュフロー利回りである。現在の収益に対して支払う金額が少なければ、リターンは高くなる。その収益を上げるのに使う資本がXドルであってもその半分であっても関係ない。もし再投資を考えないシナリオならば、それ以外にリターンを生み出すのは経営陣が現金を株主に還元するか、高リターンの計画がなくてもそこに現金をつぎ込むかしかない。

　魅力的な再投資のチャンスがあるというシナリオでは、既存の資本のリターン率が重要になる。再投資のリターン率と相関性がある場合が多いからである。ちなみに、グリーンブラットの手法で挙がってくるタイプの会社については、再投資できるフリーキャッシュフローの割合のほうがそのリターンよりもむしろ重要かもしれない。魔法の公式の株は、一般的に投資家の期待リターンが非常に高いため、再投資の割合はかなり低くなる傾向がある。しかし、この割合が高くなれば、非資本集約型の会社の収益や利益やフリーキャッシュフローは爆発的に伸びるだろう。

　事業への再投資の機会を推測するのは、非常に難しい。ジャッシ

ュ・タラソフは、この問題を取り上げて「意味のある再投資のチャンスが存在するためには、長期的に成長する可能性がなければなりません。つまり、現在の事業よりも大きく発展できるマーケットがあることが望ましいということです。高い資本利益率を維持するためには価格力と、強い競争力に加えて、利益率や資本回転率などといった魅力的な経済性が必要です」と述べている。IFVEインスティチュート・フュア・フェアメーゲンスエントビックルングを率いるマックス・オッテも、「フランチャイズを探しているのならば、成長の仕方と強さを考えなければなりません。つまり、資本が大きくなくても成長できる会社なのか、ニッチな分野での成長に持続性や防衛力があるのかなどということです。これらのことは、その地域のマーケットシェアや、選好性が持続する特定の製品におけるマーケットシェアなどに大きくかかわっています」と、言い添えている。

経営陣はどれくらいうまく資本配分を行っているか

　通常、非資本集約的な事業では、フリーキャッシュフローの一部しか魅力的な再投資のチャンスがないため、残りの現金配分の仕方が投資家の期待リターンに大きな影響を及ぼす。魔法の公式の銘柄の場合は、同様の質の会社よりも安くなっているため、多くの経営陣は市場で自社株を買い戻して1株当たりの価値を高めている。ちなみに、配当も選択肢のひとつだが、納税義務がある投資家にとっては、税率によって魅力的な措置かどうかが変わってくる。

　買収は、対象の会社が最低でも適正価格を求めるため、超過資本の配分方法としてはあまり好まれない。そのため、グリーンブラット式の候補は、超過資本をM&A（合併や買収）よりも自社株買いに使ってほしい。最後に、ほとんどの経営陣が、魅力的なリターンが得られる金額よりもはるかに多い資本を本業に再投資しようとする。外部の

株主が、リアルタイムでその会社の再投資の水準が適正かどうかを判断するのは難しいが、経営陣が新しい事業や新しい製品分野に進出しようとしているときは、その会社が高リスク・低リターンの計画に踏み出そうとしているという警告なのかもしれない。

不適格な要素はあるか

　不備がある概念を破棄するほうが、妥当性を証明するよりも簡単なのと同じで、普通は魅力がない投資候補を破棄するほうが、正しい候補を採用するよりも簡単にできる。そのため、私たちはグリーンブラットの候補リストから何段階かに分けて条件に合わない候補を除外したあとで、最も魅力的なチャンスを見極めていくべきだと考えている。
　そこで、魔法の公式の候補を評価する過程に、次の除外過程を追加してもよい。

- **見通しの調整**　財務内容が本来の営業パフォーマンスであれば候補に挙がらなかったはずの会社を外す。このなかには、最近一時的な利益を計上した会社や、戦略的な動き（M&Aなど）があった会社などが含まれる。後者の報告利益は、必ずしも合併会社のパフォーマンスにつながらない場合もある。
- **資本の再投資**　資本を高リターンで再投資できる機会がほとんどない会社は外す。例えば、小切手用紙メーカー、新聞社など、長期的に下落している会社や業界などがある。
- **主な収入源を脅かすもの**　特定の顧客や契約に依存しており、現実的にそれを失う可能性がある会社も避ける。例えば、主要な顧客の買収、大口契約の見直し、重要な特許権保護を失うなど。
- **循環**　資本集約的で、その業界が景気循環の上昇期のみ高リターンを上げる会社も避ける。

- ●**流行** 製品やサービスの好調が一時的な流行である可能性が高い会社は避ける。流行が広がっている間は判断が難しいが、その概念やスタイルが驚くほどの速さで広がるか、それが世界を席巻したり、いずれすたれたりすると感じたときは警戒する。
- ●**インサイダーの売り** 最近、インサイダーが大量に売り、特にその価格が現在の株価とほぼ同じかそれよりも安かった場合、その会社は避ける。この条件は、魔法の公式の概念からは外れているため、純粋にグリーンブラットの候補に投資したい場合は考慮しなくてもよいが、私たちは内情を最もよく知っている人たちに見捨てられた会社を許容することはできない。
- ●**利害の一致** CEOの利害が会社と大きく相反していたり、企業統治が問題になっていたりする会社は避ける。ちなみに、これも魔法の公式とは直接関係のない条件だが、インサイダーが信用できない会社に資本を投入することは私たちの投資理念に反している。
- ●**価値の提案** 顧客に疑わしい価値の提案をしている会社は避ける。製品やサービスが顧客に付加価値を与えることができなければ、競争力が本当に持続することはないと私たちは考えている。タバコ製品、ペイデイローン（給料を担保にしたローン）、手数料が高い投資信託、ほとんどの投資系ニュースレターなどはここに含まれる。このタイプの除外候補を探すときは、扇動的なキャッチフレーズ（「10日で1000％儲けた方法」などのたぐい）や、画一的な顧客に激しい販売攻勢をかけなければ存続できない製品やサービスに注目してみるとよい。
- ●**M&A候補** 買収によって成長してきた会社で、統合リスクが十分考えられる会社も避ける。ちなみに、魔法の公式で見つかる会社は、自社の株価のほうが買収候補よりも割安だと考えているはずである。

本章のまとめ

次の10のポイントを覚えておいてほしい。

1. 「安いときだけ良い会社を買う」という教えは、一見うますぎる話にしか聞こえない。しかし、ジョエル・グリーンブラットの『株デビューする前に知っておくべき「魔法の公式」』のなかで紹介されている「良い」と「安い」の定義と、実行可能な枠組みは、マーケットを上回るリターンを求める人にとっては非常に貴重な教えになっている。
2. 魔法の公式では、運転資本利益率が高いほど良い会社だとしている。通常、私たちは運転資本を「正味運転資本＋正味固定資産」で算出している。
3. 彼が事業収益と企業価値の比率で安さを判断しているのは、事業収益と運転資本の比率で質を判断する考え方と一致している。どちらもレバレッジと税金の影響を除外した計算になっているからだ。
4. グリーンブラットの過去の高パフォーマンスを見て、みんながこの手法を使うようになると、理論的にはその優位性が失われるように見える。しかし、いくつかの理由から、実際にはこの魔法の公式が将来も高いパフォーマンスを上げると思われる。
5. ロング・ショート・ポートフォリオのリスク調整後リターンが良くないのと同様に、魔法の公式のランキングが高い少数の株だけを使って買いのみのポートフォリオを組み立ててもボラティリティに苦しむことになるだろう。
6. ミスターマーケットにはよく犯す間違いが2つある。ひとつは、資本利益率が一時的なトレンドや流行で急上昇した高リターンの会社を過大評価することである。その一方で、目立たなくても高

リターンで持続的な再投資の機会がある会社は過小評価してしまうことがある。
7．私たちが魔法の公式に加える主な調整のひとつは、計算に予想値を使うことである。過去のデータは正確だが、投資で大事なのは将来であり、予想値を使うほうが私たちに必要な評価が得られると思う。
8．アメリカとそれ以外の国の株式データベースを魔法の公式にかければ、選択肢が増える分だけパフォーマンスが向上すると考えられる。
9．魔法の公式の２つの項目を単純に合計するのではなく、ある基準以上の会社はすべて資本利益率と言う観点では同位とみなすことにした。これらの会社については、安さの項目がにわかに重要になる。
10．既存の資本（すでに事業で使われている資本）に対する高いリターンは、新たな資本を平均以上のリターンで投資できなければほとんど意味がない。既存の資本のリターンは高くても低くてもすでに営業利益に反映されている。

第5章

ジョッキー株 ── 素晴らしい経営陣とともに利益を上げる

Jockey Stocks : Making Money alongside Great Managers

> 「コモディティ化は、経営陣の影響力と相関しています。もしあなたが小売会社や保険会社、商品会社、鉱業会社、銀行などを経営していれば、あなたの会社がどこまで発展するかはあなたにかかっています。しかし、もしすでに大きな『堀』がある会社を経営しているならば、あなたはどちらかと言えば管理人です。あなたに求められているのは失敗しないことであり、新たなヒットを飛ばすことではありません」 ── パット・ドーシー

　ジョッキー株について語るとき、ウォーレン・バフェットの言葉と彼の投資家としての歩みを無視することはできない。バフェットがバークシャー・ハサウェイの支配権を得たのは1960年代半ばで、当時のバークシャーは衰えた馬でしかなかった。しかし、賢い資本配分によって、バフェットはこれを勝ち馬に変えた。そしてその間、彼はほかの多くの馬やジョッキーにも投資をして素晴らしい成果を上げていった。彼はその過程を通して戦略を改善し、バークシャーにおける素晴らしい経験を踏まえて、少し意外な結論に達した。

　バフェットが良い経営陣がいる会社を探していることはよく知られているが、彼の経営者に対する姿勢は理解されていないことがある。バフェットにとって、何よりも大事なことは、優れた経営陣ではなく、優れた会社に投資することである。そうでなければ、「素晴らしい経営者がダメな会社を経営すれば、結局残るのはダメな会社のほうです」という名言は存在しない。サニベル・キャプティバ・インベストメント・アドバイザース社長のパット・ドーシーも、別の名言を引用している ──「良いジョッキーが良い馬に乗れば非常に速く走れますが、馬が悪ければ速くは走れません」。ただ、ジェイク・ロッサーはこの見方に同意しつつも、バークシャー会長としてのバフェットの実績に

ついては「魅力のない業界でも、優れた資本配分力を持った優れた経営陣は、業界の低い経済性に勝ることができます。例えば、鉄鋼会社や鉱山会社を再建したウィルバー・ロスや、マーケル・アスペン保険の経営陣などがそうです」と語っている。

本章では、投資で重要となる経営陣の資質について検証していく。ちなみに、経営陣が良いほうが望ましいことは明らかなので、あえてその質問はしない。それよりも、複雑な株式の世界で実際に投資するときに直面することになるトレードオフについて考えていく。例えば、経営陣の経営能力の代わりになるものが、超過資本の配分力や、事業の質、そして株価で示されるマーケットの評価などのなかにあるのだろうか。投資家はどれが許容でき、どれができないかをどのように決めればよいのだろうか。

その方法はなぜうまくいくのか

CEO（最高経営責任者）は事業価値の創出と賢い資本配分という２つの方法で違いを生み出すことができる。平均的な投資家にとって良い経営とは、事業価値を生み出すことを指すことが多い。スティーブ・ジョブズは、驚異的な事業価値を生み出したCEOの究極の例と言ってよいだろう。しかし、資本配分の実績については、アップルの直近の在籍期間に何百億ドルもの現金を留保していたことを考えると、判断が難しい。もし彼がその資金を使っていたら、賢い買収や見当違いの買収を行っていただろうか。それとも自社株買いをしたのだろうか。もしそうならば、適正な株価に対して割安で買っただろうか、それともプレミアムを付けてまで買っただろうか。

また、事業パフォーマンスと株価も区別して考えなければならない。良い経営陣が良い業績を生むという考えは、もう古いのかもしれない。株が平均以上のパフォーマンスを生み出すかどうかは、経営陣の

行動だけでなく、投資した時期のマーケットの評価によっても決まる。2012年のセールスフォース・ドット・コムには素晴らしい経営陣がいて、平均以上の事業パフォーマンスを上げると考えられていた。しかし、この会社には同業他社よりも高いプレミアムが付いていたため、この株を買ってもほかのソフトウェア会社のパフォーマンスを上回ることはまずなかっただろう。

つまり、素晴らしい経営者がいる会社を見つけても、ほかのマーケット参加者もその経営陣を評価していれば、素晴らしいリターンを得ることはできない。ミスターマーケットは、一部の幹部を神聖化して、彼らの会社の株価を成層圏に押し上げ、新たに買っても高パフォーマンスが出せないようにしてしまう。そのため、投資家は過小評価されている幹部を見つけださなければならない。

経験豊富なバリュー投資家は、このような幹部が事業運営や資産配分に優れているだけでなく、穏やかで自己顕示的ではない人が多いことを知っている。ジョン・ランバートも、「経営陣を見るときに重要な資質は、謙虚さと保守主義だと思う」と言っている。正しい資質を備えたCEOの多くは、結果がすべてを語ると考えており、結果は極力控えめに示している。彼らにとって、会計とは発生した利益を正確に示すために昔からある方法で、時には今期の税負担を減らす助けになってくれるものでもある。ランバートは、会社を評価するのに「明確なルールがあるわけではありませんが、経営陣が自信満々だったり、事業よりも株価を重視していたりすれば警戒します」と言っている。

なかには、素晴らしい経営陣がいてもミスターマーケットに愛されて過大評価されてしまった会社もあるが、通常、投資家は経営がうまくいっている会社に資本を使いたいと思っている。もし長期的な株のリターンが1桁台半ばに向かっていくと考えると、経営が悪ければそのリターンがゼロかそれ以下に減っていくことは容易に想像できる。ちなみに、「悪い」という言葉は、経営陣と取締役会に能力がないと

いうことだけでなく、過度の報酬によって株主の価値を希薄化したり、権力を拡大するための買収によって定期的に価値を破壊したりしていることも指す。

もし本当に株のリターンが1桁台半ばになる可能性が高いとすれば、幹部の報酬が低いことや価値を最大化するための資本配分で得られる何パーセントかをもっと評価したくなるかもしれない。株主重視の資本配分は、特にマーケットのボラティリティが高いときなどは2～3％をはるかに上回る場合もある。株価が適正価格の辺りで大きく揺れ動いているとき、経営陣が良いタイミングで自社株買いをすれば価値を生み出すことができる。このような状況において、賢い経営者は、いつ株価の下落が終わるかではなく、彼らの会社の株価が悲観的なミスターマーケットのせいで過度に過小評価されているかどうかと考えれば、案外簡単に正しいタイミングを見つけることができる。

例えば、工業系の複合企業を作り上げたテレダインの故ヘンリー・シングルトンの場合を考えてみよう。テレダインは、平均的な資本配分でも十分な利益を上げていた。しかし、シングルトンはマーケットが下げるたびに積極的に自社株買いを進め、株主にマーケットの平均をはるかに超えるリターンを提供した。シングルトンのまねをするのは、たとえ自分の会社に精通していて自社の本質的価値について外部の投資家よりも詳しく把握している経営者であっても難しい。幹部も人間であり、投資家と同じように怖くなることもあるし、たいていは同じタイミングでそうなる。だからこそ、合併や吸収の対象となる会社の株価が低いときは、それが成立する件数も少ないのだろう。その一方で、熱狂的な投資家が株価を高騰させると、幹部はもっともらしい理由をつけてプレミアムが付いた価格で買収しようとする。

ジョッキー的な手法に懐疑的な人は、バークシャー・ハサウェイやフェアファックス・ファイナンシャル、ルーカディア・ナショナルなどについて調べてみるとよい。バークシャーは、もともとは赤字の繊

維会社で、将来の価値の創造も期待できなかったが、結局、株主は大きな報酬を得ることになった。バークシャーもフェアファックスもルーカディアも、経営者の資本配分能力と株主重視の姿勢によって、資本を素晴らしい利率と複利で増やしていった。一部の統計学者の主張とは違い、バークシャーのバフェットや、フェアファックスのプレム・ワツタや、ルーカディアのイアン・カミングとジョー・スタインバーグは正規分布のロングテール以上の結果を示している。ただ、外れ値が存在することが分かっても、なぜそうなったのかは分からない。

バフェットが偶然ではなく、意図的に外れ値になったことはほぼ間違いない。株主重視の資本配分というバフェットの価値の創造の仕方は、ほかの経営者もまねすることができる。ちなみに、バフェットのまねをする経営者が増えたことで、分布の平均が右に移動していることを、統計学者は気づいていないのだろうか。このことは、多くの投資家が公共企業への投資がゼロサム・ゲームだということを正しく認識しながら十分理解できていないこととも似ている。すべての投資家が平均以上のリターンを上げることはできないが、平均リターンの絶対水準が決まっているわけではない。もし投資家がひどい判断を下し続ければ、(例えば赤字のインターネット会社ばかりに投資したとしたら)平均以上のパフォーマンスを上げた人と平均以下の人の数が同じでも、マーケットリターンはかなり下がる。しかし、正しい投資判断がマーケットのリターンを少しずつ上げていくように、CEOが株主の価値を(破壊ではなく)創造し続けていけば、CEOのパフォーマンスの平均も若干高くなっていく。

ジョッキー株への投資 —— 利用と誤用

投資は科学であるとともに芸術でもある。そのためかどうかは分からないが、投資マネジャーのなかにキャッシュフローの割り引き方が

うまいことでフォーブス誌の長者番付に載っている人はあまりいないが、会社やCEOの長期的な可能性を正しく判断して大きな富を得た人はいる。しかし、この単純な事実だけで成功の処方箋は分からないため、そう聞いても物足りなさが残る。実際、素晴らしい会社かどうかを判断するときには、理論だけでは説明できないさまざまな要素がかかわってくる。そして、人についての判断ならば、その要素はさらに増える。会社を分析するときはたくさんの判断ツールがあるのに、その会社を運営している人についてはどのように判断すればよいのだろうか。

見た目にだまされない

「私たちの時代にも、父の時代にも、祖父の時代にも、社会がこれほど乱れていたことはなかった。……彼にとって、権力も金も社会的地位も無理して手に入れるものではなかった。初めからすべてを持っていたからだ」。これは1938年にニューヨーク・デイリー・ニュースに載ったリチャード・ホイットニーのスキャンダル記事の一部である。ホイットニーは、かつてNYSE（ニューヨーク証券取引所）の会長を務めた人物で、SEC（証券取引委員会）設立の少しあとに詐欺事件で辞任に追い込まれた。それから約70年後、再びNYSEの会長が詐欺事件で辞任に追い込まれた。時代は変わっても、人の本質は変わらないのである。

経営者の質を、ひとつの要素で評価することはできない。例えば、エンロンのジェフ・スキリングはハーバードのMBA（経営学修士）を修得している。AIGのモーリス・グリーンバーグは、世界で最も価値がある会社のひとつを作り上げた。ワールドコムのバーニー・エバースは、AT&Tなどの巨大企業と互角に戦った。カントリーワイドのアンジェロ・モジロは、大都市の銀行もうらやむ金融商品を開発し

た。リーマンのリチャード・ファルドは、ウォール街の伝統企業のトップに上り詰めた。詐欺や経営の失敗で彼らの会社が潰れるまで、ジャーナリストやアナリストや投資家の多くが彼らを優れた経営者として称賛していた。しかし、非の打ちどころがない経歴も、見かけの成功も、彼らの会社のパフォーマンスや個人的な誠実さを保証するものではなかったのだ。

　経営者の評価は、現在の地位に就いてからの実績が分かっていれば簡単だが、CEOの地位に十分長い期間在籍する人はあまり多くない。ジョン・ランバートは、「直接的に比較できる分野で確固たる実績があることは良いことだ。しかし、実際には前任者の経営や戦略の失敗で経営陣が交代することが多いため、新しい経営陣の能力や方向性を見極める必要がある」と書いている。

　投資家は、経営陣の出世欲が強すぎたり、一般に公正妥当と認められた会計原則の積極的な解釈がすぎることを示す兆候があったりしても、それを受け流してしまうことがある。この寛大さは、経営陣が次の決算で良い結果を出すと信じているときによく見られる。しかし、成功した投資家は、そのような妥協を警戒し、経営者の誠実さを重視すべきだと考えている。マーケル・コーポレーションでCIO（最高投資責任者）を務めるトム・ゲイナーは、高い投資リターンが期待されるときは経営陣の違反行為が見過ごされる可能性があると指摘している。「私は、誠実さという点については妥協しません。私が誠実だと判断した人がすべてそうかどうかは分かりませんが、私が誠実さを懸念する人に資金を託すことはけっしてありません。たとえほかの条件がすべて満たされていても、誠実性だけで失敗することもあります。私の父はよく、『悪い人と良い仕事はできない』と言っていましたが、まさにそのとおりです」。さらに、MOFキャピタルのマネジングパートナーのマーク・オフリエルも、「経営者が信用でき、投資家と同じ価値観を持っていれば、その会社は精査する価値があります。そうで

なければ、その会社にはかかわらないか、空売りするか、可能であれば経営陣を交代させるべきです」と語っている。

報酬について

チャーリー・マンガーは、経営分析をするときに「逆から見る」ことを勧めている。これは、最高のジョッキーを探すのではなく、ダメな経営者を外すということで、たとえその人が財界で評価されていても関係ない。このとき、厳しく吟味する材料のひとつが報酬である。業績に関係なく高給を得ているのか、それとも報酬と業績が密接に連動しているのかを見てほしい。もし後者ならば、株主の価値に注目しているか、それとも権力の拡大を求めて価値を破壊しているのかを検証する。ちなみに、株主の長期的な利益は、EBITDA成長率（負債が増えても上がる）よりも1株当たりの簿価成長率のほうが参考になる。レーン・ファイブ・キャピタル・マネジメントでポートフォリオマネジャーを務めるリサ・ラプアーノは、「私たちが好きなのは、ボーナスに連動した大きな目標を設定し、それが達成されなければボーナスは支払わないというような会社です」と語る。報酬の条件が株主の関心と一致している場合でも、つまりボーナスが複数年の株のパフォーマンスに連動している場合でも、株価が上昇すれば幹部に報酬を支払うのと、基準値と比較した株価で評価して支払うのとではまったく意味が違う。1980年代と1990年代に多くのCEOに大金が支払われたのは、彼らが正しいときに正しい地位に就いていたから、つまりブル相場に良い会社を経営していたからだった。

報酬体系は、経営者と株主の関心が一致しているかどうかを評価するための重要なポイントのひとつだが、経営者が株を所有しているという点も無視できない。CEOは、自分の会社の株（オプションではない）を市場価値が最低でも数年分の年収に見合う程度は所有すべ

きである。それより少ないと、CEOは1株当たりの価値よりも自分の待遇を最高にすることのほうに関心が向いてしまうかもしれない。3Gキャピタル・マネジメントでマネジングパートナーを務めるパベル・ビーガンは、「特定の株数を持つよう規定するのではなく、CEOの資産の大きな割合を占めるくらい所有している」経営者を探している。

経営者の姿勢を見る

　経営者の株主に対する姿勢は、重要なポイントである。このように定量的ではない条件は判断が難しそうに見える。しかし、いくつかの要素は、会社の所有者としてのCEOの姿勢に直接的に影響する。例えば、株主に対する説明は率直で誠実か、それとも広報担当が用意して弁護士がチェックした原稿を読んでいるだけなのかを見るとよい。ウォーレン・バフェットやJPモルガンのジェイミー・ダイモンが年次報告書に載せている文章は、前年のパフォーマンスを率直に語った模範的な報告と言える。
　定期的に業績発表を行っている上場会社ならば、経営陣の質疑応答の様子からさまざまなことが分かる。彼らは質問にきちんと答えているか、良いことばかりを強調して悪いことは言い逃れようとしていないか。質問にすぐに答えるか、それとも無難な答えを探して「私の考えとしては……」「これはコメントすべきことかどうか分かりませんが……」などと時間稼ぎをしていないかなどといったことである。ジェイク・ロッサーによれば、「経営陣の話し方を分析すれば、さまざまなことが分かります。経営陣の大株主とのかかわり方には、彼らの人格の本質が表れます。私たちは、やると言ったことを実行し、課題や間違いも隠すことなく誠実に伝えてくれる経営陣を望みます。率直で至らなかった点を他人のせいにしない人たちのほうが、長い目で見

れば出世欲が強いタイプよりも多くの価値を創造してくれます」。

また、短期的な結果と長期的なパフォーマンスに矛盾があるときの経営者の姿勢にも、彼らの資質がよく表れる。パベル・ビーガンが、建築用連結具メーカーのシンプソン・マニュファクチャリングを例に次のように語っている。

> 連結具は建物の保全性を決めることになるため、製品の質が高いという評判はこの会社の大きな競争力になります。しかし、もし大不況に陥れば、次のような選択肢もあります。……「ある程度の利益率は確保したい……別の鋼材を使って質を下げた連結具を作り、研究開発費も削る……そうすれば、短期的にもウォール街が好感するような結果を出すことができる」。しかし、この会社はそれをしませんでした。彼らは、「素晴らしい品質の製品を製造し、それをさらに高める研究開発を行うことが長期的に価値のある会社でいるための唯一の方法であり、短期的にどうなってもかまわない」と表明したのです。これは、経営者の姿勢を表しています。……私たちは、短期的な財務実績ではなく、会社の長期的な価値を見据えている経営陣を選びます。

もちろん、二流の経営陣が業績の悪さを正当化するために長期的な投資だと言い訳するケースもよくある。そのため、彼らが長期的に最適な行動をとったのか、それとも期待した結果が出せなかっただけなのかを見極めることが重要になる。

取締役会で何が起こっているのか

そのほかには、報酬体系を定め、CEOの指名や解雇を行う取締役会の構成を見てほしい。例えば、取締役会にどれほど独立性があり、

どれほど株主のことを考えているのかを調べるとよい。ただし、議決権行使助言会社の独立性はない。彼らはバークシャー・ハサウェイに低い評価を下したり、コカ・コーラではバフェットの取締役再選に反対したりするような連中だからだ。取締役会の分析方法は、2つの質問に集約できる——①所有している株の金額と取締役としての報酬や当事者間取引のどちらが多いか、②必要とあれば経営陣に反対したり、CEOを解任したりする気概があるか。

経済学者のユージン・ファーマとマイケル・ジェンセンは、「意思決定マネジメントを、意思決定コントロールや残余財産分配請求権を分離しておかないと、意思決定者の日和見的な行動を防ぐことができず、無制限の残余財産分配請求権の価値を下げることになる」と指摘する。彼らは、取締役会を経営陣が日和見的な行動をとった場合の解決策——少なくとも理論的には——だと考えている。

大企業でも小企業でも、意思決定者の判断が富に大きな影響を及ぼさないようにするための制御システムとなるのは、取締役会である。この取締役会は最高幹部を雇ったり、解任したり、報酬を決めたり、重要な決定を批准し、監視する権限を持つものでなければならない。このように最高判断の制御権を行使する人たち（取締役会）がいることは、組織の上層部においても意思決定マネジメントと制御（起業家的な意思決定者がいないグループ）を区別する助けになる。

ウォーレン・バフェットは、1985年に買収に関する会議で行ったスピーチのなかで、取締役会の独立性について懐疑的な見方を示した。彼は、買収を仕掛けられたときには株主が選択すべきだとし、取締役会については株主ではなく経営陣の側に分類できるとまで言っている。彼は、買収提案を受け入れるか拒否するかについて決める権限を経営

者に与えることには反対している。

　会社を売るかどうかの判断はだれかが下さなければならないことで、それは株主か、経営者か、政府か、その組み合わせになるでしょう。ここに取締役会が入っていないのに気づいたと思いますが、それは私の経験上、取締役会が（例外もありますが）経営陣と歩調を合わせるケースが圧倒的に多いからです。そのため、私は取締役会を経営陣に分類しています。経営者は、どれほど魅力的な価格を提示されても、たいていは売却に抵抗します。彼らは大げさな理由を並べ、弁護士や投資銀行の意見も添えて売却を拒否します。しかし、もし彼らに自白剤を飲ませることができるならば、彼らもあなたや私と同じで、自分のものを取り上げられたくないだけなのです。所有者にとってどれほど魅力的な提案であっても関係ありません。彼らの判断基準は、所有者のそれとはかけ離れているというだけのことです。蔵の鍵を握っていられるのならば、彼らはたいていそうします。

　リサ・ラプアーノも、「私たちは、取締役会を積極的に分析して、彼らがただの取り巻きなのか、適任なのか、これまでのさえない業績の一端を担ってきたのかを調べます」と語っている。どのような方法で取締役会を評価してもよいが、それが適正な方法かどうかは次の質問で分かる――その方法を使うと、エンロンの取締役会の評価は低くなり、バークシャー・ハサウェイの取締役会は高くなるか。
　インサイダーのなかには、自分の仕事の保証をポイズンピルの条項に入れている厚かましい人もいる。会社が株主権を強調しているように見えても、ほとんどのポイズンピル計画は、株主の負担で経営陣が潤うようになっている。このような計画は、投資家にとっても、戦略的な買い手（経営陣に相談なしにある程度以上の株を買おうとしてい

る人たち）にとっても極めて高くつくことになる。取締役会が、この条項について検討するときは、彼らへの支払額が少なくとも株主への支払いと同じになるようにすべきである。そうすれば、経営陣はポイズンピルを使って買収にかかわるボーナスや地位の継続に関して、より強い立場で交渉できる。ただ、結果は株主の価値が減るか、株主の利益になったかもしれない案件を断念することになる。

　経営陣の姿勢は、委任状争奪のような異常な状況になるとよく分かる。ウォルト・ディズニーの株主総会で、マイケル・アイズナーがロイ・ディズニーの取締役再任について長々と反対の弁を述べたとき、株主は彼の資質に気づくべきだった。同様に、ヒューレット・パッカードとコンパックの合併では、カーリー・フィオリーナが多額の株主資本を使って合併に反対するウォルター・ヒューレットを潰しにかかったことで、株主はフィオリーナの経営者としての姿勢と、今後もそれは変わらないであろうことを学ぶべきだった。これらのCEOは、大株主の建設的な批判に長々と反論したことで、幹部としてふさわしくない姿勢を露呈していたのである。

　2004年には、ニューヨーク・タイムズのグレッチェン・モーゲンソンの記事によって、株主の資本の略奪がだれにもほとんど知られないまま認可されていたことが明らかになった。オーディオボックスのジョン・サラームCEOは、部門の売却は「支配権を変える」効果があるとして、CEOと幹部のひとりで売却部門の上級副社長であるフィリップ・クリストファーの2人に190万ドルを支払うことについて取締役会の合意を取りつけた。しかも、幹部の創造性（と取締役会の黙認）はそれで終わらなかった。クリストファーは、オーディオボックスが彼の「個人的な付き合いや、個人および仕事上の納入業者、顧客、契約者、投資家、社員、元社員との付き合い」など「個人的に保有している無形資産」に対してさらに1600万ドルを支払うことまで承諾させたのだ。モーゲンソンはこのことについて「オーディオボックスの

株主は、クリストファー氏がワイヤレス部門を運営（仕事上の関係を構築することを含む仕事らしい）することで多額の報酬を得ていたことを、資産の売却によって知った。……彼の交流関係の価値は、会社やその所有者ではなく、彼自身の利益になっていた」と書いている。
　トム・ゲイナーは、レバレッジが見過ごされるケースが多いと指摘する。「私が教えを乞いたい偉大な投資家の一人が、シェルビー・デイビス（デイビス・セレクテッド・アドバイザーズの創業者）です。デイビスは、負債がほとんどあるいはまったくない会社で、不正行為があったケースはほとんどないと言っています。……悪人がお金を盗もうとするときは、当然ながらできるだけたくさん取ろうとします。そのためには、狙ったお金、つまり資本と負債をできるだけ増やしておこうとします。しかし、過大なレバレッジをかけていなければ、そのような心配はなくなります」。その一方で、逆合併によってアメリカで上場した多くの中国企業にも警戒する必要がある。これらの会社のなかには、一見負債がほとんどなくて、多額の現金を保有しているように見えた会社もあった。しかし、実際には現金の額は誇張され、事業運営に不備があるとか、そもそも実態がない会社が多かった。だからこそ、レバレッジが掛かっていなかったのかもしれない。もし銀行がきちんと調べていれば、引き受け交渉の途中で不正を見抜いていただろう。中国企業の不正は、SECや中国の税務当局に繰り返し報告されている。これらの機関に提出された書類は公表されているため、シャーロック・ホームズばりの捜査活動をしなくても、警戒できたはずだった。
　不正は別としても、経営陣に関連するリスクは、株主と幹部の関心がしっかりと一致していないことが原因である場合が多い。双方の金銭的なメリットを最大にしようとしても、その目的が部分的にしか合致していないと問題が生じる。株主も経営陣も、ほかの条件が同じならば株価が上がったほうが良い。しかし、もし経営陣が資産価値を上

げることと自分の福利のどちらかを選ぶことになれば、前者を選ぶ人は少ない。トム・ゲイナーはこう言っている。「バフェットが、『組織由来の旧習』とそこから生じる行動について次のように述べています。大きな会社や組織の経営陣にとって最大の課題のひとつは、矛盾するプリンシパル・エージェント関係のバランスを保つことです。俗に言う『囚人が収容所を運営している』は、まさに代理人（エージェント）が主体者（プリンシパル）の関心と関係なく行動する様子を言い表しています。この場合、たいていは代理人のほうが優勢で、彼らはそれを悪用しています」

　作家のフレッド・シュエッド・ジュニアは、企業の幹部をさいなむ代理人の問題について、次のようにまとめている。

> ビジネスマンの多くは、仕事をするのはお金を稼ぐためだと思っていますし、それが仕事をしている最大の理由でもあります。しかし、それはたいてい自分を少し偽っています。実際には、もっと魅力的な理由がたくさんあるからです。例えば、優れた製品を作ることや、素晴らしいサービスを提供すること、雇用を生み出すこと、業界に革命を起こすこと、有名になること、少なくともその夜の話のネタにはなる、といったことです。私は、競合相手に「自分たちは賢く、お前たちはバカだ」ということを決定的に思い知らせることが最大の関心事だというビジネスマンも知っています。ただ、これができればある程度の満足感を得られるかもしれませんが、儲けにはつながりません。ちなみに、同じことを自分のパートナーに見せることが最大の関心事だという人も知っています。

条件はみんな同じではない

ある時点で、ある会社に最適な資本配分の選択も、状況が変われば適当ではないかもしれない。しかし、投資家は、ときに自社株買いを資本配分の最優先事項だと思い込んで、よく考えずに独断的に賛同することがある。これは一見、株主の観点から見れば理にかなっている。株主になるとか、株主を続けるということは、投資家がその会社の株が適正価格を下回っていると考えているからである。そうであれば、自社株買いは賢明な選択肢になる。しかし、投資家はポートフォリオの判断になると、誤りを犯すことが多くなる。さらに言えば、彼らは自社株買いという賢い行動も誤解しているのかもしれない。

賢いCEOならば、純資産の過度に楽観的な評価に惑わされず株主を守ろうとする。そのようなときに自社株買いをしても、支払った金額が高すぎたり、レバレッジを掛けすぎて景気後退に耐えられないほど財務体質を弱めてしまったりすれば、会社の価値を破壊することになるからだ。また、成長事業に資本を再投資する機会があれば、そのほうが自社株買いよりも価値が高い場合もある。リサ・ラプアーノはこのことについて、「私たちは、株価が安いときに自社株を買い、高いときには買わず、高リターンで資本を運用できないときは特別配当を行う会社を評価します。また、価格が高すぎるときには、買収や新店舗の開店やそのほかの資本投資を控える会社が好きです」とまとめている。

メトロポリス・キャピタルで投資マネジャーを務めるサイモン・デニソン・スミスによれば、経営陣の資本配分の規律を評価するときは、状況を2つに分けて考える必要があるという。

> 規律は、いくつかの形で表れます。……純粋かつ最も低リスクなのは、本質的な成長性が明らかで、成長に必要な資本を投入すれ

ば、高リターンが約束されていて、それ以外は必要ないというビジネスモデルを探すことです。ただ、このような事業が適正価格で見つかることはなかなかありません。……現状維持か若干下落している市場の場合は少し違います。ニッチ市場においては、支配的な地位を維持する(場合によっては成長させる)ことに集中してできるだけ現金を稼ぎ、その戦略に必要な投資以外はすべて配当か自社株買いによって株主に還元するのが最も株主のためになるという場合もよくあります。

　成長事業と、現状維持か下降気味の事業を区別するというデニソン・スミスの見方は、状況によってジョッキーが重要な場合とそうでない場合があるということを示唆している。株主重視の資本配分者ならば、２番目のシナリオのほうがより効果的かもしれない。CEOの多くは、資本の再投資の方針には選択肢がないと思っているため、考えずに最初のシナリオに向かってしまう。その一方で、現状維持か下降気味の事業では、経営陣が成長を目指して資本配分を誤るリスクがある。成長が見込めない事業を運営するときは、株主にとって何が最適かについて幻想を抱かずに、現実的に行動しなければならない。ただ、現実には見込みがなさそうな事業に資本を再配分することが無益だと認めるCEOを探すだけでも難しい。ましてや、株主に渡す現金を最大にするために、実際に下降し続けている事業を運営していこうとするCEOはほとんどいない。そのため、成長が見込めない事業に直面している会社があると、私たちは経営陣の発言や動機や行動に注目する。

　財政難や経済危機のときは、経営陣の姿勢がより重要になる。需要が急落したり、信用枠が縮小したりしたときに、通常よりもはるかに多く資本を留保できるような質の高い経営者がいる会社はさほど多くない。むしろ、財務的に必要だからなのか、いざというときの蓄えが

ほしいからなのかは分からないが、経営陣の多くは株主にとっては最悪のタイミングで格安の資本を受け入れてしまうことがある。このとき、最大の関心事が広報会社風に言えば、「流動性を上げておくことで、顧客や仕入れ先や協力会社の利益にもなる」である幹部よりも、自ら多数の株を所有しているCEOのほうが、希薄化につながる提案を受け入れる前にほかのすべての選択肢を考慮するだろう。そして、株式の発行が避けられないときも、株主重視のCEOならば第三者割当ではなく、株主割当の形を優先するだろう。

ジョッキー株のスクリーニング

　理想的な世界ならば、投資家は上場会社のなかから経営陣の能力と、幹部と株主の動機がなるべく近い会社を選ぶことができる。幹部と株主の動機が最も近いトップ１％の会社とか、最も株主を重視している経営陣のトップ１％のリストを示してくれる株選びのソフトウェアがあったらどうだろうか。

　残念ながら、このようなスクリーニングができるソフトウェアは存在しない。株主重視かどうかや、利益が一致しているかどころか、経営能力ですら、さまざまな要素がかかわっているし、人によって判断が分かれる部分もあるからだ。ただ、単純なスクリーニングでジョッキー株を選ぶことはできないが、スクリーニングによって良い経営陣（能力があり、株主と動機が一致している）がいる会社に一歩近づくことはできる。

経営能力

　私たちは経営能力を測るうえで、運転資本利益率、（１株当たり）運転資本成長率、利益構成、資産回転率、設備投資の傾向などの尺度

が多くを語ると考えている。

尺度1 ── 運転資本利益率

　企業の幹部にとって最大の目標のひとつは、資本コストと資本利益率の差を大きくすることだろう。経済価値を高めるという概念は、投資家が資本の使い方を選ぶことができるということと、リスクが高ければ高い資本利益率が期待できるという2つの現実を反映している。ちなみに、後者は直感的に分かるが、これを妥当な投資方法に組み込むのは極めて難しい。さまざまな事業の資本コストを分類しても、それで投資がうまくいくわけではない。最も成功している投資家のなかには、ほぼすべての会社に対して同じ資本コストを適用し、それ以外の価値をもたらす要素に注目している人もいる。ウォーレン・バフェットも、さまざまな会社の将来のキャッシュフローを推定するとき、ディスカウントレートを一律10％で計算している。もし2つの会社の現在価値がほぼ同じならば、長期的に見てできるだけキャッシュフローの回復力が高い会社を選びたい。

　もし資本コストを10％に仮定すると、資本利益率に注目することになる。ちなみに、この値はさまざまな算出の仕方があり、それぞれ目的が若干異なっている。例えば、有形資産利益率は、株主のための利益を最もよく表している。このなかには、金融レバレッジのメリットも含まれている。その一方で、資本利益率は利益を上げるために使ったレバレッジの程度については分からないため、会社同士の比較やリスク査定が難しい。

　資産収益率は、資本利益率のいくつかの弱点がない代わりに、資産の多くを使って株主のためにリターンを生み出す事業の価値についてあまり分からないという別の弱点がある。例えば、自己資本に比べて大きい金額の在庫を保有している販売業者は、総資産利益率は低いが、自己資本利益率は高くなる。似たようなことは貸付残高が多い銀行に

ついても言える。

　ちなみに、私たちは運転資本利益率（営業利益を事業運営で実際に使った資本で割って算出した値）に注目している。事業運営で実際に使った資本は、有形固定資産と流動非金融資産の合計から、流動非金融負債を引いて算出する。ただ、対象の会社の実態に近い運転資本を計算するためには、常識的な調整も加えてほしい。例えば、ある程度手持ちの現金が必要な業種ならば、その推定額も運転資本に含めるべきだろう。反対に、もし本業の運営に使っていない不動産を所有しているならば、その推定額は運転資本から差し引くべきだ。これは、企業価値を「時価総額＋負債」の公式に従って厳密に計算しても必ずしも正確ではないのと似ている。企業価値も常識に従って調整する必要がある。例えば、収入と支出に季節的なずれがあり、多額の現金を保有しておくことが実質的に制限されてしまう業種の場合は、企業価値の算出も常識的な調整を加えるべきだろう。

　資本利益率と経営者の能力の関係を見るときに、絶対的なリターンだけでなく、次のことも考慮するとよりよい分析ができる。運転資本利益率は同業社の平均リターンと比較してどうか、リターンはその会社の過去のリターンと比べてどうか、特に現経営者が就任する前と比較するとどうか、その会社のリターンと比較対象の傾向を長期で見比べるとどうか、などである。

尺度2 —— 1株当たり運転資本成長率

　経営者を評価するのに、資本の増加を見てもあまり意味がないと思うかもしれない。株主の価値を生み出さなくても経営者は簡単に資本を増やすことができると懸念する人も多いだろう。会社によっては価値を破壊する買収を行ったり、本来は配当や自社株買いをすべき資本を留保していたりするケースもあるかもしれない。

　そこで私たちは、必ず資本の増加と運転資本利益率を併せて見てい

る。資本利益率が十分高い場合、もし組織的に資本を増やしていれば経営者はさらなる価値を生み出していると言える。例えば、新聞社は資本集約的ではないためリターンが高いが、再投資の機会がないことで魅力もない。この理論は、資本を高レートで再投資できない経営陣に対しても言える。良い経営者は魅力的なリターン率の再投資先を見つけ、投資家がよく言う組織的な拡大とマーケットシェアの拡大をもたらしている。

運転資本利益率が経営者の評価に適していないことを理解するため、運転資本を減らしながらリターンを増やしている会社について考えてみよう。このような会社は、たとえ株主に資本の多くを還元していても、資本が減る過程で企業の価値が失われている可能性が高い。バークシャー・ハサウェイがバーリントン・ノーザンを買収した最大の理由は、この鉄道会社が多額の資本を使い、長い時間をかけて運転資本を増やしていけるからかもしれない。このような資本集約とそこそこの資本利益率の組み合わせのほうが、バフェットにとっては運転資本を減らして高い利益を上げることよりも重要だったのではないだろうか。

尺度3 —— 利益構成

粗利と営業利益は、業界によって大きく違う。そして、売上高営業利益率と資本利益率には相関性があるものの、何の因果関係も示されていない。例えば、ウォルマートは売上高営業利益率が1桁台前半でも高い資本利益率を上げている。これは、資本利益率を算出するときの分子を売上高営業利益率ではなく利益にすることで可能になっている。ウォルマートが運転資本と比較して高い利益を上げているのは、薄利多売だからだ。こうすれば、資産(主に店舗で保有している在庫)の回転率が高くなる。簡単に言えば、店が在庫を早く回転させれば、利益が増え、資本利益率も高くなるのである。

能力がある経営者を探すときに、粗利益や、営業利益や、税引き前利益や、純利益の絶対的な値を見てもあまり意味がない。もちろんほかの条件が同じならば、売上高営業利益率が大きいほうが良いかもしれないが、それでも経営者の質は分からない。それを知るためには、利益構成を注意深く選んだ比較対象の平均値や、過去の実績と比較しなければならない。

　さまざまな会社の売上高営業利益率を比較するときには、注意すべきことがある。それは、同じ業界の会社でも、似たような項目を別の項目に分類していることがあるからだ。例えば、同じような経費でも売上原価に計上している場合もあれば、営業経費に計上している場合もある。ちなみに、営業利益率を比較するほうが、粗利益率を比較するよりも意味深い洞察が得られることが多い。また、いわゆる特別項目も注意が必要で、なかには粗利益や営業利益が大幅に減少すると計上基準を変更する会社もある。例えば、ある半導体メーカーの粗利益率が同業他社のそれよりも高ければ、経営がうまくいっているように見えるかもしれない。しかし、もしこの会社が在庫費用を計上していなければ、本当の粗利益率はそれまでもずっと低かったのかもしれないし、経営者に平均以上の能力があるかどうかも疑わしい。

尺度4 ── 資産回転率

　回転率は、資本の効率性を示している。回転率のデータが教えてくれることのひとつに、仕入れた商品がどれくらい速く販売されているかということがある。ここで、デルの決算発表から抜粋したデータを見てみよう（**表5.1**）。現金循環化日数（CCC）は、デルが販売から現金を回収するまでの日数を示している。この数字はほとんどの会社ではプラスで、現金を回収するまでに一定期間がかかっているが、デルの場合は仕入れ先に支払うまでの期間が在庫期間と現金回収までの期間よりも長いため、この数がマイナスになっている。

表5.1　デルの現金循環化日数

	2012年3Q	2012年4Q	2013年1Q	2013年2Q	2013年3Q
DSO（売上債権回転日数）	42	42	43	46	45
DSI（棚卸資産回転日数）	11	11	12	13	11
DPO（仕入債務回転日数）	84	89	87	89	88
CCC（現金循環化日数）	−31	−36	−32	−30	−32

注＝「CCC＝CSO＋DSI−DPO」
出所＝デル・インク、ザ・マニュアル・オブ・アイデア

　デルの運転資本がマイナスであることは、この会社がうまく経営されていることを表している。しかし、マイナスの運転資本の恩恵を長く受けていると、優れたパフォーマンスのうちどれだけが経営力によるもので、どれだけがその会社独自のビジネスモデルによるものかが気になり始める。デルは何年も前に受注生産のモデルの先駆けとなった企業であり、新たに就任するCEOも先に示したような現金循環化日数の恩恵を受けることになる。つまり、このことだけでデルのCEOが現金循環化日数が多い同業他社のCEOよりも優れていると結論づけるのは早すぎる。デルの新しいCEOは、彼の任期中の現金循環化日数の傾向とともに評価しなければならないのだ。ただ、そうは言っても業績はCEOの能力以外の理由で上がることも下がることもある。例えば、経営陣が株主価値を上げると決めたことで、現金循環化日数がそれまでよりも不利になるということもあり得る。

尺度5 ── 設備投資の傾向

　管理職の多くは、何よりも会社を永続させようとする。彼らは、キ

ャッシュフローで配当や自社株買いをするよりも、まずは設備投資や買収に使うべきだと考えている。ちなみに、設備投資は資本配分の判断であると同時に、経営者の経営能力についても洞察を与えてくれる。特に、保守と設備投資の伸びを分けることができればさらによく分かる。

業界によって、大きな再投資が必要で、競争力を保つために設備投資が欠かせないところとそうでないところがある。例えば、通信サービス業界では、トップ企業の多くがGAAP(一般に公正妥当と認められた会計原則)上は高い利益を計上しているが、設備投資後のキャッシュフローには課題が多い。しかし、このような業界でも能力が高い経営陣ならば、設備投資を縮小しつつも競争力を維持する方法を見つけることができるかもしれない。

設備投資のデータを経営能力の分析に取り入れるために、私たちは設備投資の伸び率を売り上げの伸び率との関係で見ている(低いほど良い)。また、設備投資と減価償却費との関係も見る。設備投資を減価償却費よりも低く抑えている会社は、純利益を超えるキャッシュフローを生み出している可能性があり、そうならばこの会社の価値は報告利益に対して平均以上の倍率になるのかもしれない。

経営陣の動機

動機の力がよく知られているのは、一部にはロバート・チャルディーニやチャーリー・マンガーの研究や教えがあるからだろう。なかには、動機をあおるために野心的な声明を発表したり、社員に対して壮大な目標を掲げたりしている会社もあるが、人は何よりも、具体的な動機に動かされる。法人の場合、動機は主に金銭的なことだが、評判や願望にかかわる動機も無視できない。例えば、バフェットが毎年発表している株主への手紙(『**バフェットからの手紙【第3版】**』[パン

ローリング])は、金銭的な動機だけでは動かない幹部の貢献を紹介するための強力なツールになっている。バークシャー・ハサウェイの最高幹部の多くは、バフェットの信頼を得て、それを維持することこそが報酬だと考えている。

経営陣と株主の利害が一致している会社をスクリーニングする場合、私たちは株の所有とインサイダーの買いという２つの尺度を用いている。

尺度１ ── 株の所有

幹部が普通株を所有していることが、株主と同じ動機を持っていることを最もよく示す尺度になると思う。もしCEOにとって、報酬よりも自社の株の変動のほうが自己資産に与える影響が大きければ、経営者としてだけではなく、株主としても行動するはずである。ダニエル・グラディスは、同族会社に投資する主な理由は動機だと指摘する。「もしある家族が資産の半分とか４分の３を自分の会社に投資していれば、おそらく３～４年でいなくなる雇われ経営者よりも熱心に事業を運営するでしょう」

私たちの経験では、CEOの所有している株が市場価格で年俸の６～７倍以上ならば（ストックオプション以外で）、そのCEOはエージェントとしてではなく、プリンシパルの視点で判断を下していると考えてよい。残念ながら、株のスクリーニングツールのなかで、CEOの年俸のデータを含むものがあまりないため、報酬と株の所有の関係についてスクリーニングを行うのは難しい。

かなりの概算ではあるが、CEOの年俸が100万ドルならば、最低700万ドル相当の株を所有していることをスクリーニングの条件としてもよいだろう。また、所有の基準は、金額ではなく割合にしてもよい。例えば、市場価値が３億5000万ドルの会社ならば、CEOは最低２％の株を所有していることを基準としてもよい。ただ、実際にはほ

とんどのスクリーニングツールがインサイダーの所有に関しては全員の合計値しか扱っていないため、妥協しなければならないこともある。つまり、インサイダーの株の所有基準を最低２％とすると、CEOの株の所有のハードルを下げてしまう可能性があるのだ。このようなときは、スクリーニングの基準を２％ではなく３％に上げたほうが良いのかもしれない。

　インサイダーの所有率が高いほうが良い投資候補になるという理由で、所有率を最低10％でスクリーニングする投資家もいる。しかし、この場合は２つの点を考慮する必要がある――①投資候補はどれくらいあるのか、②小型株に絞っているのか。②については、もしインサイダーの所有のハードルを10％以上とするならば、大企業にはその条件を満たす幹部がほとんどいないため、必然的に資本が小さい会社に絞られることになる。そのため、時価総額が10億ドルを超える会社については、基準を変えてスクリーニングするという方法もある。先の例で言えば、時価総額が１億ドルの会社ならばインサイダーの所有率は最低10％、時価総額が10億ドルならば最低１％、時価総額が100億ドルならば最低0.1％などとしてもよい。あとはこの投資候補をさらに絞り込むために、時価総額の条件を10億ドル、20億ドル、あるいは50億ドルなどと上げていけばよい。そうすれば、かなりの小型株が候補から外れることになる。

尺度２――インサイダーの買い

　企業の役職者や取締役による株の売買を追跡できるサービスはたくさんある。アメリカでは、このような売買は即座にSECにフォーム４の書類を使って報告することが義務付けられている。ちなみに、この種の報告義務は国によってさまざまだが、上場会社や証券取引所や規制当局のウェブサイトで情報を得られる場合が多い。投資家のなかには、インサイダーの売買が近い将来に株価に影響する何らかのきっか

けを見越した行動だとして、仕掛けや手仕舞いのシグナルに使っている人も多い。

　ちなみに、インサイダーの売買は主に短期的な指標として役に立つかもしれないが、インサイダーの買いは役職者にとっても動機となる。直近の評価にバイアスがかかっていると、幹部は自分の直近の判断がいつも以上に気になる（このなかには、株を買ったことも含まれる）。さらに言えば、もし最近の売買がCEOの所有株を大幅に増やすものでなくても、幹部が自ら資金を投資する判断を下しただけで、幹部の気持ちは株主の関心に向くようになる。ただ、幹部が株を所有していても、限定的な株式報奨制度やストックオプションによる場合が多いため、会社の金で買ったにすぎないと考える投資家もいる。しかし、CEOが自己資金（つまり、ほかのさまざまなことに投資したり使ったりできるお金）で株を買っているときは、その株の利益になる判断を積極的に下していくだろう。

　どのようなスクリーニングツールを使うかによっても変わってくるが、経営者と株主の関心が一致することを機械的に測る方法は、彼らの株の所有と買いだけかもしれない。それ以外に考慮すべき点としては、幹部の報酬パッケージの内容や、取締役会のなかに経営に加わっていない大株主がいるか、現在の経営陣が純資産を生み出すことができないときは実行可能な買収計画があるかどうかなどといったことがある。

資本配分能力

　極端なことを言えば、資本配分の評価にスキルはほとんど必要ない。もしCEOが何十年もその会社を経営しているならば、長期の株価チャートを見れば十分に分かる。バークシャー・ハサウェイやフェアファックス・ファイナンシャルやマーケル・コーポレーションが長期的

に創造してきた価値を考えてみてほしい。よほどの皮肉屋でないかぎり、ウォーレン・バフェットやプレム・ワスタやトム・ゲイナーの資本配分能力を認めないわけにはいかないだろう。3人が、経済的に理にかなった投資理念を明確に示していることも参考になる。ただ、なかには素晴らしい資本配分力を示していても、状況が変わると行き詰まってしまう人もいる。例えば、カントリーワイド・ファイナンシャルのアンジェロ・モジロがそうだし、AIGのハンク・グリーンバーグもそのひとりと言ってよいだろう。

　資本配分能力が素晴らしく高い人と極めて低い人の間に、たくさんの平凡な人たちがいる。彼らの多くは、自社の事業に資本を再投資することが既定の選択肢だと思っていて、それ以外の選択肢についてあまり考えたことがない。サード・アベニュー・インターナショナル・バリュー・ファンドの創設者でマネジャーのアミット・ワドワニーは、その一例として日本の会社を挙げる。「彼らはすべてをうまくやってきたのに、肝心なことができていません。三井不動産は優れた不動産会社ですが、……問題があります。例えば、自社株を1桁後半（9〜10％程度）で買えるときに、資本還元率が5％の建物を建設しているのです。彼らがなぜそうするのかは分かっています。実は、数年前から彼らが訪ねて来るようになり、私たちは毎回『なぜその建築をやめないのですか』と尋ねていますが、決まって『いえ、いえ、私たちは会社を成長させていかなければなりません』という答えが返ってきます」

　私たちは投資家として、上場会社のなかから何らかの方法で優れた資本配分力を持つ経営者がいる会社をスクリーニングしたいと思っている。残念ながらこれを完璧に行う定量的なスクリーニングはないが、次の方法でさらに調べを進めたい会社のリストは作ることができるだろう。

尺度1 —— 自社株買い

　会社が自社の株を本質的価値よりも安い価格で買うと、1株当たりの本質的価値は上がることになる。通常、投資家が過小評価されていると思って株を買っていることを考えれば、最近、彼らの間で自社株買いが一種のスローガンのようになっている感があるのも不思議ではない。そのため、投資家は自社株買いをすべきだと考える会社を選ぶことになる。ただ、これは万能薬ではないため、自社株買いをしても1株当たりの価値が必ず上がるわけではない。そこで、私たちは自社株買いと株価が反比例するような会社をスクリーニングしたい。経営陣には、株価が下がれば、株価が高かったときよりも積極的に自社株を買ってほしいのである。残念ながら、多くのCEOは株式市場の参加者と同じような行動をとる。株価が天井のときに買い、底で売るのだ。しかし、2012年にアポロ・グループやITTエデュケーショナル・サービスの株価が下がったとき、これらの会社の経営陣は、安い価格で自社株を買っていった。

　ほとんどの株のスクリーニングツールには、発行済株数の時系列データが含まれており、自社株買いが行われたかどうかはそれを見れば分かるようになっている。通常、この数字が減ることは、自社株買いが行われたことを示している。もし四半期データを数年分見れば、自社株買いと株価の変化について何らかの洞察を得ることができる。また、これを見れば、経営者が特に積極的に買っていた時期も分かる。また、あとから見るメリットとしては、その価格が高すぎたのかどうかと、そのあとのミスターマーケットの評価も知ることができる。

　この最後の点は重要で、CEOが毎回底で買うことは期待できない。ただ、もし買ったあとで株価がさらに下がったとしても、CEOが適正価格よりも安く買っていれば会社の価値を高めたことにはなる。とはいえ、過去のさまざまな時点における本質的価値は分からないため、それについては時間の経過を考慮しつつ現在の株価で代用すればよい。

私たちの経験から言えば、経営陣が安定的に自社株買いの判断を行ってきたかどうかを見るためには、少なくとも2～3年分のデータを見たほうがよい。

尺度2 ── 配当

経済学を勉強した人ならばMM理論（モディリアーニ・ミラー理論）──法人税を無視すれば企業価値は資本構成や配当政策によって変化しない──を習ったと思う。ヨギ・ベラもきっと賛同するだろう。しかし、彼ならば「理論的には理論と実際に差はないが、実際にはある」と言うかもしれない。フランコ・モディリアーニとマートン・ミラーは、数学的には正当なこの理論を定式化したときに、実際に企業の幹部の話を聞くことはしなかったのかもしれない。経営者は、会社のお金の使い道を自由に決める傾向がある。もし超過資本の一部を配当しないで留保すれば、その分の資本は収益を増やすためではなく、一般経費や管理費に使われるかもしれない。

ヨギ・ベラが言うように、実際、経営陣が大きすぎる資本をつぎ込んで価値を破壊するような買収はたくさん行われている。このような買収が合理的でないのは、あとで状況が悪化するからではなく、合理的な観察者ならば事前に破壊的だと分かっているからである。かつてヒューレット・パッカードの立派な経歴を持つ経営陣が、何十億ドルもの株主資本をコンパックや、その何年か後にはソフトウェア会社のオートノミーにつぎ込んだとき、私たちが言葉を失ったのを思い出す。

配当は経営者から資本の一部を引き離すだけでなく、投資家にも配分のさまざまな選択肢を与えてくれるが、経営者には一定の規律を促すことになる。定期的な配当は、たとえ電子送金で処理されていても、幹部や取締役に本当の所有者がだれかを思い出させることができる。会社が配当方針を決めると、取締役会は資本配分の選択肢をそれまでよりも敏感に意識するようになり、浪費することだけが選択肢ではな

いように思えてくる。もし経営陣が魅力的な再投資の機会を見つけられないのであれば、もっと生産的な使い方を株主に託したほうがよいのかもしれない。

スクリーニングのあとに ── 素晴らしい経営者のリストを作る

　トップに立つというのは孤独なことである。そして、素晴らしい経歴の持ち主でも、偉大な経営者はまれにしかいない。経営者は時代と環境の産物であり、幹部や取締役会と協力して会社を動かしていく。スティーブ・ジョブズのようにビジネスを牽引していくリーダーは、ジョン・スカリーのようなタイプの1000分の１くらいしかいない。しかし、資本配分についてそれができるCEOはさらに少ない。ビジネススクールの卒業生の多くは、素晴らしいビジネスリーダーを目指している。しかし、素晴らしい資本配分者を目指している人はあまりいない。ビジネスのリーダーシップとは、市場を獲得し、ライバルのシェアを奪い、革新的な製品を生み出し、才能ある人材を引き付け、会社を成長させることである。CEOが資本利益率や１株当たり純資産の成長率ではなく、マーケットシェアや収益成長率の話ばかりしたがるのも無理はない。CEOは画期的な製品や大型買収などによって、文字どおり一夜にして素晴らしいビジネスリーダーとして認められることもある。しかし、素晴らしい資本配分の効果が表れるのにはもう少し時間がかかる。テレダインのヘンリー・シングルトンは、20世紀における最も優れた資本配分者のひとりだが、彼がマイケル・アイズナーやジャック・ウェルチのような名声を得ることはなかった。ただ、この３人のなかでテレダインの株主にとってのヒーローは、間違いなくシングルトンだろう。

　ビジネスのリーダーシップと資本配分を区別している私たちは、優

れた経営者のリストを2つ作っている。優れたビジネスマンのリストは、かなり長い。ちなみに、両方に名前が載る人はほとんどいないが、実は資本配分に優れた人でダメなビジネスリーダーはほとんどいない。彼らに欠点があるとすれば、資本利益率に集中するあまり、本業で必要な現金が欠乏することがあることくらいだろう。ウォーレン・バフェットは、バークシャー・ハサウェイを複数の事業から成る複利マシンに転換させたものの、もともとの繊維事業は閉鎖することになったことはよく知られている。最近では、シアーズ・ホールディングスのエディー・ランパートが、在庫と経費の削減によって店舗を品薄にしたと責められている。しかし、ランパートは徹底した資本配分を優先しただけで、それは正しかった。

　優れた資本配分者のリストの作成は、発見と整理の連続である。企業の幹部は頻繁に入れ替わり、優れた経営者はあえて目立とうとはしない人が多い。それでも、このリストを作る過程では得ることが多い。ちなみに、私たちは資本配分者のリストのほうをより重視している。優れたビジネスリーダーと素晴らしい投資機会との相関性はあまり高くないからだ。幹部がビジネス誌に称賛されている企業の株は、投資家の間で人気があり、その多くは適正価値以上になっている。反対に、優れた資本配分者は、比較的無名だったり、ビジネス誌でときどき称賛とは言い難い紹介をされていたりする。エディー・ランパートが株主の価値を増やそうとしていることに対するメディアの手厳しい記事を思い出してほしい。

　株を所有すると、経営者の資本配分の傾向が特によく分かる。私たちは、株主として特定の期待をしたり、理想的な行動を思い描いたりする。例えば、配当金の増額や、株の買い戻しを期待するのである。そして、その期待は経営陣の行動をリアルタイムで判断する基準になる。情報に基づく株主の視点でできるかぎりのことをする経営者は、優れた資本配分者のリストに載る資格がある。残念ながら、私たちの

経験ではダメな資本配分者のリストのほうが簡単に作成できてしまう。一方、優れた人のリストにそれなりの人数をそろえるには、一生かかると個人的には思っている。そして、それが完成したころには経営陣が変わっていて時代遅れになっているかもしれない。つまり、優れた経営者を探すためには、仲間の投資家の協力が欠かせない。ここで重要なことは、「仲間」という部分で、資本配分能力について同じような考え方を持つ投資家でなければ、自分が欲しいリストにはならない。

資本配分者のリストを作成するための情報源を次に挙げておく。

●13F-HR　同じような考えの投資家による報告書（http://sec.gov、経営責任者が提出した四半期報告書）

優れたバリュー投資家の多くは、株主重視の経営陣が運営する会社を選ぶと言っている。定期刊行しているザ・マニュアル・オブ・アイデアのなかで、私たちは50社以上の尊敬できるバリュー系の投資会社について、彼らがSECに提出している四半期報告書をモニターしている。このなかにはバークシャー・ハサウェイ、フェアファックス・ファイナンシャル、マーケル・コーポレーション、ルーカディア・ナショナル、フェアホルム・キャピタル・マネジメントなどが含まれている。これらの企業のポートフォリオには、平均以上の資本配分実績を誇る経営者がいる会社がたくさん見つかる。ただ、なかには業績が低迷している会社の経営陣に圧力をかける目的でほかの投資家が大量に買っている株もときどき入っている。このような例外があるため、たとえスーパー投資家に教えてもらった会社であっても、大事なのは独自に精査することである。

●コーナー・オブ・バークシャー＆フェアファックス（http://www.cornerofberkshireandfairfax.ca/）

コーナー・マーケット・キャピタルの会長兼社長であるサンジーブ・パサドがここ数年管理している掲示板。ここで同じ考えの投資家たち

表5.2 厳選した上場会社のジョッキー経営者

名前	会社名	生年	入社年	トップ就任	入社時の株価	トップ就任時の株価	直近の株価
マイケル・アシュナー	ウインスロップ・リアルティ	1953	2003	2004	$2.16	$2.76	$12.34
レイモンド・バレット	ホワイト・マウンテンス	1951	1997	2007	117.64	579.70	567.34
ウォーレン・バフェット	バークシャー・ハサウェイ	1930	1965	1965	18	18	152,000
パトリック・ブリン	オーバーストック・ドット・コム	1962	1999	1999	13.03	13.03	12.52
イアン・カミング	ルーカディア・ナショナル	1941	1978	1978	0.05	0.05	28.16
デビッド・アイホーン	グリーンライト・キャピタル・リ	1968	2004	2004	24.03	24.03	24.78
チャーリー・アーゲン	エコスター	1953	1980	1980	18.83	18.83	38.36
ブルース・フラット	ブルックフィールド・アセット	1966	1990	2002	10.45	19.65	37.80
マーティン・フランクリン	ジャーデン・コーポレーション	1965	2001	2001	2.44	2.44	59.66
トーマス・ゲイナー	マーケル・コーポレーション	1962	2001	2010	164.75	345.55	491.79
ウエストン・ヒックス	アレガニー	1957	2002	2004	180.50	285.25	377.33
エドワード・ランバート	シアーズ・ホールディングス	1962	2005	2005	132.52	132.52	47.19
ジョン・マローン	リバティ・メディア	1941	1990	1990	—	—	107.14
ジョー・スタインバーグ	ルーカディア・ナショナル	1944	1978	1979	0.03	0.04	28.16
ケニス・ピーク	コンタンゴ・オイル&ガス	1945	1999	1999	1.50	1.50	41.70

182

マイケル・スミス	MFCインダストリアル	1948	1986	2010	11.75	13.15	10.07
ウィリアム・スティーリッツ	ポスト・ホールディングス	1934	2012	2012	26.89	26.89	38.29
ジェームス・ティッシュ	ロウズ	1953	1986	1999	4.56	16.32	43.68
ジェフリー・トンケン	バーナクリフ・エナジー	1957	2004	2004	0.30	0.30	7.67
カイル・ワシントン	シースパン	1970	1994	2005	21.30	21.30	19.33
プレム・ワタ	フェアファックス・ファイナンシャル	1950	1985	1985	3.25	3.25	393.50

そのほかに、外国にもジョッキー経営者がいる。そのなかには、LVMHのベルナール・アルノー（トップ就任は1989年）、バークサのアルベール・フレール（1981年）、復星集団の郭廣昌（1992年）、ビッドベストのブライアン・ジョフェ（1988年）、長江実業グループの李嘉誠（1950年）、MTYフード・グループのスタンリー・マ（1979年）、ダラマラのラリー・ロッシー（1973年）などが含まれている。

注＝最近の株価は2013年2月22日の終値。バークシャー・ハサウェイ――ウォーレン・バフェットが会長に就任したのは1970年。しかし、彼が取締役に就任して実質的な支配権を握ったのは1965年。このとき（1965年5月10日）の株価は18ドル（出所＝http://brkticker.com/brk-chapl.html）だった（終値）。グリーンライト・キャピタル・リ――過去の株価は、2007年5月のIPOオーバーストック・ドット・コム――過去の株価は、2002年5月のIPO時のもの。シアーズ――過去の株価は、2005年3月24日にKマート・ホールディングとシアーズ・ローバックス・アンド・カンパニーの合併が完了した日のもの。リバティ・メディア――繰り返し再編が行われたため、過去のボレーションとビスタ――過去の株価は、2007年12月のカンパニーの合併が完了した日のもの。リバティ・メディア――繰り返し再編が行われたため、過去の株価はあまり意味がない。シースパン――過去の株価は2005年8月のIPO時のもの。

出所＝SEC提出書類とそのほかの公表されている情報源とザ・マニュアル・オブ・アイデアの分析

が交わすやりとりは、価値を最大にするための資本配分を方針としている会社について学ぶうえでとても参考になる。

● バリュー・インベスターズ・クラブ（http://www.valueinvestorsclub.com/）

会員制の投資家コミュニティーで、CEOや取締役の出来高報酬や、利益の相反、行動などについて定期的に議論している。非会員も無料IDを使って内容を一定時間遅れて見ることができる。

● 同じような考えを持つ投資家へのインタビュー（http://www.manualofideas.com/、http://www.valueconferences.com/、http://greatinvestors.tv/）

オピニオンリーダー的なファンドマネジャーとの対談集で、優れた資本配分者やそういう人たちの探し方について貴重な情報が明かされることも多い。

表5.2に、優れた資本配分者リストの候補になる経営者を載せてある（アルファベット順）。

経営者に関して正しい質問をする

かつての機関投資家には、上場会社のCEOと直接会って経営状態を聞くことでエッジをつかむ人もいた。経営者と投資家の長年の関係のなかで、内部情報の厳密な定義からは外れているが、有利な情報が伝わっていた。機関投資家は、ときに経営者から集めた数少ない情報を組み合わせ、解釈することで、何らかの洞察を得ることもあれば、経営者が大事なことをボディランゲージで示すこともあった。特にその投資家が別の幹部とも会っている場合などはそのようなことも起こり得た。

しかし、レギュレーションFD（重要な非公開情報を公開する前に

アナリストや一部の株主などに開示することを禁止するルール）が制定されたことで、企業は新しい情報を特定の相手に開示することができなくなり、経営者と投資家の間のコミュニケーションの性質が変わった。もちろん投資家は、それでも幹部に対してニュースの探りを入れたり、ボディランゲージの通訳を試みるのだが、有利な情報を得るのはかつてよりも難しくなった。経営者との会合は、今では彼らの事業経営法や、率直な考え、資本配分の見方などを知るための場になっている。その意味では、投資家が企業幹部と会う価値はあるのかもしれない。

　その一方で、経営陣に直接会うことを特に重視していない投資家もいるし、成功しているファンドマネジャーでも経営陣に会わない方針を掲げている人が少数だがいる。物理的に会えるのは、面会の価値がある人たちのなかのほんの一部なので、選択バイアスのリスクがあるからだ。直接会ったことで投資候補から外すことができる場合もあるが、会えなかった相手よりも一段階高い評価になることのほうが多い。なかには、セールスマンとしての能力が高いCEOによってその会社が実際よりもよく見えてしまうことを正当に恐れる投資家もいる。通常、企業の幹部がトップに上り詰めるのは、自社の事業について最も公正な評価を示しているからではない。むしろ、彼らは事業に対して肯定的な見方をし、それを同僚に明確に示す能力があったからCEOになれた可能性が高いのだ。ちなみに、このタイプは対人能力が高く、説得力もあるが、偏見のない思考は苦手かもしれない。

　経営陣と会うことを避けている投資家は、通常その会社の報告書類に基づいて、業績や動機や表明している方針を評価する。このとき、将来的な評価は推測になるが、たくさんの経営者を分析し、彼らの行動を長期的に追跡することで、投資家は直感を磨くことができる。また、過去の実績と動機を調べれば、今後の資本の再投資先や買収、自社株買い、配当などについてヒントを得られるかもしれない。

CEOの評価が意外に難しいのは、業績がその人ひとりの成果ではない場合が多いからだ。多くの場合、そのCEOの就任前から会社が存続しており、就任時も事業が何らかの形で継続していた。また、任期中には多くの外部的な要因が、良くも悪くも事業に影響を及ぼす。つまり、スティーブ・ジョブズとアップルのようにその影響力がはっきりと分かるケースはめったにない。そこで通常は、GE（ゼネラル・エレクトリック）のジェフ・イメルトやコカ・コーラのムーター・ケントを評価するような形になる。彼らは十分能力がある経営者ではあるが、彼らが率いる巨大企業に与えた影響は、ジャック・ウェルチやロベルト・ゴイズエタほどではなかったのかもしれない。例えば、イメルトの場合、私たちはGEの資本利益率、マーケットポジション、同業他社と比較した株価の動きなどを調べる。ただ、GEの場合、2008年の金融危機によってGEキャピタルのパフォーマンスがほかの部門（例えばアビエーション事業部門）よりも大きな影響を受けたため、分析は主要部門ごとに行ったほうがよい。

　もし経営者の実績がコインの表ならば、裏は動機ということになる。動機の重要性はいくら強調してもし足りない。チャーリー・マンガーは、「動機の力について考えるべきときは、けっしてほかのことを考えてはならない」と言っている。純粋な理想主義者でもないかぎり、人間が動機によって動くことはみんな分かっている。資本主義がうまくいき、共産主義が失敗した大きな理由は、動機だった。投資家は、代理人（会社の経営陣）が主体者（所有者）の利益に沿って行動することを期待する。現代の会社における主体者と代理人の対立のなかで、できるだけ主体者の期待に沿う行動をさせるために、株主は取締役会を通じて適切な動機を与えなければならない。CEOの多くは、何らかの方法で取締役会への影響力を行使し、幹部が少なくともある程度は自らの動機を設定できるように働きかける。そして、幹部が選ぶ動機は、彼らがどこまで株主を重視しているのかと、業績を上げる

自信があるかどうかを表している。ちなみに、新任のCEOができる最も建設的な行動は、自分の資金で自社の大量の普通株を買うことである。このような行動は、CEOの会社の将来に対する自信を示すだけでなく、自分が主体者と代理人の両方の役割を担っていくという意思も示すことができる。

　一対一の対談で経営者を主観的に査定することは調査の付加価値にもなるが、それは投資家が、面談によって不合理なバイアスが生まれることを認識したうえで正しい判断を下すことができる場合に限られている。また、このバイアスについて認識していれば、質問の内容も変わってくるかもしれない。例えば、投資家が詳しくない分野でCEOに説得されないように、話題を選ぶことができる。技術に詳しくない投資家がシスコ・システムズのジョン・チェンバースCEOに会って、彼らの製品がジュニパーの製品と比較してどれくらい優れているのかと聞いたらどうなるか考えてみてほしい。チェンバースがどれほど詳しく説明しても、投資家にはそれがどこまで正確かを判断することができない。しかし、もし投資家が次の12カ月間のフリーキャッシュフローの予定を尋ねれば、投資家はチェンバースの答えを評価できる十分な情報を持っているかもしれない。

　バレス・キャピタル・マネジメントのCEOで、『ザ・スモール・キャップ・アドバンテージ』の著者でもあるブライアン・バレスは、長年にわたって何百人もの企業幹部と会っている。彼はバイアスの可能性を認識しつつ、さまざまな話題について話を聞いている。

> 並外れた才能がある経営者はたいてい分かります。しかし、経営者にはさまざまな性格の人がいることも経験上分かっています。そのため、経営者としての能力を査定するときは、好感度やそれ以外の特性がバイアスにならないようにとても気をつけています。面談をするときは、事業内容や製品や競争の状況をよりよく理解

することに集中します。そして、彼らの会社を十分理解できたと感じたら、次に動機や、事業計画と比較した実績について聞きます。また、経営陣の資本配分に対する考え方も聞きます。社内に投資するのか、それとも買収するのかということです。また、経営陣に取締役会が自社株の買い戻しに関してどう考えているかを聞くと、洞察に満ちた会話になることがよくあります。

シュローダーのスペシャリスト・バリューUKエクイティーズでファンドマネジャーを務めるニック・キラージは、最初にこう質問する。「資本をどのように配分しますか。もし明日10億ポンドとか、1000万ポンドとか、100万ポンドの無記名小切手を渡したら、その資金で何をしますか。使途をどのように評価しますか」

また、投資家は適切な質問を準備して幹部との面会に臨むだけでなく、追加的な情報や異なる洞察を得られそうな経営者に優先的に会うべきかもしれない。例えば、近年、ジェフ・イメルトと会ったり、彼と少人数の会合に出席したりしたポートフォリオマネジャーやアナリストは何百人にも上るはずだ。つまり、もしイメルトと一対一で会っても、GEや彼自身についてマーケットで知られていないことが明らかになるとは考えにくい。しかし、小さな会社のCEOと会えば、レギュレーションFDを犯さなくても、ほかとは違った見方ができるようになるかもしれない。

イマージング・バリュー・キャピタル・マネジメントでポートフォリオマネジャーを務めるオリ・アイルは、スーパー投資家のガイ・スピナー（アクアマリン・キャピタル）との体験から、優れた対話力があれば、個別訪問は非常に有益だと語っている。

あるとき、スピナーと私はイスラエルに行き、無名の会社を15社くらい直接訪問して調べました。いくつかの会社にとっては、

私たちが初めて訪問した外国人投資家だったようです。このとき、スピナーが経営陣と話をする様子は、とても勉強になりました。彼はその部屋にいた全員とすぐに打ち解け、すぐにそれぞれの会社が直面する重要な課題を聞き出すことができるのです。そして、話が終わるころには、その会社について経営陣よりもよく理解していました。そればかりか、その会社を実際に動かしている人や、その動機、将来とるであろう行動などまで直感的に理解してしまうのです。

　ほとんどの投資家は、公表されている客観的な調査結果と、面会などで集めた主観的な情報や主観的な印象を組み合わせて投資判断を下している。ニクーサ・キャピタルでポートフォリオマネジャーを務めるポール・ジョンソンは、「経営陣と強いきずながあり、企業統治の方針に共感できる会社以外に投資することはほとんどありません」と語る。また、評価の過程で経営者に会うリサ・ラプアーノの手法も投資家の参考になるだろう。「経営陣と話をする前に必ず財務諸表を分析しておけば、彼らについて多くを知ることができます」とラプアーノは言う。客観的なデータを事前に調べておくことによって、投資家はダメな経営者のセールストークを見破ることができるのである。

　　株主の価値を本当に理解している経営者は、正しいことを言っても言わなくても、長い目で見ればたいていはその価値を創造できます。私が知っている最悪のCEOのひとりは、……ROIC（投下資本利益率）やフリーキャッシュフローや株主を重視することについて明瞭に語りはするものの、その会社の業績を見ると、資本コストもろくにカバーできておらず、高額かつバカげた買収で価値を破壊し、取締役会は経営者の言うなりで、成果にかかわらず経営者と取り巻きに手厚い報酬を支払っていました。しかし、

CEOに直接会うと、彼らのしていることが正しく思えてきます。つまり、経営者を判断するときは、彼らの言うことではなく、行動を見なければならないということです。素晴らしいリターン、賢い資本配分、目的志向で理にかなった給与体系などはその目安になります。

本章のまとめ

次の10のポイントを覚えておいてほしい。

1. CEOは、事業価値の創出と賢い資本配分という2つの方法で違いを生み出すことができる。
2. また、事業パフォーマンスと株価は区別して考えなければならない。良い経営陣が良い業績を生むという考えは、もう古いのかもしれない。株が平均以上のパフォーマンスを生み出すかどうかは、経営陣の行動だけでなく、投資した時期のマーケットの評価によっても決まる。
3. チャーリー・マンガーは、経営分析をするときに「逆から見る」ことを勧めている。これは、最高のジョッキーを探すのではなく、ダメな経営者を外すということで、たとえその人が財界で評価されていても関係ない。このとき、厳しく吟味する材料のひとつが報酬である。
4. 経営者の株主に対する姿勢は、いくつかの要素に表れている。株主に対する説明は、率直で誠実か。取締役の報酬はどれくらいか。金融レバレッジから経営陣について分かることはないか。
5. 株主重視かどうかや、利益が一致しているかなど、経営能力を判断するのにはさまざまな要素がかかわっているし、人によって判断が分かれる部分もある。ただ、単純なスクリーニングでジョッ

キー株を選ぶことはできないが、スクリーニングによって良い経営陣がいる会社に一歩近づくことはできる。
6. 経営陣と株主の利害が一致している会社をスクリーニングする場合、私たちは株の所有とインサイダーの買いという2つの尺度を用いている。
7. 資本配分能力が素晴らしく高い人と非常に低い人の間に、たくさんの平凡な人たちがいる。彼らの多くは、自社の事業に資本を再投資することが既定の選択肢だと思っていて、それ以外の選択肢についてあまり考えたことがない。
8. 優れた資本配分者のリストの作成は、発見と整理の連続である。企業の幹部は頻繁に入れ替わり、優れた経営者はあえて目立とうとはしない人が多い。
9. 一対一の対談で経営者を主観的に査定することは調査の付加価値にもなるが、それは投資家が、面談によって不合理なバイアスが生まれることを認識したうえで正しい判断を下すことができる場合に限られている。
10. 投資家は適切な質問を準備して幹部との面会に臨むだけでなく、追加的な情報や異なる洞察を得られそうな経営者に優先的に会うべきかもしれない。

第6章
リーダーに続け ── スーパー投資家の ポートフォリオからチャンスを見つける

Follow the Leaders : Finding Opportunity in Superinvestor Portfolios

「成功のためではなく、価値のある人間になるために努力せよ」── アルバート・アインシュタイン

　有名な投資家が買ったというだけの理由で、同じ株を買ったり、買いたくなったりしたことがあるだろうか。もしイエスならば、それはあなただけではないし、見当違いをしたわけでもない。一部の投資マネジャーがメディアでスーパースターとして扱われるようになってから、彼らの動きをまねることが投資業界で一種の流行になっている。

　ちなみに、最高の投資アドバイスのひとつに、「自分で調べ、他人のヒントは信用するな」という言葉がある。とは言っても、スーパー投資家の行動をまねすることは、正しく行えば賢いことだし利益にもなる。結局、いわゆるスーパー投資家の多くは、長期間、優れた投資パフォーマンスを上げてきたことでその地位を得ている。ウォーレン・バフェットは、効率的市場という学術的な概念を、おそらくどの投資家よりも裏切ってきた。バフェットが株を買うとき、それがマーケットを超えるパフォーマンスを上げる可能性は本当に半々なのだろうか。成功しているファンドマネジャーの行動を観察して情報源としている投資家は、肥沃な土地にいる。それで成功が約束されているわけではないが、その可能性は高い。

スーパー投資家がスーパーなのには理由がある

　本書執筆のために100人以上の投資マネジャーにインタビューをしてきた過程で、最高の投資家には長期的に素晴らしい投資リターンを上げていること以外にも共通した特性がいくつかあることが分かった。明快な思考、明瞭な話し方、投資の過程で見せる情熱、成功したことについての驚くほど謙虚な姿勢などである。ウォーレン・バフェットは、自分が成功したのは「卵巣宝くじ」に当たったから、つまり自分の支配が及ばないところで幸運だったと言っている。もちろん、バフェットは自分の能力を分かっているし、80歳を超えた高齢になっても向上心を持ち続けている。しかし、彼は自信過剰になることの危険性や、あと一歩で素晴らしい投資家になれたかもしれないたくさんの投資家がバイアスによって破滅してきたことを知っている。

　スイスのチューリッヒにあるアクアマリン・ファンドのガイ・スピアのオフィスを訪ねたとき、彼が1997年にこの会社を設立して以来、成功を収めてきた理由がすぐに分かった。マーケットを打ち負かしているヘッジファンドマネジャーによく見られるエゴの強さがないのである。彼は、自分が成功したのはウォーレン・バフェットや『ダンドー』（パンローリング）の著者であるモニッシュ・パブライ（もうひとりのバリュー系のスーパー投資家）の教えがあったからだとしている。何年か前に、スピアとパブライはバフェットに感謝の意を表そうとバークシャー・ハサウェイ会長とのチャリティ昼食会に共同で入札し、バフェットが厳選したNPO（非営利団体）のグライド・ファウンデーション（サンフランシスコ）に65万ドルを寄付した。スピアに、彼が他人のおかげで成功したと言う理由を尋ねると、他人を褒めることで失うものはないと父親に教わったからだということだった。実際、そうするほうが自分にとっても良いことが多い。

　スピアのもうひとつの特徴は、「知らない」と言えることである。

2011年のヨーロッパの債務危機で、エコノミストや評論家が「こちらは今日も素晴らしい日ですが、ヨーロッパではそうでもないようです。何が起こっているのですか」と聞いてきたとしよう。このように、どのような答えでも可能な質問をすると、専門家のレベルが分かる。ちなみに、スピアは、「もしあなたや私がそれを正確に分かっていれば、もっと良い投資結果が出ているはずです」と答えた。ヨーロッパの債務状況のような先の見えない複雑さを認めることで、彼は投資家としてさらに強固な地位を築いている。彼は、いずれ迎えるこの危機の結末が分かると勘違いすることなく、いくつかの異なるシナリオの下で平均以上のパフォーマンスを上げる投資を探そうとする。このような姿勢と、結末を推測しなければ気がすまず、それに合わせてポートフォリオを組んでしまう投資マネジャーの姿勢とを比べてみてほしい。もし憶測と違う結果になれば、後者は大きな損失に苦しむことになる。

　最後に、バフェットは投資への情熱を「スキップしながら仕事に行く」と表現しているが、スピアも似たような熱意を発している。彼は自身について、自分が知るなかで最も幸運なひとりだとよく語っている。それは、設立した投資会社が多額の運用資産を集めて成功しているからではなく、マーケティング会議や、企業幹部への助言や、顧客の世話などに邪魔されることなく投資への情熱を追求できるように人生設計ができているからだという。彼は、新規顧客であっても彼の長期的なバリュー投資中心のスタイルに合わなければ断ることがよくある。ヤンミ・ムンの『ビジネスで一番、大切なこと』（ダイヤモンド）の書評には、次のように書いている。

　　この本のなかで印象に残ったことのひとつは、ビジネスでは顧客に戦略的に「ノー」と言う選択をすることで、大成功することが可能だという単純な教えです。例えば、ツイッターは１回の投稿を140文字に制限しています。もしもっと書きたい人は、フェー

スブックやリンクトインやブログなど、別のサービスを使わなければなりません。組み立て家具を買うとき、イケアも「ノー」と言います。イケアの家具は部材が箱詰めされており、自分で組み立てなくてはなりません。これらの会社はほとんどの人に「ノー」と言うことで、その価値を認め、特殊な設定を評価する人のみに顧客を絞り込むことができます。

バフェットやパブライやスピアのようなスーパー投資家は、損失が出ればだれよりも先にそれを認め、同じ間違いをしないよう自分のフォロワーに警告する。しかし、優れた投資家からアイデアをもらうことは、真剣な投資家ならだれでも投資先を探すひとつの方法として行っている。投資の世界では、自社開発主義症候群（自社開発の技術ではないという理由で採用しない姿勢）ではやっていけない。結局、投資のアイデアに著作権はないし、ほかの投資家のまねをしても使用料を払う必要はない。時には、人生で最も大切なものがタダで手に入ることがある。投資にも同じことが言える。

スーパー投資家はどのようにして会社に本当の付加価値を与えているのか

株価を画面上のただの曲がりくねった線だと思っているマーケット参加者は、株価が動く方向を予想しない投資家がいるという事実を見逃している。これらの投資家は、自らを投資先の会社の法的な部分所有者だとみなしている。彼らは、共同所有者として、経営幹部を雇っているのである。もしCEO（最高経営責任者）が高い買収をしたり末期状態の事業に再投資したりして資本を無駄にしていれば、株主は資本配分に対して当然意見を表明する。もし取締役会が動かなければ、株主は委任状を集めて自分たちが推薦する取締役を送り込む。それが

できれば、CEOを解任したり、もっと価値を高めるような資本配分を促したりできるからだ。

　スーパー投資家の多くは、自分が経営陣を雇っていると考えており、既存の純資産を手放したり、新しい価値を創造したりすることに関して積極的に意見を表明している。例えば、株主は経営陣に割安の自社株買いや、配当を促したり、権力拡大のために価値を破壊するような買収をやめさせたりすることもある。ただ、ビル・アックマンやカール・アイカーンのような物言う株主もいるが、スーパー投資家の多くは水面下で行動し、人知れず経営者に正しい行動を促していくことを好んでいる。

　スーパー投資家が所有者として資本配分を改善する手助けをしている主な例は、ウォーレン・バフェットのワシントン・ポスト・カンパニーへ助言や、エディー・ランパートのオートゾーン、テッド・ウエッシラーのWSFSファイナンシャルなどがある。最近では、ビル・アックマンもJCペニーと建設的なかかわり方をするようになったり、カナダのスーパー投資家であるプレム・ワツタがリサーチ・イン・モーションの取締役会に加わったりもしている。

スーパー投資家が開示した株はアービトラージされているのか

　スーパー投資家のパフォーマンスがマーケットを超えることができると認めたとしても、彼らのまねをすればそのようなパフォーマンスが上げられるのかどうかは定かではない。結局、もしスーパー投資家のポジションが公表された途端にまねをする人が増えすぎれば、みんなに先を越されたり、妥当な価格で買えなかったりするかもしれない。それに、スーパー投資家は、特定の時点で特定の行動をすることによって優れたパフォーマンスを上げている可能性もある。つまり、タイ

ミングが遅れれば、それは勝てる計画ではなくなっているのかもしれない。

ところが、実際にはスーパー投資家が買ったことが公表されたあとに株価が大きく上がったり、上がり続けたりすることはほとんどないという事実が観察されている。最も印象的な例は、バークシャー・ハサウェイの買いが公表されるときである。バフェットの長期的な実績にもかかわらず、マーケットが即座にバフェットが買った銘柄の評価を改めることはない。2008年に行われたジェラルド・S・マーティン(アメリカン大学)とジョン・パセンピュラッカル(ネバダ大学)の研究によれば、「投資が公表された翌月の初めに同じ株を買う架空のポートフォリオは、S&P500を10.75%上回るという並外れたリターンを上げているのに、マーケットはバークシャー・ハサウェイの株式投資のニュースにあまり反応しない」という。ちなみに、同時期のバークシャー・ハサウェイのポートフォリオはS&P500を年率11.14%上回っていたが、遅れてコピーしたポートフォリオとのパフォーマンスの差は、そのメリットに比べればわずかでしかない。ちなみに、この結果はほかのスーパー投資家の場合はかなり違っているが、バフェットの銘柄を見るかぎり、スーパー投資家のまねをすることで得られるアルファ値は、いまだ裁定され尽くされてはいないようだ。

スーパー投資家のまねをする ── 利用と誤用

スーパー投資家のまねをすることの危険性のひとつに、彼らを英雄視してしまうことがある。しかし、スーパー投資家は、ヒーローでも完全無欠でもない。彼らのまねをした投資が、完全な失敗に終わることもあり得る。つまり、まねしたアイデアでも自分の通常の評価基準を満たすものだけを厳選してポートフォリオに加えるのが正しい戦略と言える。スーパー投資家のポートフォリオをただまねしているだけ

ならば、その投資家のファンドに投資したほうがよいのかもしれない。

状況が厳しくなったときに確信はあるのか

多くの投資家は、他人の調査を信じて投資をしても、望む結果は得られないということを失敗によって学んでいる。問題は、投資家がだれでも間違いを犯すということだけでなく、自分で調査をしてある程度確信を持っていないと、その投資を続けることができないことにある。まっすぐ価格が上がっていく投資はあまりない。つまり、満足いく結果が得られるかどうかは、下げているときもそれを保有し続けられるかどうかにかかっていることが多い。株価が下がり始めると、そのまま下げ止まる理由やさらに下落するもっともらしい理由が浮かんでくる。最初の投資判断に確信が持てなければ、最悪のタイミングで売ることになるかもしれない。

理由が重要 —— 何ではなくなぜ

スーパー投資家は、彼ら自身の事情や理由で買っていても、まねをした投資家は、単純に良い投資だと思って買う。モニッシュ・パブライがバンク・オブ・アメリカの株を買ったとき、彼はこの銘柄が割安だが、財務内容と収益力の強さがいつかほかの投資家に明らかになれば上がると判断していた。しかし、複数の戦略で運用しているヘッジファンドマネジャーが同じ株を買うときは、無条件でその銘柄が良いと考えているのではないこともある。もしかしたら、このファンドマネジャーはこの銀行のデリバティブを保有していたり、ほかの大手銀行を空売りしていたりするなど、特別な理由があるのかもしれない。

極端なシナリオだが、スーパー投資家がある会社の社債を保有しながら、その価値を破壊するような行動をとるというケースを考えてみ

よう。例えば、ある投資家が1000万ドルでX社の社債を買ったとする。ところが、この会社は景気循環型企業で、最近ある契約が履行できなくなり、倒産を回避するために投資家に一時的な権利放棄を要請してきた。このような状況では、多くの社債保有者は利率を上げたり、もっと深刻な状況ならば普通株式の権利が付いたワラント債などの条件を付けたりしたうえで要請に応じることが多い。

　社債保有者は、こっそりとCDS（クレジット・デフォルト・スワップ）でも買っていないかぎり、会社を破産させる動機がない（CDSは破産申請など特定の出来事に対して支払いを受けられる実質的な低額の保険）。ただ、投資家は契約が履行されないことを知ったあとでX社のCDSを買うこともあり得る。CDSの価格は、事実が明らかになったあとは値上がりしたかもしれないが、もし倒産が申請されるとCDSのほうで10倍の利益が得られるので、投資家は躊躇せずに買うだろう。

　この架空の状況の巧妙なところは、CDSの買い手が権利放棄を拒否してX社を倒産に追い込むことができることにある。投資家は、社債に投資した1000万ドルを失ったとしても、破産申告がなされればCDSで1億ドルの利益を得る可能性があるのだ。悪くない賭けで、法的な問題もない。ちなみに、社債保有者が権利放棄に関してどのような行動を取るかというインサイダー情報を握っているという事実はここでは考えない（SEC［証券取引委員会］も関知しない）。また、この行動がほかの社債保有者や株主にも損害を与えることも考えない（自分のことだけ考える）。この会社が破産申請という形で傷つき、社員が解雇されるという事実も考えない。投資家は1000万ドルの社債投資によって得た立場で、CDSで1億ドルを稼ぐ機会を手に入れたのである。

　実は、このようなことは、2009年4月のアビティビボウオーターや同年6月のゼネラル・モーターズの破産申請で起こっていた可能性がある。これらの会社はいずれにしても破産していたのかもしれない

(特にGMは)。しかし、大事なのはそのことではなく、これらの会社の社債を保有していた人のなかに、社債の利益よりもはるかに儲かる裏取引をして破産を願っていた人がいたかもしれないことなのである。彼らは、ほかの社債保有者が何とか妥協策を探そうとしていたときに、破産を推進していたのかもしれない。もしアビティビボウオーターやGMの社債保有者やCDS所有者のまねをして買ったのに、あとから彼らが社債の利益を求めていたのではなかったと分かったらどう感じるだろうか。

先の例は、一部の投資家に従うと大変なことになるという極端な例だが、機関投資家が開示している銘柄のなかには、ここまでひどくなくても似たような例はたくさんある。マクロ的なテーマや政治の動きに合わせて投資している株式投資家のなかでよくあるシナリオのひとつを紹介しよう。このシナリオでは、投資家がまず高尚なテーマの株をバスケットで買う。投資家は、このバスケット全体の動きについては確信があるが、個別の銘柄についてはさほどではないのかもしれない。しかし、これを見たほかの投資家は、個別の株式に価値があるからだと誤解しかねない。投資アイデアの見つけ方として、ジョージ・ソロスのようなマクロ系の投資家のまねをしても、ウォーレン・バフェットのようなボトムアップ系の投資家のまねをするほど儲からない理由のひとつはここにある。

もうひとつ投資マネジャーのポートフォリオでよくあるノイズが、隠れインデックス、つまりポートフォリオをベンチマークと非常に近い構成にしている場合である。彼らは、ベンチマークの構成を若干変えることで指標を少し上回ると同時に、大幅に下回るのを避けている。隠れインデックスというのはうまい名前で、彼らが意図的にベンチマークをまねしていることや、顧客はもっと安いインデックスファンドを買ったほうがましだということを認めることはまずない。

『シンプル・バット・ノット・イージー』(Simple But Not Easy)

のなかで、リチャード・オールドフィールドは、個別株への配分が５％に限定されているイギリスの年金ファンドについて書いている。2000年にボーダフォンがマンネスマンを買収すると、ボーダフォンはベンチマークのFTSE100種総合株価指数で14％を占めるようになった。このとき、この年金ファンドの投資マネジャーはボーダフォンについて慎重な見方をしていたが、それでも投資委員会に５％の制限の撤廃を申請してボーダフォンを積み増し、ベンチマークよりも若干低い12％を配分した。ところが、それを見た外部の投資家は、これほど買うのならばボーダフォンの将来性に自信があるに違いないという誤った結論に達したという話である。

スーパー投資家が所有している会社のスクリーニング

スーパー投資家の銘柄をスクリーニングするのは、特定の定量的な基準で割安の銘柄を探すほど単純ではない。伝統的なデータベースには、特定の投資家や投資家グループでスクリーニングを行う機能が備わっていないからだ。厳選した投資家の売買行動を効率的に観察するためには、少し創造的になる必要がある。

どのスーパー投資家の行動を観察し、だれを外すか

スーパー投資家の観察システムを設定するためには、まずだれを観察したいのかを決めなければならない。これには、スーパー投資家のポートフォリオの集中度や、ポートフォリオの平均回転率、空売りをどの程度するか、自分と近い手法を使っているかなど、さまざまな要素がかかわってくる。

ちなみに、ポートフォリオの集中度が高いと、１つの銘柄の重要性

はより高くなる。ポートフォリオの集中度が高い投資家は、保有している銘柄に強い自信があり、幅広く分散したポートフォリオで運用するマネジャーは、銘柄を定量的な条件で選んだりマクロトレンド（新興市場の成長率、高齢化、インフレの加速など）に沿って選んだりしていることが多い。さらに、ポートフォリオの集中度が極めて高いスーパー投資家は、経営陣がひどい資本配分の判断を下していたり、取締役会が信認義務を怠っていたりすれば、それを見逃さない可能性が高い。そして、もしインサイダーの行動によって投資先の株価が下落すれば、大株主の投資家のほうがそうでない株主よりも積極的に株主の利益を守るための行動を取る可能性が高い。

　回転率が重要なのは、私たち外部の観察者がほかの投資家の売買を遅れて知ることになるからである。回転率が高いスーパー投資家のポートフォリオをまねして買っても、そのころにはスーパー投資家は売ろうとしているのかもしれない。例えば、最も成功しているクオンツファンドのルネサンス・テクノロジーズのSEC報告書を見てまねをしても、ルネサンスは証券価格の短期的な不均衡を利用して利益を上げることが多いことを考えれば、無駄なことと言わざるを得ない。ルネサンスの四半期決算時のポートフォリオも、リアルタイムとはいえ、あまり役には立たない。つまり、45日遅れの報告書も、13F-HR（四半期報告書）も、外部の投資家にとってはほとんど使い道がない。

　回転率については、スーパー投資家が低パフォーマンスの株を保有し続ける傾向があるかどうかも考慮する必要がある。ポール・チューダー・ジョーンズやブルース・コフナーのような投資家は、最小限の損失で負けポジションを損切りするが、ブルース・バーコウィッツやプレム・ワサなどは下落すればさらに積み増していくかもしれない。また、先の2人はたくさんのトレードを仕掛けるが、すぐに利益が上がらないものは損切りしていく。反対に、あとの2人はさらに下げればさらに買い足す銘柄にしか投資しない。どちらの戦略も、正しく実

203

行すればうまくいくが、外部の投資家がまねをするならば、下げてもさらにポジションを積み増すタイプの投資家のほうがやりやすいだろう。

　まねをしようとしているスーパー投資家が空売りをする人かどうかも考える必要がある。部外者には、その買いに隠れた事情があるかどうかは分からないからだ。もし空売りをしないスーパー投資家ならば、買いはその人が評価していることを表している。しかし、ある程度の空売りもする人ならば、買いが必ずしもその銘柄を無条件に支持していることにはならない。例えば、スーパー投資家は、空売りしたS社のパフォーマンスを上回りそうだというだけの理由でL社を買っているのかもしれない。しかし、投資会社はSECに空売りポジションを報告する義務がないため、成功している投資家のペアトレードをまねするのは実質的に不可能と言える。つまり、空売りする投資家が開示したポートフォリオの内容を見ても、買いのポジションが自信を持って買った銘柄なのか、それとも単なるペアトレードの一方なのかは分からない。同様に、何らかのリスクアービトラージ戦略を用いている投資家が買った銘柄は、長期的に保有するためではないのかもしれない。

　しかし、最も大事なことは、まねしようとしているスーパー投資家の投資手法が自分と一致しているかどうかなのかもしれない。例えば、デイトレーダーがウォーレン・バフェットのまねをしたり、バリュー系の投資家がジム・クレーマーのまねをしたりする意味はない。結局、スーパー投資家からもらったアイデアであっても、自分で定量的なスクリーニングをしたり、新聞を読んだりして得たアイデアと同じように扱うしかない。いずれにしても、私たちは自分が理解し受け入れられる手法のスーパー投資家の投資理由が、最も理解しやすかったり同意しやすかったりする可能性が高いのである。

バフェット村のスーパー投資家

　1984年、ベンジャミン・グレアムとデビッド・L・ドッドの『証券分析』（パンローリング）の出版50周年を祝い、ベンジャミン・グレアムの教え子のウォーレン・バフェットは母校のコロンビア大学のビジネススクールでスピーチを行った。また、同スクールが発行するヘルメス誌には「グレアム・ドッド村のスーパー投資家たち」という記事を投稿し、ここには、グレアムの教え子が運営する7つの投資グループ（ウォルター・J・シュロス、トゥイーディー・ブラウン、バフェット・パートナーシップ、セコイア・ファンド、チャーリー・マンガーズ・パートナーシップ、リック・ゲランス・パシフィック・パートナーズ、パールミーター・インベストメント）の長期パフォーマンスが紹介されていた。ちなみに、バフェットはこれらの投資家が幅広いマーケットを上回る実績を上げたあとで彼らを選んだのではなく、少なくともその15年前にそれを見極めていた。これらの投資家のその後の長期的な高パフォーマンスは効率的市場仮説に反するもので、彼らに共通していたのは同じ知的源泉、つまりベンジャミン・グレアムの教えだった。

　しかし、今日ではバフェット村のスーパー投資家、つまりバフェットの教えを知的源泉とするファンドマネジャーについて語るべきだろう。彼らは、バフェットの年次報告書やビジネススクールでの講義や、オマハで行われるバークシャー・ハサウェイの株主総会で語られている教えに基づいて、活躍している。バフェットの弟子の多くは、投資先をグレアムが勧める掘り出し物だが二流かもしれない会社から、バフェットが勧める適正価格の優れた会社へとシフトした。後者の多くは資本利益率が高く、資本を高リターン率で再投資することができ、強い競争力を示す大きくて持続する「堀」を持っている。

　メディアはときどき次のウォーレン・バフェットを探す試みを行っているが、バークシャー・ハサウェイでさえバフェット後の時代に備

えて決裁権限を持つ投資マネジャーが少なくとも2人はいる。そこで、次のバフェットを探すなどという無駄なことをする代わりに、12人程度のバフェット村のスーパー投資家のポートフォリオを観察していけば、バフェットの条件である質が高くて魅力的な価格の会社をかなり把握することができる。このような会社のリストを作るときに参考にしたい投資家の候補を挙げておく。このなかには、有名な人もいれば、あまり目立たないようにしている人もいる。

●**ビル・アックマン、パーシング・スクエア・キャピタル・マネジメント** アックマンはバリュー系の物言う株主である。彼のポートフォリオは集中型で、トップ10銘柄が買いのポートフォリオの大部分を占めている。彼は信用危機が深刻な経済危機に発展する前に、独自の調査によって当時、金融保証会社のMBIAとAMBACはマーケットの評価よりも困窮しており、格付けは高すぎると主張して空売りした。買いのほうでは、マクドナルドやターゲットなどの大企業に対して、価値の再評価を迫る提案を行った。

●**フランソワ・バデロン、アミラ・ジェスチョン** フランスのスーパー投資家で、パリにあるアミラ・ジェスチョンが運営するセクストンPEAファンドでマネジャーを務めるフランソワ・バデロンは、バリュー投資の原則をアメリカのファンドマネジャーがあまり注目していなかった分野で用いて成功した。バデロンが重視するのは優れた経営で、それが「中規模の会社にとって不可欠な純資産」だと考えている。彼は、自分の会社を設立したいきさつについて次のように語っている。「有名なアグレサー・ファンドのマネジャー、ディディエ・ルミネストレルの支援を受け、2002年1月にセクストンPEAを立ち上げました……」

●**ブライアン・バレス、バレス・キャピタル・マネジメント** バレスは2000年に自分のファンドを立ち上げ、最初は上場会社のなかでも

超小型株に注目していたが、2001年に小型株投資の方針を打ち出し、現在では２種類のバリュー戦略で資産を運用している。バレス・キャピタル・マネジメントは、投資パフォーマンスを維持するために運用資産を限定することで、機関投資家のなかで差別化している。著書に『ザ・スモール・キャップ・アドバンテージ』（The Small-Cap Advantage）がある。

●**ブルース・バーコウイッツ、フェアホルム・キャピタル・マネジメント**　バーコウイッツは、2000～2010年にかけて最も成功したバリュー投資家だった。彼は逆張り派で、強力なフリーキャッシュフローを生み出す会社と、資産価値よりも大幅に割安になっている会社を好んでいる。フェアホルム・ファンドは、自信がある銘柄に集中的に投資している。

●**デビッド・アインホーン、グリーンライト・キャピタル**　アインホーンが創設したグリーンライトは、バリュー系でリサーチ重視の投資会社で、長期的にマーケットを上回る実績を上げている。1996年の運用開始以来、グリーンライトは手数料や経費を除いて年率20％近いリターン（複利）を記録している。著書に『**黒の株券──ペテン師に占領されるウォール街**』（パンローリング）がある。

●**トム・ゲイナー、マーケル・コーポレーション**　ゲイナーは、1990年からマーケル・ゲイナー・アセット・マネジメントの社長を務め、2004年からはマーケル（バージニア州リッチモンドにある国際的な損害保険会社の持株会社）のEVP（上級副社長）とCIO（最高投資責任者）を兼務している。ゲイナーは、これまでマーケルの株主のために資本を規律を持って管理し、長年にわたって業界トップクラスの実績を上げている。

●**ジョエル・グリーンブラット、ゴッサム・アセット・マネジメント**　グリーンブラットは、1985年から10年間運用した外部資本のリターンが年率50％（複利）に達したことで知られている。それ以来、彼

は投資での成功を重ねており、このなかには、彼の魔法の公式に基づいた戦略で投資を行っているフォーミュラ・インベスティングの運用も含まれている。この公式は、『株デビューする前に知っておくべき「魔法の公式」』（パンローリング）のなかで詳しく紹介されている。

●**メイソン・ホウキンズ、サウスイースタン・アセット・マネジメント**　ホウキンズは、彼が1975年に設立したサウスイースタンの会長兼CEOを務めている。この会社は、ロングリーフ・パートナースのバリュー系の投資信託の投資顧問を行っている。

●**エディー・ランパート、ESLインベストメント**　バリュー投資家のランパートは、最初はゴールドマン・サックスのロバート・ルービン率いるアービトラージデスクでこの仕事を始めた。彼は1988年にゴールドマンを辞め、テキサス州の投資家のリチャード・レインウォーターの支援を受けてESLを設立した。ランパートは、ESLの資本を年率20％以上（複利）で増やしていった。彼の最大の投資は、2000年に破産しかけたKマートの支配権を握った件で、これは大きく報道された。2004年にはKマートとシアーズを合併させ、新会社のシアーズ・ホールディングスの会長兼資本配分責任者に就いた。今でも、ESLでは集中度の高いポートフォリオを運用している。

●**ジョン・ルイス、オスミウム・パートナース**　ルイスは2002年にオスミウムを設立し、小型株と超小型株への投資でマーケットを上回る実績を上げている。彼はあまり注目も評価もされていない業界の質の高い会社に注目している。また、株主の価値を高めるために、積極的に経営陣とかかわっている。

●**モニッシュ・パブライ、パブライ・インベストメント・ファンド**　パブライは、バリュー系の投資パートナーシップを運営しており、バフェット・パートナーシップに似た手数料体系を採用している——運用手数料は取らず、基準リターンの年間6％を超えた分か

ら25％のパフォーマンス手数料を取っている。パブライ・ファンドは、長期的にS&P500を超えるリターンを上げている。パブライは、グレアムやバフェットやグリーンブラットの原則を採り入れた手法で運用している。著書に『**ダンドー――低リスク・高リターンのインド式テクニック**』（パンローリング）がある。

● **フランシスコ・ガルシア・パラメスとアルバーロ・グズマン・デ・ラザーロ・マテオス、ベスティンバー**　スペインを本拠に、長期的にヨーロッパで最も成功している２人のバリュー投資家。パラメスによれば、「割安で優れた会社には同業他社よりも競争力があり、強力な経営陣と十分な情報開示は私たちにチャンスを与えてくれます」。

● **チャック・ロイス、ロイス・ファンド**　ロイスは小型株のバリュー投資の先駆者で、ロイス・ファンドはリサーチ重視のバリュー投資によって長期間高パフォーマンスを上げている。

● **ガイ・スピア、アクアマリン・キャピタル**　スピアのファンドは、1997年の運用開始以来、マーケット指標を上回るパフォーマンスを上げている。アクアマリン・ファンドは、1950年代のバフェット・パートナーシップにヒントを得て、同様の手数料体系を採用している。スピアは、経済力と大きな安全域がある割安の会社を探している。

スーパー投資家の行動に関するニュースとSECへの提出書類を詳しく調べる

私たちがまねをしたいスーパー投資家の一部を挙げておく。ここでは、ひとりの投資家について１つの分野にしか名前を挙げていないが、実際にはほとんどの人が複数の分野で活躍している。会社名のあとのCIK番号を使えば、SECのサイト（http://sec.gov）で開示情報を探すことができる。

大型株のバリュー系で参考にしたいスーパー投資家トップ10

1. ビル・アックマン（パーシング・スクエア・キャピタル・マネジメント。CIK 0001336528）
2. ウォーレン・バフェット（バークシャー・ハサウェイ。CIK 0001067983）
3. トム・ゲイナー（マーケル・コーポレーション。CIK 0001096343）
4. トニー・ゲレリオとデビッド・ロルフ（ウエッジウッド・パートナース。CIK 0000859804）
5. メイソン・ホウキンズ（サウスイースタン・アセット・マネジメント。CIK 0000807985）
6. サンディー・ネアン（エジンバラ・パートナース。CIK 0001313926）
7. ジョン・ポールソン（ポールソン＆カンパニー。CIK 0001035674）
8. プレム・ワサ（フェアファックス・ファイナンシャル・ホールディングス。CIK 0000915191）
9. ウォリー・ワイツ（ワラス・R・ワイツ＆カンパニー。CIK 0000883965）
10. デビッド・ウィンタース（ウィンターグリーン・アドバイザーズ。CIK 0001360079）

中型株のバリュー投資で参考にしたいスーパー投資家トップ10

1. リチャード・ブリーデン（ブリーデン・キャピタル・マネジメント。CIK 0001376259）
2. チャールス・ドゥ・ボウ（インターナショナル・バリュー・アドバイザーズ。CIK 0001456417）

3. デビッド・アインホーン（グリーンライト・キャピタル。CIK 0001079114）
4. エディー・ランパート（ESLインベストメント。CIK 0000860585）
5. ダン・ローブ（サード・ポイント。CIK 0001040273）
6. ミック・マクガイア（マーカト・キャピタル。CIK 0001541996）
7. モニッシュ・パブライ（パブライ・インベストメント・ファンド。CIK 0001173334）
8. ラリー・ロビンス（グレンビュー・キャピタル・マネジメント。CIK 0001138995）
9. ジェフリー・アベン（バリューアクト・ホールディングス。CIK 0001418814）
10. エド・ワシェンハイム（グリーンヘブン・アソシエーツ。CIK 0000846222）

小型株のバリュー投資で参考にしたいスーパー投資家トップ10

1. ブライアン・バレス（バレス・キャピタル・マネジメント。CIK 0001340807）
2. イアン・カミングとジョー・スタインバーグ（ルーカディア・ナショナル。CIK 0000096223）
3. グレン・ファーマンとジョン・フェラン（MSDキャピタル。CIK 0001105497）
4. ジェフリー・ゲーツ（ゲーツ・キャピタル・マネジメント。CIK 0001312908）
5. レハン・ジャファーとウスマン・ナビ（Hパートナース。CIK 0001364412）
6. ポール・オラーリー（ラッフルス・アソシエーツ。CIK 0001169581）

7．リサ・ラブアーノ（レーン・ファイブ・キャピタル・マネジメント。CIK 0001410352）
8．クリフトン・ロビンス（ブルー・ハーバー・グループ。CIK 0001325256）
9．ロバート・ロボッティ（ロボッティ＆カンパニー。CIK 0001105838）
10．メリル・ウイットマー（イーグル・バリュー・パートナース。CIK 0001469209）

グレアム流ディープバリュー投資で参考にしたいスーパー投資家トップ10

1．ジーク・アシュトン（センター・キャピタル。CIK 0001453039）
2．ブルース・バーコウイッツ（フェアホルム・キャピタル・マネジメント。CIK 0001056831）
3．フランシス・チャウ（チャウ・アソシエーツ・マネジメント。CIK 0001389403）
4．マーク・ガログリーとジェフリー・アロンソン（センターブリッジ・パートナース。CIK 0001484836）
5．カール・アイカーン（アイカーン・キャピタル。CIK 0001412093）
6．ロバート・ジャフ（フォース・キャピタル・マネジメント。CIK 0001317601）
7．セス・クラーマン（ボーポスト・グループ。CIK 0001061768）
8．リッチ・ピジーナ（ピジーナ・インベストメント・マネジメント。CIK 0001027796）
9．ウィルバー・ロス（WL・ロス。CIK 0001128452）
10．デビッド・テッパー（アパルーサ・マネジメント。CIK

0001006438）

バフェット、グリーンブラット式高品質バリュー投資で参考にしたいスーパー投資家トップ10

1. チャック・アクリ（アクリ・キャピタル・マネジメント。CIK 0001112520）
2. ジョナサン・アワバック（ハウンド・パートナース。CIK 0001353316）
3. ジェームス・クライトン（スカウト・キャピタル・マネジメント。CIK 0001134406）
4. ボイキン・カリー（イーグル・キャピタル・マネジメント。CIK 0000945631）
5. ハッサン・エルマスリー（インデペンデント・フランチャイズ・パートナース。CIK 0001483866）
6. アラン・フォーニア（ペナント・キャピタル・マネジメント。CIK 0001168664）
7. グレン・グリーンバーグ（ブレーブ・ウォーリアー・キャピタル。CIK 0000789920）
8. ジョン・グリフィン（ブルー・リッジ・キャピタル。CIK 0001056258）
9. アラン・ミーチャム（アーリントン・バリュー・マネジメント。CIK 0001568820）
10. アレキサンダー・ローパース（アトランティック・インベストメント・マネジメント。CIK 0001063296）

集中型ポートフォリオで参考にしたいスーパー投資家トップ10

1. イアン・カミングとジョー・スタインバーグ（ルーカディア・ナショナル。CIK 0000096223）
2. エド・ギルハリーとスコット・スチュアート（セージビュー・キャピタル。CIK 0001389563）
3. グレン・グリーンバーグ（ブレーブ・ウォーリアー・キャピタル。CIK 0000789920）
4. クリス・ホーン（ザ・チュードレンズ・インベストメント・ファンド。CIK 0001362598）
5. ロバート・カー（ジョーホー・キャピタル。CIK 0001106500）
6. ポール・オーファリーとランス・ヘルファート（ウエスト・コースト・アセット・マネジメント。CIK 0001276537）
7. マーク・ラチェスキー（MHRファンド・マネジメント。CIK 0001277742）
8. ウィルバー・ロス（WLロス。CIK 0001128452）
9. トビー・シモンズ（アルタイ・キャピタル・マネジメント。CIK 0001478982）
10. スティーブ・テナンバウム（ゴールデンツリー、アセット・マネジメント。CIK 0001278951）

参考にする価値がある業界別スペシャリスト

- **エネルギー** ブーン・ピケンズ（BPキャピタル。CIK 0001218269）
- **金融** トム・ブラウン（セカンド・カーブ・キャピタル。CIK 0001136704）
- **医薬品** ウィル・エドワーズ（パロ・アルト・インベスタース。CIK 0001306923）

●テクノロジー　チャールズ・コールマン（タイガー・グローバル。CIK 0001167843）

参考にするのが難しいスーパー投資家

次の投資家はSECに13F-HRを提出していないが、彼らの行動を観察するためのヒントを載せておく。

●ガイ・スピア、アクアマリン・キャピタル　アクアマリンのウェブサイト（http://aquiamarinefund.com）に登録してインベスター・レターを申し込む。
●ダニエル・グラディス、ブルタバ・ファンド　ブルタバのウェブサイト（http://vltavafund.com）に掲載されている四半期報告書を読む。
●ジョン・ルイス、オスミウム・パートナース　SECのウェブサイト（http://sec.gov）から、CIK 0001316729で検索。
●ロイド・ミラー・3世　ミラーは最も洞察力がある個人投資家のひとりで、資金力のある超小型株に多く投資している。SECのウェブサイト（http://sec.gov）から、CIK 0000949119で検索。
●スティーブン・クリアマンとツシャー・シャー、キンダーフック・パートナース　キンダーフックは、複利マシンとも言える小型株と超小型株の集中型のポートフォリオを運用している。SECのウェブサイト（http://sec.gov）から、CIK 0001220338で検索。

確信できるアイデアを追及する

スーパー投資家の行動を参考にするとしても、数人以上を観察するとなれば、処理するデータだけでもかなりの量になるかもしれない。もちろん、私たちが知りたいのはスーパー投資家たちがその時点

でどのアイデアに最も自信を持っているのかということだ。多くの場合、ポジションサイズは自信の程度を示す良いヒントになる。しかし、もしある投資家の最大のポジションがポートフォリオに占める割合は増えても、保有する株数は減っていたらどう考えればよいのだろうか。このトップ銘柄がその時点でその投資家の最高のアイデアと言えるのだろうか。残念ながら、ポジションの市場価格は株価の上昇によって上がっただけかもしれず、それはむしろその株を売り始めるきっかけなのかもしれない。つまり、これが自分のポートフォリオに加えることを検討したい銘柄かどうかは分からない。

　また、どのスーパー投資家の保有銘柄が最もシグナルバリューがあるのか（注目すべき投資先と、SEC提出書類に紛れ込んでいるノイズの違い）を判断するときにも、考慮すべき点がたくさんある。例えば、もしある投資家の保有高で上から15番目のポジションが、投資先の会社の19.9％に当たり、その会社のポイズンピルの発動条件が20％だったらどうだろうか。このポジションは、この投資家が最も自信を持っている投資なのかもしれない。つまり、ある投資家の15番目のポジションが投資候補のトップになるような評価をしてくれる手法を考案するのは難しいが、もしできれば見返りも大きい。私たちにはスーパー投資家の頭のなかをのぞくことはできないため、その時点でどれがその人の最高のポジションなのかは分からない。しかし、スーパー投資家のポートフォリオのなかで最も有望な銘柄を見極めるためのランキングシステムを作ることはできる。

　スーパー投資家の自信の程度を推測するためのヒントとなる要素を次に挙げておく。

- **スーパー投資家のポートフォリオのなかのポジションサイズ**
- **保有株数の変化**　新たな買い、増し玉、部分的な売りなど。新しいポジションについては、試しに買っただけなのか、それとも初めか

ら大株主になっているのかを見る。

- **保有高が投資先の発行済株数のどれくらいの割合を占めているか**
　５％未満、５％を超えている、10％を超えているなど。これによってSECへの報告義務が変わるため、この数字は重要。ファンドマネジャーは、自由にポジションを調整するために、SECへの報告義務がない範囲にポジションを抑えていることが多い。そのうえ、一部の会社はポイズンピルを導入して投資家が一定以上の株を買収できないようにしている。投資家が一定以上の所有を躊躇する理由はほかにもある。例えば、多額の純営業損失を繰り越している会社では、５％以上所有している株主が頻繁に入れ替わると損失控除が制限されることがある。そうなると、もしスーパー投資家がこの会社を５％以上買いたいと思っても、純資産を維持するためには５％未満に抑えようと考えるかもしれない。

- **SEC書類提出後の株価の動き**　私たちバリュー投資家としては、スーパー投資家のアイデアのなかでさらに下落した株を探せば、彼らがほんの何カ月か前に支払ったよりもさらに安く買うことができる。ただ、これには十分注意すべき点がある。もしスーパー投資家が買ったあとで大きなマイナス材料が公表されたときは、株価が下落していても懐疑的な目で精査すべきだろう。

- **書類提出からの時間の経過**　SEC提出書類の情報の価値は、急速に衰えていく。投資家が四半期ごとに提出する13F-HRは、最高で45日前の時点のポートフォリオを示している。その日数と提出日から閲覧日までの日数を足すと、閲覧時には２～３カ月前のデータになっている可能性もある。その意味では、トレードから１～２日という提出義務があるフォーム４のほうが参考になるのかもしれない。ただ、フォーム４は、投資家の保有株式が10％を超えているか取締役の場合しか提出義務がない。

- **投資家の保有銘柄に関連するコメント**　スーパー投資家が株主と交

流したり、メディアに露出したりするときに、特定の保有資産について考えを語ることがある。このようなコメントは、シグナルバリューをランクするときに役立つ質的データになる。

スクリーニングのあとに ── スーパー投資家はその会社のどこに魅力を感じたのか

優れた投資家について調べるとき、直近の目的となるのは彼らがどの銘柄をなぜ買っているのかを知ることだろう。しかし、長期的には、個別のアイデアではなく、彼らの思考過程を理解したい。3Gキャピタル・マネジメントのマネジングパートナーを務めるパベル・ビーガンは、自らの経験について次のように語っている。「私はまず世界で最も成功している投資家について調べ、彼らが投資したすべてのアイデアについて、その理由を分析しました。何か共通点を見つけたいと思ったのです……そして、見つけたのが3つのG、つまりグッドビジネス（良い会社）、グッドマネジメント（良い経営）、グッドプライス（良い価格）でした」。

一歩先を行く ── スーパー投資家の動きを予想する

投資マネジャーと長く付き合っていると、彼らが自慢にしていることも分かってくる。例えば、自分が買ったあとでバークシャー・ハサウェイが買ったなどというエピソードである。そして、それを聞いた人は、偉大な人は似たような考え方をするのだと思うに違いない。しかし、バフェットの先を行ったことがあったとしても、それはほとんど偶然であることが多い。スーパー投資家の動きを予想できると思っている人は、偶然に惑わされているのかもしれない。

スーパー投資家が買った株をそれよりも前に買えば、彼らのあとに

買うよりも儲かるのだろうが、彼らの動きを合法的に予想する方法はあるのだろうか。スーパー投資家が買いそうな銘柄を毎回探し当てることは可能なのだろうか。

結局、スーパー投資家がそう呼ばれるのは、彼らの平均パフォーマンスがマーケット指標を上回っているからなのである。彼らの動きを予想できるということは、マーケットを上回る投資先を選ぶことができるということを意味している。そして、それこそ（予想することではなく）が投資家の本来の目標であるはずだ。もしマーケットを上回る手法を見つけることができれば、投資家として最大の目的は達成したことになる。そうなれば、偶然バフェットよりも先に同じ投資先を見つけたことは、パーティーで自慢できるボーナスにすぎない。

多くのスーパー投資家は、質が高くて魅力的な価格の会社を探すことができるから成功していると言ってよいと思う。そして、質が高い会社には、運転資本利益率の高さ、資本を高リターン率で再投資できる、持続する競争力があることで高いリターン率を維持できる、柔軟な戦略がとれるバランスシート、経営陣の能力が高く株主を重視しているなど、いくつかのカギとなる特性がある。例えば、魅力的な価格は、収益やフリーキャッシュフローに対する利回りが高いことで簡単に見分けられる。ただ、マーケットが下げているときは、質の高い会社も有形固定資産を下回っていることがまれにある。

このようなスーパー投資家銘柄の典型的な条件を受け入れることができれば、あとはそれに見合う会社を探すことができればよい。バフェットが天才なのは、投資条件の組み合わせが優れていることよりも、それに見合う会社を実際に見つけられることのほうが大きな理由かもしれない。例えば、彼に大きな利益をもたらしている投資先のひとつであるコカ・コーラについて、バフェットは１人当たりの消費量が世界的に増えていることと、競争力が持続しているという２つの予想に基づいて、この会社が長期間、資本を高リターンで再投資できると判

断した。

　このケースのように、正しい判断を下すことは非常に難しい。投資家はマイクロソフト、モルガン・スタンレー、ニューヨーク・タイムズ、ノキア、ソニーなどの会社について、資本利益率がさらに上がりそうだし、競争力も続きそうだから保有しようと一度は考えたことがあると思う。ただ、マイクロソフトが今後、OSの競争力を維持することができても、かつてのように資本の相当部分を高リターン率で再投資できるとは思えない。それではアップルのような会社ならば、バフェットがコカ・コーラに求めるような２つの条件を満たしているのだろうか。そうかもしれないが、高リターンで資本を再投資できるかどうかは会社の規模と反比例している。アップルのようにキャッシュフローマシンのような会社が、もし多額の資本を組織的に再投資できるのならば、経営陣は手元に多額の現金を残そうとは思わないはずだ。つまり、積み上がった正味資金が季節的な資金需要を大幅に上回っているということは、再投資の機会がないことを示している。

選んだスーパー投資家を知る ── それぞれのスタイルを理解する

　話をするときに、その内容よりも話し方のほうが重要になることもある。話の流れや言葉以外で伝わる雰囲気が、皮肉なのか本心なのかを理解するためのカギとなることもあるのだ。電子メールの欠点のひとつは、文脈が伝わりにくいことだとよく言われる。そのため、電子メールでは書き手の意図に反して、失礼に見えたり扇情的に見えたりすることもある。

　文脈は、スーパー投資家の売買を査定するときも、非常に重要だ。例えば、３人の投資家がそれぞれのポートフォリオの５％をバンク・オブ・アメリカに投資していたとしても、それが同じ意味を持ってい

るとは限らない。もしかしたら、最初の投資家は金融セクターに特化したセカンド・カーブのトム・ブラウンかもしれない。見方によっては、ブラウンの投資はセクターのスペシャリストという意味で重要かもしれない。しかし、彼はほかのセクターにもっと良いチャンスがあっても、金融セクターの銘柄に投資している。2人目の投資家は、さまざまなセクターでディープバリュー投資を行うGDSインベストメントのグレン・サロウィックかもしれない。サロウィックの投資は、金融セクター以外も含めてバンク・オブ・アメリカが良い銘柄だという意味で重要かもしれない。そして、3人目の投資家はバウポストのセス・クラーマンかもしれない。もしクラーマンが株式ポートフォリオの5％をバンク・オブ・アメリカに投資していても、彼の運用資産のほとんどが株式以外の証券に投資されていることを考えれば、あまり重要ではないのかもしれない。結局、バウポストがフォーム13F-HRで開示した5％の配分は、ファンド全体のポートフォリオで見ればほんのわずかな投資なのかもしれないのだ。

　また、スーパー投資家のポートフォリオの動きを精査するときは、彼らの相対的な強みと弱みを理解しておくとよい。マーケットに高揚感があふれているときや落ち込んでいるとき、投資マネジャーはがらにもなく利益を追求したり資本を維持しようとしたりすることがある。小型株の投資家が小型株の指標の急落を受けて大型株を買ってみたり、注目されていない会社を見いだすという従来の強みを生かさない投資をしてしまったりすることがあるのだ。バリュー投資家が顧客のプレッシャーやマーケットの人気に押されて割高の成長株を買い、その会社が持続的に成長できるのか、それとも一時的な人気で終わるのかという慣れない判断を強いられることもある。2008年末から2009年初めにマーケットが落ち込んだとき、株式投資家のなかには手持ちの株を売って利回りが15～20％の債券を買った人たちがいた。もちろん、このようなリターンはどの時期においても魅力的だが、2009年初めの株

の利回りはそれよりもはるかに高かった。結局、このとき資本構成を変えて安全なリターンを求めた株式投資家は、最悪のタイミングでそれをしたことになる。

　ガイ・スピアも、文脈の重要性を強調している。「ほかの人のポートフォリオを見るときは、その人が持っているバイアスを理解したり、彼らの分析に見落としがないかどうかを調べたりします。例えば、小型株を好むとか、ニッチな発想を持つニッチな会社が好きな投資家もいます。私自身について言えば、投下資本が少なくて、ROE（自己資本利益率）が高い会社を好む傾向があります」。投資家ごとに傾向や得意分野を知っておくことで、彼らの投資判断を正しい文脈のなかで評価することができる。

　また、投資家への手紙は、ファンドマネジャーの投資手法や独自性を知るための素晴らしい情報源になる。バフェットの株主への手紙は有名で、何千人もの投資家が心待ちにしているが、ほかにも思慮深く、アイデアがつまった手紙を書いている投資マネジャーはたくさんいる。これらの手紙を読むと、その投資家のポートフォリオの動きが理解しやすくなるだけでなく、優れた投資家の失敗や成功から学ぶことができるなどのおまけもある。オンラインで株主への手紙を公開している投資家のなかには、ビル・アックマン、ブルース・バーコウイッツ、デビッド・アインホーン、ダン・ローブ、ガイ・スピアなどが含まれている。また、無料の優れた情報源として、プライベート・パートナーシップのマネジャーの手紙を掲載しているヘッジファンド・レターズ（http://hedgefundletters.com）も勧めておきたい。

スーパー投資家たちの逆を行く価値はあるのか

　通常、優れた投資家はみんなの逆を行くことを恐れず、人気のない会社や、嫌われている会社でさえ投資することがある。しかし、それ

は意外にも一人旅ではない。私たちがインタビューを行った優れた投資家の多くが、仲間のファンドマネジャーなどとアイデアや意見を交換していたのである。そのため、有名投資家が同じ株に集まっていることも珍しくない。しかし、時には最高に賢い投資家でさえ集団思考のワナに陥り、個人的な分析結果と違っていても仲間のコンセンサスに同意してしまうこともある。

　スーパー投資家のなかには、最初に個別の会社について特に念入りなリサーチを行うことで知られている人もいれば、いわゆるマクロ投資と呼ばれる人たちもいる。ブルース・バーコウィッツやデビッド・アインホーンは、リサーチ系の投資家としてよく知られている。そのため、彼らがポジションを建てると、仲間の投資家がバーコウィッツやアインホーンのリサーチを信じて同じ会社に投資することがある。つまり、ある会社に5人ものスーパー投資家がかなり自信を持って投資しているように見えても、実際には1人が気に入った会社に4人が追従しているだけかもしれない。ちなみに、もしこの見込みが違っていれば、5人とも損失を被るか、逃げ出そうとするだろう。しかし、5人のスーパー投資家が一斉に逃げ出して株価に影響が出ない会社はあまりない。

本章のまとめ

次の10のポイントを覚えておいてほしい。

1. 最高の投資アドバイスのひとつに、「自分で調べ、他人のヒントは信用するな」がある。とは言っても、スーパー投資家の動きをまねすることは、正しく行えば賢いことだし利益にもなる。
2. 本書執筆のために100人以上の投資マネジャーにインタビューをしてきた過程で、最高の投資家には長期的に素晴らしい投資リタ

ーンを上げていること以外にも共通した特性がいくつかあることが分かった。明快な思考、明瞭な話し方、投資の過程で見せる情熱、成功していても驚くほど謙虚な姿勢などである。

3．スーパー投資家の多くは、自分が経営陣を雇っていると考えており、既存の純資産を手放したり、新しい価値を創造したりすることについて積極的に意見を表明している。

4．スーパー投資家のパフォーマンスがマーケットを超えることができると認めたとしても、彼らのまねをすればそのようなパフォーマンスが上げられるのかどうかは定かではない。

5．スーパー投資家のまねをすることの危険性のひとつに、彼らを英雄視してしまうことがある。しかし、スーパー投資家は、ヒーローでも完全無欠でもない。彼らのまねをした投資が完全な失敗に終わることもあり得る。

6．問題は、投資家がだれでも間違いを犯すということだけでなく、自分で調査をしてある程度確信を持っていないと、その投資を続けることができないことにある。

7．マクロ的なテーマや政治の動きに合わせて投資している株式投資家のなかでよく見られるシナリオがある。このシナリオでは、投資家がまず高尚なテーマの株をバスケットで買う。投資家は、このバスケット全体の動きについては確信があるが、個別の銘柄についてはさほどではなのかもしれない。しかし、これを見た投資家は、個別の株式に価値があるからだと誤解しかねない。

8．スーパー投資家の観察システムを設定するためには、まずだれを観察したいのかを決めなければならない。これには、ポートフォリオの集中度や、ポートフォリオの平均回転率、空売りをどの程度するか、自分と特定のスーパー投資家の手法が近いかどうかなど、さまざまな要素がかかわってくる。

9．回転率が重要なのは、私たち外部の観察者がほかの投資家の売買

を遅れて知ることになるからである。回転率が高いスーパー投資家のポートフォリオをまねして買っても、そのころにはスーパー投資家は売ろうとしているのかもしれない。

10. 文脈は、スーパー投資家の売買を査定するときも、非常に重要だ。例えば、3人の投資家がそれぞれのポートフォリオの5％をバンク・オブ・アメリカに投資していたとしても、それが同じ意味を持っていると考えてはならない。

第7章

小型株は大きなリターンにつながるか──あまり注目されていない小型株と超小型株で儲ける

Small Stocks, Big Returns? : The Opportunity in Underfollowed Small- and Micro-Caps

「どんな真実も、発見してしまえば容易に理解できる。大切なのは、発見することなのだ」──ガリレオ・ガリレイ

　小規模の上場会社については、本書のさまざまな項目で取り上げているが、それでも、小型株について1章を割くのにはいくつか理由がある。まず、小型株は不正操作や詐欺行為が多いと誤解してこれを避ける投資家がたくさんいることである。もちろん、さまざまな不正操作が行われたり、アメリカで上場している中国系の小型株が投資家に損害を与えたりしたこともあったが、小型株全体で見れば、長期的に魅力的なリターンを提供してくれている。次に、小型株のスクリーニングは大型株とは異なる方法で行う必要があるということだ。実際、小型株は情報開示が頻繁に行われない、流動性が高くない、事業内容が投機的などといった理由で実質的に投資ができない会社も多い。そこで、私たちは小型株の場合、個別に調べる前に投資可能かどうかのスクリーニングを行っている。そして3つ目は、小型株と大型株では分析の仕方も違うということで、本章では小型株に適した分析の仕方を紹介していく。

その方法はなぜうまくいくのか

　マイクロソフトという会社はほとんどの人が知っているし、情報を

持っている賢い人ならば、この会社にどれくらいの価値があるのかは想像がつく。しかし、これらのことはサイベックス・インターナショナルには当てはまらない。サイベックスはかつてはナスダックに上場されていたが、2011年3月の時価総額はわずか1300万ドルに下がっていた。この2社に対する投資家の注目度の格段の違いを考えれば、マイクロソフトの時価総額のほうがサイベックスのそれよりも会社自体のファンダメンタルズを正しく反映していると考えてよいだろう。つまり、このことが、小型株や超小型株への投資チャンスを表している。小型株の場合、その本質的な価値の分析が競合しないため、株価が非効率的になっている可能性が相対的に高く、知識がある投資家にとっては割安株を見つけやすいのである。

小型株投資はなぜ非効率的になっているのか

　いくつかのカギとなる出来事が、小型株投資家にとってはチャンスになった。まず、機関投資家が増えたことで、投資信託や年金基金やヘッジファンドのポートフォリオの規模が拡大した。このことによって、伝統的なファンドは投資対象の企業について時価総額の下限を設定せざるを得なくなった。小さすぎる会社は、流動性が低くなるからである。2つ目は、経験豊富なアナリストやポートフォリオマネジャーの報酬が高騰したため、最高の人材は多額なボーナスを支払うことができる大手ファンドにほとんど独占されてしまった。最後に、時価総額が1億ドル未満の株は、ほとんどのマーケット指標から除外されているため、ほとんどのプロの投資家にとって小型株のパフォーマンスは、指標がベンチマークにならない。そうなると、彼らにとって超小型株の相対的なパフォーマンスに注目する動機がほとんどないのである。

　投資マネジャーのフレッド・スピース・ジュニアによれば、「資産

の集中は、……価値を高めるチャンスをもたらす大きな変化です。マネーマネジメントの世界は、明らかに寡占化が進んでおり、そういうときは流動性が大きな障害になります。流動性のバリアは、中型株や小型株のセクターでも流動性に効率的に対処してそれを利用できる人にとってはチャンスにもなります」。このチャンスは、流動性とアクセスが限られている外国株ではさらに拡大する。このなかには、時価総額がかなり大きいADR（米国預託証券）も含まれている。ただ、フィラデルフィア・インターナショナル・アドバイザーズで投資マネジャーを務めるアンドリュー・ウイリアムズは、「外国株は、取引コストとマーケットインパクトコストで……リターンがほぼ半分になってしまいます」とも記している。

　私たちは、機関投資家のブライアン・バレスに、小型株の世界が構造的に非効率になる理由を聞いてみた。彼の答えは、「小型株で成功したプロの投資家は、資産を増やすと中型株や大型株に移っていき、成功しなかったプロはこの仕事を辞めていくからです。ウォール街の企業は投資銀行業務やトレードや手数料ビジネスに熱心で、利益率が低い小型株は避けていますし、リサーチ部門も大手企業に集中しています。つまり、参加者がいない分野は個人投資家や独自の調査を行う小規模の投資会社にとっては素晴らしいチャンスがあるということです」。

　バレスはファンダメンタルズのリサーチを掘り下げることに関して、「私たちは投資の過程で必ずポートフォリオ内の会社について包括的に理解するようにしています。情報が少ない分チャンスが大きいため、小型株をよく理解すれば、より大きな利益が期待できると思います」とも言っている。

クルーズ船ではなく、スピードボートを操縦する

　小型株で高パフォーマンスを上げられるかどうかは、大株主と能力が高い経営陣がフランチャイズバリューに大きく貢献できるかどうかにかかっているときもある。例えて言えば、資本金が小さい会社のCEO（最高経営責任者）はスピードボートの操舵手、ダウ平均構成企業のCEOはクルーズ船の船長のようなものだ。スピードボートに比べて、クルーズ船は突然めぐってきたチャンスを捕まえるために航路を変えたり、突然迫ってきた危険を避けたりするのが難しい。また、クルーズ船には精巧なナビゲーションシステムが装備され、乗務員も配備されているため、船全体の運航における船長の影響力は限られている。しかし、スピードボートの操舵手は、運行中の主な要素すべてに最初から最後まで責任を負っている。そして、その行動結果は良くも悪くも即座に表れる。クルーズ船は決められた運行ルートからほとんど外れることはなく、接岸するには大きな港が必要だが、スピードボートはさらに有望な新ルートを採用することもできるし、ほぼどこにでも接岸できる。

　経営陣が株主の利益になる行動をとっていないときに、大株主がCEOに影響を及ぼすことができるのは、大企業よりも小企業のほうだろう。投資会社が実質的に運営している小企業もたくさんある。ただ、例外は、インサイダーが相当数の株を所有していて実質的に支配権を握っている場合である。これは、小企業のほうによく見られるシナリオで、このなかには、上場会社であっても家族経営に毛の生えた程度の会社もある。ただ、このような場合は、経営陣も長年所有している洗練された株主の助言に耳を傾ける可能性がある。株主の価値を高める行動は、所有者でもある経営陣にもメリットがあるからだ。例えば、小企業の取締役会には、洗練された資本配分力がないかもしれない。本業に再投資してそれを改善していくことが、最も株主のため

になる行動だと信じ込んでいるかもしれないのだ。しかし、もし外部の株主が建設的な対話を通して、本業への再投資と、配当と、自社株買いの１株当たりの費用対効果分析を示すことができれば、インサイダーも割安の自社株を買うことが資本の最善の使い方だということに同意するかもしれない。そのときは、外部の株主と経営陣がともに１株当たりの価値を高めたことになる。

　物言う投資家と経営陣の質が小企業のパフォーマンスに比較的大きな影響を及ぼすという事実からはもうひとつ結論を導くことができる――小企業のほうが経営陣の質のばらつきが会社の本質的価値により直接的に影響するため、会社の行く末にもばらつきが出やすいということである。結局、スピードボート対クルーズ船という分け方で小型株が高パフォーマンスかどうかは分からないが、トップ25％のCEOとトップ25％の投資家がいる会社は、それ以外の会社をはるかに上回るパフォーマンスを上げている可能性がある。ブライアン・バレスやジョン・ルイス、デビッド・ニレンバーグ、ポール・オラーリー、リサ・ラプアーノなど長年の経験がある投資家も、この見方に賛同している。ただ、小型株は全体として高パフォーマンスを上げる可能性が高いにもかかわらず、不本意な結果に終わる可能性もある。そこで、パフォーマンスを改善するために、トップ25％の投資家がアイデアを生み出す戦略を見ていくことにしよう。

数字はウソをつかない――小さいことは素晴らしい

　過去のデータを見ると、小型株の長期パフォーマンスは大型株を統計的有意性をもって上回っている。もちろん、パフォーマンスは時期によって違っているし、２つのクラスは定義の仕方も違うが、小型株の優位性は明らかだ。なかでも、UBSファイナンシャル・サービスの発表している統計は最も顕著で、小型株の長期パフォーマンスは大

型株を年間約5％上回っているとしている。また、ジェレミー・グランサムの40年間に及ぶリサーチでも、流動性が低い株のパフォーマンスは流動性が高い株を年間2％上回っているとしている。さらに、バリュー系の投資会社であるトゥイーディー・ブラウンは、小型株の高パフォーマンスが外国でも高いことを示した。同社は『ワット・ハズ・ワークト・イン・インベスティング』（What Has Worked in Investing）という小冊子のなかで、調査を行った国（オーストラリア、カナダ、フランス、ドイツ、日本、イギリスを含む）においてはどの国でも、そのような結果になったと説明している。

『ウォール街で勝つ法則』（パンローリング）のなかで、ジェームズ・オショーネシーは、さまざまな投資戦略の過去の長期リターンを検証している。1927〜2009年のアメリカの株式市場のデータを使った試算では、大型株のリターン（複利）は年率9.7％で、小型株は10.8％となった。これはわずかな違いに見えるかもしれないが、長期間累積すればかなりの差が出る。オショーネシーは、1927年に1万ドルずつ大型株と小型株に投資すれば、2009年末にはそれぞれ2200万ドルと5100万ドルになると書いている。ちなみに、このときの小型株には、さらに高パフォーマンスの超小型株は含まれていない。後者は流動性が低くて実質的に投資できないとみなしているからである。超小型株のリターンについては、オショーネシーが1964〜2009年のコンピュスタットのデータに基づいて1ドル以上でトレードされていた銘柄の年率リターン（複利）を計算したところ、28％になったという。ただ、私たち自身の経験やこのクラスに特化しているプロの投資家のパフォーマンスを見ても、超小型株の投資には手数料の高さやスプレッドの大きさ、マーケットインパクトコストの大きさなど、さまざまな問題があり、オショーネシーが言うとおり実際に計算上のリターンを上げることは不可能だと思う。

効率的市場仮説を支持する人たちは、小型株のパフォーマンスにつ

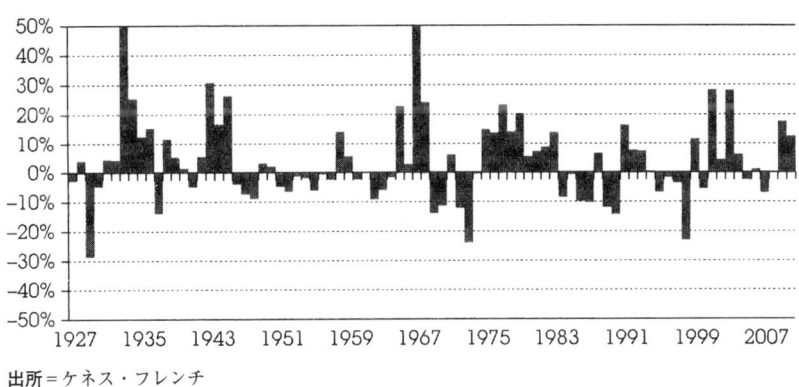

図7.1 アメリカの小型株と大型株の年間パフォーマンスの差（1927～2012年）

出所＝ケネス・フレンチ

いて、リスクが高い（ボラティリティが高い）から期待リターンも高いと説明する。ちなみに、彼らはバリュー株のパフォーマンスが成長株より高いことについても、同じ説明をしている。しかし、株の評価はリスク以外にもさまざまな要素がかかわっていることを考えれば、どちらの議論も妥当とは言えない。特にバリュー株と成長株については、通常バリュー投資家のほうが成長株の投資家よりも安全域を多めに取っていることを考えれば、そのほうがリスクが低いと言える。しかし、理論家たちは、あるタイプの株のパフォーマンスが別のタイプを上回ると、パフォーマンスが良いほうはリスクが高いに違いないと結論づける。彼らは、効率的市場仮説の有効性を信じるあまり、実績に基づいて否定されてもあくまで反論しようとするのである。

図7.1は、ケネス・フレンチが1927～2012年にかけたアメリカの小型株と大型株の投資リターン（年率）のギャップをまとめたものである。これを見ると、小型株のパフォーマンスは、例外もあるが、過去においておおむね優勢だったことが分かる。

小型株や流動性が低い株のパフォーマンスがこの先も高くなるという保証はないし、もしそうなったとしてもパフォーマンスの差は縮んでいくと考えるほうが理にかなっていると思う。しかし、もし小型株全体のパフォーマンスが大型株を上回らなくなっても、最高のパフォーマンスと最低のパフォーマンスの差は今後も大きいはずだと考えれば、リサーチ重視の投資家にはチャンスがあると言ってよいだろう。

小型株への投資 —— 利用と誤用

　マーケット参加者のなかには、小型株を投資の世界の無法地帯のような目で見て避けている人が多くいる。確かに、大企業ならば必ず問題となるような株主に損害を与える行為が小企業では見逃されることがあるのも事実だが、それでもこのような見方は不当と言わざるを得ない。ただ、受託者責任を真剣にとらえていないCEOが、会社の資本を大きな危険にさらさない範囲ならば株主の負担で私腹を肥やしてもよいと考えることはあるし、可能でもある。このようなCEOは、法外な現金報酬の形で会社の資産をはく奪したり、外部者や関係会社と共謀して優先権のある株やワラント債を発行したりするなどして、株主から資産を奪うかもしれない。

　最少規模の上場会社でよくあるもうひとつの作戦は姿を消す、つまりSEC（証券取引委員会）の登録を抹消して財務内容を開示しなくすることである。株主数が300人未満の会社や、一部の500人未満の会社は、SECへの報告義務がないからだ。株主は、登録抹消によって上場会社が負担している多額の経費がなくなることを歓迎するが、私たちの経験では、SECへの報告をやめると株主はほぼ必ず損失を被っている。説明責任がなくなると、価値が破壊されるのである。

「注目されていない」＝「効率的でない」という誤った推論

　リサーチ重視の投資家にとって注目されていない分野は宝の山だが、たくさんの人が投資したからといって非効率性が解消されるわけではない。もしあるものの価格が明らかならば、たとえそれを分析する人が少なくても効率的な価格になる。例えば、街角で20ドル札をオークションにかけた場合、入札者が最低2人いれば、どちらかが割安で手に入れる可能性はなくなる。

　そうなると、大きな利益を上げる最大のチャンスは、株価が明瞭な定量的評価ではなく、主観的な判断で決まっているときにあることになる。それでは、もしオークションにかかっているのが20ドル札ではなく、将来の収入の1％だとしたらどうだろうか。通行人のなかにはまったく興味を示さない人もいれば、20ドル以上払おうとする人もいるだろう。そして、落札した人にとっては、素晴らしい投資にも、ひどい投資にもなり得る。そして、この種のチャンスは大型株よりも小型株のほうが可能性がある。小企業は、その規模ゆえに長期的な成長を維持できる可能性が高い（ただし、将来の勝者を事前に見極めることはまったく別の問題）。

　流動性の問題で小型株を避けざるを得ない大手投資ファンドに公正を期して言うならば、株式市場は大型株の分野でもリサーチ重視の投資家には十分なチャンスがある。バフェットは大型株について繰り返し素晴らしい判断を下し、バークシャー・ハサウェイの運用資産が巨大化したあとも素晴らしいパフォーマンスを維持している。グーグルは、主観的な評価がかなり分かれる大型株の好例と言える。P&Gのようにビジネスモデルが比較的安定しており長期パフォーマンスが予想しやすい銘柄と比べて、グーグルは優れた判断が利益につながりやすい。

20ドル札を割安で買うことができないという事実からはもうひとつ、単純な数量戦略は時間とともにコモディティ化してしまい、追加的なリスクをとらなければ高パフォーマンスを上げることはできなくなるということも言える。例えば、金融市場には、たとえ小企業でも、2つ以上の取引所でトレードされている会社における純粋なアービトラージのチャンスはほとんどない。いわゆるリスクアービトラージは、競争が激しくなり、特に単純なM&Aの分野にはほとんど見つからなくなっている。単純なM&Aというのは、簡単に破談になりかねないM&Aである。通常、このようなM&Aが当局に反対されるリスクは低く、株主の承認を受ける可能性は高く（もしかしたらほとんどがすでに承諾している）、その価値が判定しやすく、計画どおりに完了する可能性が高く、もし破談になっても損失が少なく、それ以外の要素もほとんどが数量評価で判定可能である。

　リスクアービトラージ戦略以外にも、ファーマ・フレンチ・ポートフォリオ（会社の規模と簿価時価比率で機械的に選んだポートフォリオ）など、簡単なスクリーニングによって高いリスク調整済みリターンを上げるチャンスがある。この種の定量的なポートフォリオは、投資家が簿価時価比率が低い魅力的な会社を体系的に選ぶことで高パフォーマンスを上げる可能性がある。ただ、単純な数量戦略は、簡単にまねができるため、簡単にコモディティ化してしまう。だからこそ、最も成功している投資手法はひとつの比率に固執しないで、常識と、価値に対する直感に基づいているのである。

　小型株の世界では、定量的なスクリーニングのあとにさらに調べる価値がある。プロの投資家で、小型株に可能な質的評価をすべて行っている人はあまりいないからである。ポール・ソンキンは、ほとんどのファンドが気づかないアイデアを見つける方法について、「これまでたくさんの会社（超小型株）を見てきました。このなかには、所有する前に5～10年観察しようと思っている会社もあります。……私は

これらの会社の報道発表を読み、株価が極めて魅力ある水準まで下げるか、何かニュースがあれば、その会社を未決リストの一番上に移します」と説明している。

自分が所有している会社を知る機会

　小型株が投資の世界の無法地帯ではない主な理由のひとつとして、NYSE（ニューヨーク証券取引所）やナスダックやAMEX（アメリカン証券取引所）などに上場されている小型株には、大企業とほぼ同じSEC報告義務が課されていることがある。そのうえ、小企業の多くは事業内容が単純で、会計処理も複雑ではない。会計内容については、複雑だとCFO（最高財務責任者）が投資家の期待に応える数字を作成したくなるかもしれないため、単純なほうがむしろ良い。また、収益予想のコンセンサスが存在しない小企業では、経営陣が自分の裁量で会計を操作して短期的な結果を良く見せる動機もあまりない。

　事業が単純であることも、大企業と小企業の大きな違いの1つである。ダウ工業株30種の企業のなかから投資先を選ぶときに、バンク・オブ・アメリカやJPモルガン、トラベラーズ、ゼネラル・エレクトリック、アメリカン・エキスプレスなどといった会社のリスクイクスポージャーを本当に理解できるのだろうか。これらの会社はあまりにも大きく、バランスシートが複雑なため、段階に分けて情報を抽出し、金額を集計せざるを得ない。ジェイミー・ダイモンですら自分が運営するメガバンクのリスクイクスポージャーを理解できなかったのだから、JPモルガンに投資していた人たちも確固たるデータだけでなく信頼に基づいていた部分もあったに違いない。

　ちなみに、リサーチ重視の投資家は、多くの小企業の内部構造をよく理解している可能性が高い。これらの会社のバランスシートや財務諸表の注釈は、たいていは読みやすく、理解もしやすい。小企業の多

くは事業内容が単純で、顧客が増えれば収益が増え、それが利益の増加につながっているからかもしれない。大型株にばかり投資している人は、試しに資本金が1億ドル未満の会社がSECに提出したフォーム10-Kも読んでみるとよい。開示内容の単純さと透明性が気に入るかもしれない。

　また、小企業に直接電話を掛けて質問してみるのもよい。運が良ければ、CEOやCFOと直接話をして、主要な意思決定者と直接知り合いになれるかもしれない。それに、発言に慎重な大企業の幹部と比べて、小企業の幹部は率直な人が多い。小企業のCEOに会社の調子を尋ねれば、何か答えてくれる可能性がある。しかし大企業のCEOに同じことを尋ねたら、免責条項しか聞けないかもしれない。ちなみに、これは内部情報を開示するかどうかではなく、CEOが積極的に自社の事業を普通の言葉で現在と将来の株主に語るつもりがあるかどうかということである。

その資金がいずれ必要になりそうならば、流動性を考慮する

　小型株投資の欠点のひとつとして、流動性がかなり限られるということはよく知られている。トレードされている株数が少ないため、ある程度以上の資金を投資する場合は、ポジションを増やすときも減らすときも注意が必要になる。価格のスプレッドが広く、マーケットインパクトが大きく、おそらく取引手数料も高いため、小型株は仕掛けるのも手仕舞うのもコストがかかる。つまり、比較的長期間保有するつもりでなければ、投資を正当化するのは難しい。ただ、そうは思っていても、適当でない時期に急に売る必要に迫られることもある。残念ながら、小型株の実際の売値は、複数の投資家が売ろうとしているときには市場価格とはかけ離れてしまうときもある。そのため、小型

株は長期間保有しようという意図だけでは不十分で、マーケット環境が悪くなっても保有し続けられることが重要なのである。

　ただし、機関投資家が流動性に法外に高い金額を支払っていることを考えれば、流動性の低さは欠点ばかりとは言えない。2008年の金融危機が起こってから、マーケット参加者にとってポジションを即座に手仕舞えることの価値が高まった。しかし、それによって長期的に保有するつもりの投資家にとっては流動性の低さが恩恵になる可能性が出てきた。ただ、この恩恵はだれでも受けられるものではない。機関投資家の多くは、運用資産の規模や、オープンエンドのファンド形態、投資権限の制約、ベンチマークなどによってそれが構造的にできないようになっている。しかし、レバレッジをかけていない資金をある程度長期的に投資できる人にとっては、流動性が低い代わりに期待リターンが高い小型株は、株式ポートフォリオの一部に取り入れることができる選択肢になり得る。結局、流動性が低いことは、特定の会社の問題でも、業界のリスクでもないため、その投資先の本質的な質が流動性の低さによって下がることはほとんどない。これは取引上のリスクであり、それをうまく管理できる人もいる。

有望な小型株や超小型株のスクリーニング

　小型株の世界には投資チャンスが豊富にあるが、どうすればもみ殻のなかから小麦を見つけだすことができるのだろうか。それにはまず、投資可能な会社を選ばなければならない。実践的なスクリーニングとして、ここでは定量的な条件のみでそれを判断していく。この段階はスクリーニングとしては不完全だが、まずは緩い基準を用いることで本当に投資したくない会社を除外していく。そのあと、さらなるスクリーニングによって詳しい分析が可能な数に絞り込んでいく。

投資可能な会社を探す基本のスクリーニングでもみ殻を除外する

　投資可能かどうかの基準は、投資家によって違う。しかし、ここは小型株の話なので、最初に小型株の時価総額の幅を定義しておくべきだろう。まずは上限だが、これは投資可能な資金額や、小型株に相当規模の会社を含めたいかどうかによって変わってくる。ちなみに、小型株や超小型株の定義を時価総額が20億ドル未満の会社とすることはさほど珍しいことではない（そして、このなかには、小型株の特性をさらに強く持つ超小型株も当然含まれている）。ただ、20億ドルという金額は小型株を定義するうえでは上限だと思う。ちなみに、私たちは時価総額が10億ドルまでを小型株としている。それを超える会社は、少なくとも洗練された株式ファンドならばよく知っているはずだからだ。それに、時価総額が10億ドルを超える会社のなかで割安株を探すのは、10億ドル未満のなかから探すよりもずっと難しい。

　ただ、もっと重要な基準は、小型株の下限のほうかもしれない。これは、小さすぎる会社が含まれないようにある程度上げておかなければならないが、時価総額が10倍になっても小型株の範囲に入る程度までは下げておかなければならない。最小規模の会社を排除することにはいくつかの理由がある。まず、インサイダーで、自分の報酬や特典よりも所有者としての利益が気になるくらいたくさんの株（時価総額の割合で見て）を所有している人はあまりいない。2つ目に、株主数が300人未満だと、経営陣がSECの登録を抹消しようとするリスクが高い。3つ目は、法外なマーケットインパクトコストがかかる可能性がある。最後に、比較的少ない投資額でも、SECにフォーム13Dの提出義務が生じる5％を超えてしまう可能性がある。ただ、最小規模の会社のなかにも興味深いものがあるため、私たちは通常小型株の時価総額の下限を1000万ドルに設定している。ちなみに、これを2500万ド

ルや、5000万ドル、1億ドル、もしくはそれ以上に設定している投資家もたくさんいる。

次の投資可能な条件としては、SECに最新の情報を提出しているか、多少甘くしても1四半期以上遅れていないかを見る。報告義務が何カ月か遅れた会社のなかには、結局登録を抹消して情報を開示しなくなる会社が多いため、開示情報の遅れは警告になる。提出が遅れている会社については、そのなかでどれが今後はきちんと提出しそうな会社かを見極める必要がある。定量的なスクリーニングに提出期限の条件を加えるのは簡単で、最新の四半期報告書の日付が今日から3カ月以上、もしくは6カ月以上前ではないことを確認すればよい。

次は、社員がいない、もしくは少ない（例えば10人未満など）会社を除外していく。もちろん、事業形態によっては社員がいなくてもまっとうな会社はあるが、このような形態は利害の対立が起こりやすい。例えば、インサイダーが関連会社の社員で、一般の株主がいない会社などもある。社員が10人未満の会社で最悪なのは、事業実態がない場合である。これは必ずしも詐欺というわけではないが、その会社がキャッシュフロー以下で取引されていて、経営陣がその資金を価値を高める買収に使う能力があるというまれなケースを除き、ペーパーカンパニーが素晴らしいリターンを上げることはほとんどない。最低限の社員がいることを条件にすれば、投資に適さない会社を避けられる反面、興味深い会社が除外されることはあまりないと私たちは考えている。

もうひとつ、適正かどうかの条件として、インサイダーが所有する株数の合計が特定の割合（例えば、1～5％）を上回っているかどうかを見る。この条件は、例えばダウ工業株30種の会社には不適切だが、100万ドル以下で株式の1％を買える会社においては非常に理にかなっている。私たちは、この基準を1％程度にすれば、インサイダーが多くの株を保有していなくても株主の利益を重視している会社を残し

つつ、経営陣が自分の資金をリスクにさらさず株主にタダ乗りしている会社を外すことができると考えている。ちなみに、インサイダーの所有の上限を設定する必要は、ここではない。きちんと経営されている小企業は、少数株主でも恩恵を受けることができるからだ。通常、私たちは経営陣が責任ある行動を続けるには、25％を超えて所有しないほうがよいと思っているが、そのことを最初の条件にはしていない。

また、議論の余地はあるが、私たちは逆合併によってアメリカで上場した中国系の企業も外している。このような企業の多くで不正が明らかになっているため、このタイプも投資不可としているのである。もちろん、逆合併した中国系の会社のなかにもまっとうな会社で、無視するには惜しいほど過小評価されている会社がたくさんあるというもっともな反論もあるだろう。しかし、私たちはすでに痛い思いをして、この種の会社がまっとうかどうかを判断する意欲を失ってしまった。残念ながら、定量的なスクリーニングツールのほとんどは逆合併の会社を除外することができないため、アメリカで上場している中国系の小型株をすべて除外するしかない。私たちは、こうすることのメリットのほうが機会損失というデメリットを上回っていると考えている。

もうひとつ、異論がありそうな条件は、年間収益の下限を例えば1000万ドルなどとすることである。私たちの経験から言えば、収益を上げていない小企業の大部分はいずれ株主の価値を破壊することになる。もちろん、収益がなくても本質的な価値が高い会社もわずかにあるが、ここでもわずかなチャンスに賭けるよりも、さまざまな問題を回避することを優先したい。

ただ、機会損失という高いコストを避けるため、パフォーマンスに関するそれ以外の最低条件はない。例えば、有形固定資産がマイナスの会社は、自社株買いを繰り返している素晴らしい会社なのかもしれない。直近の営業損失は一時的な下落で、すぐに復活してそれまでの

表7.1　投資可能な条件を満たしたアメリカの小型株

スクリーニングの条件	会社数（累計）
アメリカの上場会社	10,068
時価総額が10億ドル未満	7,980
時価総額が2000万ドルを超えている	4,015
6カ月以内にSECに開示書類を提出している	3,204
社員数が10人以上	2,828
インサイダーが1％以上所有している	1,581
本社が中国にない	1,571
収益が1000万ドル以上	1,456

出所＝AAIIのストック・インベスター・プロ、2012年6月1日現在のデータベースを使用

順調な利益が続くかもしれない。負債が多い会社は、非常に魅力的なリスク・リワードの機会を持っているのかもしれない。そして、収益が下がっている会社は、価値を破壊する買収よりも好調な従来の事業を優先し、現金を株主に還元しているのかもしれないからだ。

表7.1は、これらの条件を用いてアメリカの取引所に上場されている1万0068社のなかから1456社の投資可能な小型株を絞り込んでいった過程を示している。私たちは、この方法で魅力的な会社の多くを除外することなく投資先を絞り込むことができたと考えている。1456社という数は、すべてを精査するには多すぎるが、追加的なスクリーニングを行っていけば十分扱える数に絞り込むことができる。追加的なスクリーニングは、時価総額のレンジで絞り込んだり、自分の理解の範囲にない特定の業界を除外したりするといった単純なことでもよい。ここからは、投資家それぞれの優先項目で絞り込んでいけばよい。

　あとは、投資可能な小型株をさらに絞り込み、最終的に残った会社はすべて分析することにする。**表7.2**は、追加的なスクリーニングの

表7.2　投資可能なアメリカの小型株をさらに絞り込む

スクリーニングの条件	会社数（累計）
投資可能な小型株	1,456
時価総額が5000万ドルを超えている	1,261
店頭株ではない	1,218
金や銀の関連企業ではない	1,216
金属鉱業関連ではない	1,212
タバコ関連ではない	1,212
バイオテクノロジー関連ではない	1,166
半導体関連ではない	1,116
航空関連ではない	1,113
１日の平均出来高が50万ドル以上	756

出所＝AAIIのストック・インベスター・プロ、2012年６月１日現在のデータベースを使用

例を示している。この段階をへて、自分が本当に投資できる会社に絞り込んでいく。

　例えば、このあと投資可能な会社のなかから一定以上の時価総額の会社を残し、店頭株を外し、自分の理解できない業界の会社も外す。また、１日の平均出来高が50万ドル未満の銘柄も外す。そうすると、残った756社が自分にとって本当に投資可能な小型株ということになる。この数字はまだ少し多いため、意欲的な投資家ならば、毎日１社ずつ分析して２～３年でさらに絞り込んでいけばよいだろう。そうすれば、現実的に観察可能な200～250社程度の小型株のリストが手に入る。

特定の条件を満たす投資可能な会社に照準を合わせる

　リサーチの過程で定量的なスクリーニングを行う多くの投資家と同様に、私たちも株をパフォーマンスや資産価値などさまざまな条件でランク付けしていく。このようなスクリーニングの目的は、さらに分析する価値がある会社を絞り込むことにある。ただ、機械的なスクリーニングを行っていると、安くなるべくして安い会社に時間を取られている間に、好機を逃してしまうかもしれないという欠点がある。そこで、この欠点を踏まえてデビッド・アインホーンがアイデア探しの少し変わった方法を考案した。「私たちは従来のバリュー投資の手法を少しひねってみました。これまで、バリュー投資家はまず『安いかどうか』、そして『なぜ安いのか』と考えていました。しかし、私たちはまず何かが割安になる理由を考え、その理由で割安になりそうな株があれば、それが安いかどうかを判断します」

　先に定義した投資可能な小型株をスクリーニングして、魅力的なチャンスを探す方法を次にいくつか挙げておく。

スクリーニング例——ディープバリュー
スクリーニングの条件——株価有形純資産倍率（PTBV）が1.1未満、負債比率が0.2未満

　このスクリーニングでは、利益率に関係なく、財務内容が良好な（簿価が高くて負債が低い）超小型株を探すことができる。簿価以下で売買されている株を探せば、代替コスト未満で買うことができる会社が見つかる可能性が高まる。ちなみに、簿価は総額ではなく、有形固定資産に関心がある。統計的に割安の会社の場合、実際の価値よりも高い無形資産が計上されている場合が多いため、有形固定資産を用いるほうが適している。私たちは、スクリーニングによって金融レバレッジが低く、破綻する可能性が低い会社を選んだなかから割安の会社を

探したい。

　利益率についてはもちろん高いことが望ましいが、私たちはこれをスクリーニングの条件に含めないことで、現在一時的に損失を出していても近い将来利益率が回復する会社も候補に残すことができると期待している。しかし、もし最初から候補を絞り込みたければ、利益率――例えば、PER（株価収益率）の倍率がゼロを上回るなど――を最初のスクリーニングの条件に加えておけばよい。こうすることで、現在の利益率が大きく落ち込んでいても、損失を出していない会社を選ぶことができる。

スクリーニング例――物言う投資家の標的

スクリーニングの条件――株価有形純資産倍率が0.5未満、（流動資産－負債合計）が時価総額の50％を超えている、インサイダーの所有率が20％未満

　このスクリーニングでは、資産の売却や清算や資本再編などといった出来事によって価値を再評価する可能性がある会社を探すことができる。ベンジャミン・グレアムのネットネット株の条件を満たす会社は、清算価値よりも割安である可能性が高い。また、インサイダーの所有割合を20％以下とするのは重要なことで、経営陣がバランスシートの価値にあぐらをかいて価値を創造しないときは、外部の触媒となる人の関与が必要であることが多い。外部の人間は、委任状の争奪や乗っ取りを盾に経営陣にプレッシャーを与えて正しい行動をとらせることができる。

　これらの条件を満たす会社のなかには多額の純営業損失を繰り越しており（NOL）、それを将来の所得税と相殺できる場合もある。ネットネット企業の場合、このようなNOL資産があれば評価引当金も計上していることが多いため、バランスシートの数字は実際の資産価値よりも少なく計上されている可能性がある。また、流動性の高さを条

件に含めれば、有形固定資産よりも大幅に割安になっている会社を選ぶことができる。この条件は、株主が損失を被る可能性が低く、清算されれば利益が上がる会社を選ぶことを意図している。

実際に清算すると、資産価値は下がっても負債額は変わらないことが多いため、これによって資産価値を創造するのは難しい。むしろ、弁護士費用や退職金、資産除去債務、それ以外の継続企業には発生しない追加的な経費や負債が発生することになる。結局、清算するよりも戦略的な売却や資本再編のほうが望ましい場合が多い。

スクリーニング例──利益率が上がる可能性がある
スクリーニングの条件──企業価値売り上げ比率が1.5未満、負債比率が0.3未満

このスクリーニングでは、企業価値と比較して大きな収益基盤を持っている会社を探すことができる。このような会社は、収益の割に高い価格で売買されている会社よりも今後利益率が上がる可能性があると考えられる。売上高に比して高い価格で売買されている会社の多くは、営業利益率と売上純利益率が高いため、PERに基づいた評価はある程度低くなる。ただ、利益率が高い会社と低い会社を比べると、高いほうがさらに伸びる可能性は低いため、私たちはPERが低く、営業利益率も低い会社に注目している。オンラインの無料スクリーニングツールの多くは、企業価値と収益の倍率ではなく、株価と収益の倍率を見ているため、私たちは金融レバレッジが低いという条件（負債比率が0.3未満）を付け加えている。純負債は株価収益比率と企業価値収益比率の分子の差なので、この条件を加えれば、2つの比率が大きく違う会社を除外することができる。

ただ、このスクリーニングには注意すべき点もある。企業価値収益比率が低い株でスクリーニングを行うと、小売りや流通など、製品やサービスがコモディティ化しているため通常利益率が低い業界の会社

が多く残ることになる。しかし、このような業界の会社は、通常利益率が高い業界の会社と比べて利益率が改善する可能性は低いかもしれない。そうなると、利益率が改善しそうな会社を探すためには、営業利益を同業他社のそれと比較するスクリーニングのほうが適しているのかもしれない。それでも、小型株のなかで高パフォーマンスの会社を探すときには収益基盤で評価することがかなり有効だということは、さまざまな研究で確認されている。

スクリーニング例──妥当な価格で成長が見込める
スクリーニングの条件──PBR（株価純資産倍率）が2未満、負債比率が0.5未満、PERが15倍未満、収益成長率が10％を超えている、任意で配当利回りが0.5％を超えているという条件を含めてもよい

収益成長率の条件はわずか10％なので、大事なことはその成長率が今後加速しそうか、それとも減速しそうかをさらに詳しく調べることである。2桁の収益成長率が加速して、PERが15倍未満というのは、勝利の公式かもしれない。次に、この2つの条件を満たす会社の将来の利益率を精査する。売り上げが増えたら利益も増えなければ意味がないため、利益率を犠牲にして売り上げを増やしている会社は魅力がない。結局、一番重要なのは利益が増えていることで、その会社が利益率を維持して収益率を増やすか、できればどちらも増えていく会社を探したい。

そこで、PBRの条件を加えることによって、自己資本が小さいためにいずれライバル会社をかわすことができなくなり、利益率が悪化しそうな会社を外すことができる。また、負債比率の条件は、最終利益が金融レバレッジによって上がっている会社を外す目的がある。これらの会社を避けるのは、これがもろ刃の剣だからで、困難な時期には本業の不振よりも株主の苦しみのほうが長引くからである。そこで、

賢い投資家はこのような状態に陥るのを避けるようにしている。

スクリーニングのあとに ── それ以外の魅力ある小型株や超小型株を探す方法

　小型株の最高のチャンスは、定量的なスクリーニングではなかなか見つからない。理由はさまざまだが、例えば、小企業はファンダメンタルズが急速に変化することや、経営力価値に与える影響が大企業よりもはるかに大きいこと、財務報告に一時的な項目をまとめて計上しても結果を調整しない傾向があることなどが含まれている。定量的なスクリーニングは、どれほどうまくデザインされていても、興味深い会社を探すことにおいては大雑把なツールでしかない。そのため、私たちはこれを候補の数が多すぎて個別の分析ができないときに使っている。しかし、スクリーニングと、個別の精査の間にすべきことはないのだろうか。例えば、スクリーニングによってアメリカで上場している小型株1000社が残ったとき、あるいは世界中で数千社が残ったとき、スクリーニングの限界を超えて処理できる数の有望な候補に絞り込んでいくにはどうすればよいのだろうか。そこで、次は定量的なスクリーニングのあとにできるアイデア探しの方法を紹介していく。

大から大か、小から小か、小から大か ── その会社の行方

　過去の経緯を調べると、その会社がどのように発展してきたのかを理解する助けになる。魅力的な小企業は、資本を長期間、高リターンで再投資することができている会社か、再投資のリターンが低いときは資本を配当や自社株買いという形で株主に還元してきた会社が多い。再投資をすれば、会社は少しずつ規模が大きくなり、いずれ超小型株

やもしかしたら小型株の定義を外れてしまうかもしれない。しかし、株主に還元すれば、会社の規模はあまり大きくならなくても、株主に資本の多くを還元して魅力的な投資リターンを提供できる。長期投資でよくある問題は、割安の株でも、経営陣が新たな資本を平凡なリターンの計画につぎ込んでしまう場合である。このような会社は、現金の配分が最善でないために、株主にとって魅力的な利回りが魅力的な長期リターンにつながっていない。

　小型株のなかには、以前は中型株とか大型株だったのに、そこから転落した会社もある。もしこの転落が本業の将来の軌道を表しているとすれば、投資はやめておこうと思うかもしれない。しかし、かの有名な詩人ホラティウスも「失意のどん底にある者はやがてよみがえり、得意の絶頂にある者はやがて落ちていく」と言っている。この格言は、実は人や会社ではなく言葉について述べたものだが、平均回帰の概念をうまくとらえているため、投資本でもよく引用されている。ベンジャミン・グレアムやジェレミー・グランサムといった投資の世界における思想的リーダーも、投資の中心的な概念として平均回帰に注目している。

　最近株価が下落して小型株の範疇に入ってきた会社を、不適切だとして除外してしまうのはバカげている。ただ、小型株専門の一部の投資家がそれをするのは、長年かけて築いてきた自分の範囲を逸脱するのが難しいからである。長期間観察を続けてある程度安心してから投資をしたい人は、機会コストもかかるかもしれないのだ。小型株は、実際に投資する前に長い間観察するほうが望ましいが、マーケットの恐れや短期的な失望によって新たに小型株に加わった株は、決断力を持って投資するとうまくいくこともある。2008年末から2009年初めにマーケットが低迷していたとき、ボイシやクロックス、ピア1・インポート、セレクト・コンフォートなど信用問題の影響を受けやすい会社が小型株や超小型株に転落したが、それから2～3年で株価は10倍

以上に回復した。新しい小型株や超小型株を買った人たちは、「ウォール街が血まみれになっているときに買え」という格言を守り、大きく報われた。もちろん、これは財務的に困窮し、破産寸前の会社を無条件に受け入れろということではないし、そういう会社の多くは結局破綻して、株主の利益を減らすことになる。

　それでは、落ちた天使がさらに落ちていくのか、それとも再び飛び立つのかを見分けるにはどうすればよいのだろうか。これは非常に難しいことだが、答えが分かれば大きな価値がある。落ちた天使というシナリオは、すでに最悪のケースを迎えて株の価値がなくなっていないかぎり、大きな不確定要素を含んでいる。そして、不確定要素が大きいと、さまざまな結末があり得るし、その確率は大いに主観的にならざるを得ない。私たちはサイコロを振るだけでなく、そのサイコロはとても不完全で、出てくる結果の境界線もあいまいなのに、その確率を推定しなければならない。かつてのアメリカ国防長官の言葉を借りれば、私たちは自分が知らないことを知っていることや、知らないことすら知らないことに対処しており、それぞれの確率すら分かっていない。つまり、これは過去の経験に基づいて判断するしかないのだが、もしかしたらこのとき最も利益率が高い判断は、落ちた天使を「難しすぎる」グループに分類して、次に進むことなのかもしれない。

　大きな不確定要素と資本を失う可能性を許容できる投資家は、落ちた天使が再び飛び立つことができるかどうかを判断するときに、次のことを考慮してほしい。まず、株価が落ち込んだ理由を考える。もしビジネスモデルが長期的に痛手を受けているためならば（ビデオレンタル店や新聞社のように）、経営陣にとって、かつての栄光を取り戻すのは難しいだろう。しかし、下落したのが動揺した売り手がいたせいだったり、支払い能力の問題ではなく流動性の問題だったり、業界のシクリカルな谷だからだったりする場合は、特定の環境になれば株価は回復するのかもしれない。グレアム・カニンガムに、機器リース

のユナイテッド・レンタルスのケースについて聞いたことがある。この会社は、2008〜2009年の危機の最中に流動性が大きく懸念されて下落した。マーケットの評価はひどく悲観的だし、流動性の問題で破産に追い込まれる寸前だった。しかし、この状況を精査したカニンガムは、大株主のブルース・バーコウイッツも流動性がひっ迫したときはフェアホルム・ファンドが支援すると表明したため、投資を決めた。フェアホルムの後ろ盾があれば、ユナイテッド・レンタルスの流動性に関する懸念は消え、いずれは長期的な本質的価値に見合う株価まで回復することが見込めるからである。

　不運な会社やその株主を搾取しようともくろむ積極手的なファンドが、大物投資家が価値を再評価するための触媒になるという状況に気づかないわけがない。そのため、落ち込んだ株は、破格の条件で資本注入してほかの株主の持ち分を希薄化し、含み損を回復できないようにしようとするファンドの標的になることがある。このようなスキームの犠牲にならないためには、インサイダーの普通株の所有を重視する必要がある。窮地に陥った経営陣にとって、CEOが大株主でないかぎりは、株を手放してバランスシートをテコ入れし、今の仕事を確保するほうが楽かもしれない。しかし、大株主のCEOならば、希薄化につながる新株発行の前に、できるかぎりの方策を考えようとするだろう。

隠れた転機とそれを見つける方法

　上場会社のなかには、大きな転機を迎えて、これからあらゆる可能性が広がるという状態の会社が何百社とある。かつては停滞したり損失を出したりしていたかもしれないが、将来は明るく見える会社だ。例えば、FDA（米食品医薬品局）から主要な薬品の認可を受けたばかりのバイオテクノロジー企業は、このような転機を迎えているかも

しれない。大手自動車会社と標準装備の合意を取りつけた衛星ラジオ会社もそうだ。非常に有望な製品を開発して操業したばかりの会社を買収したテクノロジー企業もそうかもしれない。どのようなシナリオでも、良い意味の転機は営業パフォーマンスが急上昇し、投資家にとっては非常に実りある状況をもたらす可能性がある。

　しかし、マーケットは転機を予想するのがうまく、評価にはそれが織り込まれている。FDAが薬品を認可する過程は、たくさんのバイオテクノロジー系のアナリストが目を光らせている。巣立ったばかりの会社がいつか世界を変えることに思いを巡らせている投資家もたくさんいる。XMサテライト・ラジオが2005年に何億ドルもの損失を出したときも、投資家はこの会社に数十億ドルの評価を与えていた。それはなぜだろうか。彼らは（結局間違ってはいたが）前向きの大きな転機を期待していたからだ。規律ある投資家は、みんなが転機を期待しているときには投資したい衝動を抑えている。本当に過小評価されていたり、誤解されていたりする会社を見つけだすのはとても難しい。ただ、このような会社がよく見つかるのも小型株の世界なのである。

　そして、それを見つけることができれば、報酬は大きい。しかし、それはどうすれば見つかるのだろうか。隠れた転機は、複数の事業（そのうちのひとつは、伝統的な衰退事業）を運営している小企業のなかで見つかるかもしれない。もし本業以外の利益が今後伸びそうならば、それが金脈の可能性がある。このような会社の場合、会社全体の営業パフォーマンスはさえないからだ。バリュー投資家のアーロン・エーデルハイトは、「私は、２つの部門を持ち、業績の悪いほうがもうひとつの部門の魅力を隠しているような、いわゆるスペシャルシチュエーションの会社を探しています」と語っている。ほとんどの投資家が、あまり注目されていない小企業を定量的なスクリーニングで探しているが、会社全体の収益成長率が低迷していて、収益の低さで除外されるような会社はたいてい時価総額も低くなる。そこで、一見ダメだが

実際には成長の原動力がある価値の高い会社を探すためには、決算速報や当局への申請書類を読まなければならない。もし運が良ければ、株価が有望な事業部門のみの価値すら下回っている会社が見つかるかもしれない。

隠れた転機を探す方法は複数の部門を持つ会社を分析する以外にもある。時には、開示されている情報を読むだけでも、小型株や超小型株について素晴らしい洞察を得ることができる。クロム・キャピタル・マネジメントでマネジングパートナーを務めるエリック・クロムは、ペーシェント・セイフティ・テクノロジースのフォーム8Kから価値ある情報を得たときの経験を話してくれた。ペーシェントは、バーコード付きの手術用スポンジを販売している会社で、これを使えば手術後に誤って体内にスポンジを残してしまうという高コストの問題を改善できる。クロムによれば、「手術は時間との戦いで、年間3200万件もの手術が行われています。……そして、スポンジの取り残しは年間4000件にも上ります」。これによるコストは、業界全体で17億ドルにも上るという。「つまり、この会社は本当に必要な製品を提供しています。この製品を使っている病院では、これまでのところスポンジの取り忘れは1件も起こっていません」。クロムは、この会社の転機を見つけたときのことも話してくれた。「私はフォーム8Kを読んで、この会社がまだ初期段階にあることを知りました。顧客の病院は約80件で、ほぼトントンになりかけていました。……8Kは興味深く、ある文章から、彼らが全米2位の病院経営団体と契約したことが分かりました。つまり、契約病院の数が80から一気に225に増えたのです」

PTインドサットのケーススタディー──**携帯電話普及による転機**

インドネシア第2位の通信会社が大きな転機を迎えたのは2002年の初めだった。この国で携帯電話事業が開始されたのである。当時、イ

ンドサットの中核事業である国際電話は競争力がなく低迷していたため、この会社は投資家に敬遠されていた。2001年末のインドサットの時価総額は9億1600万ドル（株価は8.85ドル）で、これは有形固定資産の1.1倍、実績収益の5.2倍、企業価値収益比率の2.2倍だった。政治リスクがあったとしても、このような評価は急落した場合でなければあり得ない。

　しかし、2002年のインドサットには明るい未来が待っていた。子会社のサテリンドはインドネシア第2位の携帯電話会社で、当時のインドネシアでは携帯電話の普及率が5％と、近隣のアジア諸国よりもかなり低かった。この国のモバイル事業は非常に利益率が高く、毎年30％近い成長を遂げていた。また、この事業が会社全体の収益と利益に占める割合も大きくなり、携帯事業の持続的な成長が、会社全体の成長率も加速していった。

　インドサットの携帯電話事業が収益に占める割合は、2001年は34％、2002年は48％だったのが、2003年には62％になっていた。この成長率は会社全体の収益も、2001年の51億ルピーから2003年の82億ルピーに押し上げた。営業利益も2001年の18億ルピーから2003年には23億ルピーに増えた。そして、インドサットが2004年半ばにフォーム20Fで年次報告書を提出したときには、株価も2001年末から140％上昇して21.20ドルに達していた。ちなみに、この株は高い配当利回りが投資リターンをさらに高めていた。

　あとから考えれば、2002〜2003年に携帯子会社が大成長を遂げて急速に会社の重要部門に成長していたのに、なぜマーケットがインドサットを過去の収益のわずか5倍で評価していたのか不思議に思うかもしれない。この会社に関してはさまざまな情報が開示されていたことを考えれば、投資家がインドサット株を投資先として見ていなかったことが、観察している人がいなかったという事実と同じくらい重要な役割を果たしていたと考えられる。簡単に言えば、投資家の多くは、

図7.2 インドサットの株価チャート

「株価が5年間も変わっていない」

ほかの人が同意してくれないと自分の見立てにあまり自信がなかったのだ。私が2002年に金融サービス業界の知り合いの何人かにインドサットについて尋ねたとき、彼らは安い株価というマーケットの否定的な見方に倣って、自分の判断にも懸念を持っているように見えた。投資しない理由としてよく言われていたのが、「株価が5年間も変わっていない」だった。図7.2は、過去の株価チャートに基づいて投資しても意味がない理由を示している。ファンダメンタルズの転換点が目前ならばなおさらだ。

メドウ・バレーのケーススタディー——従来の損失に隠れた成長ビジネス

メドウ・バレー・コーポレーションは、2004年初めには超小型株に分類されて画面に表示されていた。もし企業価値収益比率が低く、有形固定資産と時価総額の比率が高い会社を探していれば、この名前が挙がっていたかもしれない。この会社は、レバレッジも高くないし、損失も出していなかった。アリゾナ州フェニックスにあるこの会社は、

第7章 小型株は大きなリターンにつながるか――あまり注目されていない小型株と超小型株で儲ける

表7.3 メドウ・バレー・コーポレーション（財務データの抜粋、2004年2月20日現在）

株式情報		評価基準	
株価（2004/2/20）	2.40ドル	有形固定資産÷時価総額	1.4倍
発行済株数（100万株）	3.6	株価÷長期EPS	11.9倍
時価総額（100万ドル）	8.6ドル	企業価値÷長期収益	0.1倍
企業価値（100万ドル）	16.1ドル		

	年度末			9カ月末	
期首のデータ	2000/12/31	2001/12/31	2002/12/31	2002/9/30	2003/9/30
収益	163.6ドル	174.1ドル	151.1ドル	114.5ドル	117.0ドル
営業利益	-2.1ドル	-3.4ドル	0.9ドル	0.9ドル	0.6ドル
純利益	-1.6ドル	-2.5ドル	0.7ドル	0.5ドル	0.4ドル
EPS	-0.44ドル	0.71ドル	0.21ドル	0.13ドル	0.12ドル

出所＝メドウの社内データ、ザ・マニュアル・オブ・アイデアによる分析

建設関連サービスと建材の会社で、財務内容は**表7.3**のようになっている。

　メドウは、1億5000万ドルを超える収益があり、赤字会社でもないのに、企業価値がわずか1600万ドルしかない珍しい会社だった。ただ、大儲けしていたわけでもない。2003年9月30日までの12カ月間の純利益は50万ドルを少し上回る程度で、これは悲惨な純利益率と言える。結局、メドウ・バレーは競争が激しい業界で、ごくわずかな粗利益率に甘んじていた（2003年の最初の9カ月で4.8％）。投資家の多くは、このように利益率が低い会社は避けるものだが、正しい環境下であれば、利益率が低くても良い投資先になることはある。もしメドウが利益率をほんの1％上げることができれば、純利益は150万ドルに跳ね上がる。そして、もしそれが200万ドルに達すれば、メドウの道路建設事業のように質が低い事業でも、1500万ドル以上の価値が見込め、これは2004年の時価総額である860万ドルに対して75％のリターンになる。

　そして、さらに深く掘り下げていくと、将来利益率が改善することが希望的観察では終わらない可能性が見えてくる。メドウには、ファンダメンタルズ面で大きな転機が隠れていたからである。まずは、この会社の2つの事業のパフォーマンスを見てほしい。

　この会社の問題は建設サービスだが、建材部門のほうは急成長して粗利益は10％近く、これは会社全体の粗利益を大きく上回っている。建材は急速に全体収益の大きな割合を占めるようになっており、この隠れたエンジンが会社全体のパフォーマンスを加速し始めるのは時間の問題だろう。

　建材事業を分析すると、この部門の価値だけでもマーケットがこの会社全体に下している評価を上回っていた。建材部門の収益成長率が20％以上で、部門の純利益が100万ドルを超えていれば、合理的な投資家はこの部門にPERの10〜15倍を支払うと思う。つまり、この部

表7.4 メドウ・バレー・コーポレーション（部門別財務データの抜粋）

（単位：100万ドル）

	年度末			9カ月末	
	2000/12/31	2001/12/31	2002/12/31	2002/9/30	2003/9/30
収益					
建設サービス	144.6	143.1	114.2	87.9	84.1
建材	19.0	31.0	36.8	26.6	33.0
粗利益					
建設サービス	3.9	3.1	3.6	2.5	2.5
建材	−0.6	0.0	1.8	2.7	3.2
純利益					
建設サービス	−0.7	−0.9	−0.5	−0.3	−0.3
建材	−0.8	−0.6	1.3	0.8	0.8

出所＝社内データ（ザ・マニュアル・オブ・アイデアによる分析）

図7.3　メドウ・バレー・コーポレーションの株価と主な出来事

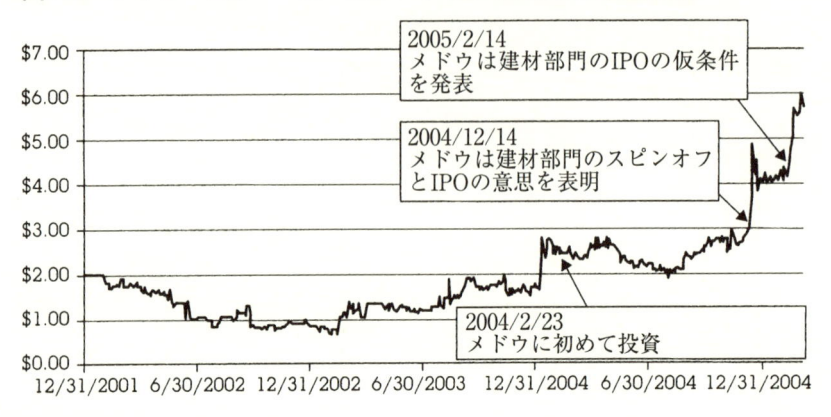

- 2005/2/14　メドウは建材部門のIPOの仮条件を発表
- 2004/12/14　メドウは建材部門のスピンオフとIPOの意思を表明
- 2004/2/23　メドウに初めて投資

門だけでも時価総額は1000万〜1500万ドルになるのである。

　ただ、建設サービス部門の業績が悪化して、建材部門の収益を蝕んでいくリスクが今後長く続く可能性はある。そこで、この会社のSEC申請書類を読むと、ユタ州の1つのプロジェクトの損失が、建設サービス部門の損失を上回る損失をもたらしたことが分かった。メドウはこのプロジェクトで年間約200万ドルを失っていたのだ。しかし、この損失は将来減っていく可能性が高いうえ、プロジェクト自体も終わりに近づいている。

　メドウには、魅力的な投資先としてもうひとつ独自のポイントがある。この会社はいくつかの訴訟を抱えているのである。例えば、政府系機関のためのプロジェクトの支払いを求める訴訟では、予算超過分をどちらが負担するかで争っていた。そして、2004年初めにメドウの要求のひとつが認められ、700万ドルが現金で支払われたのである。

　最後に、もし投資家がCEOのブラッド・ラーソンに直接会えば、彼が率直かつ誠実にメドウが直面する問題について話す態度に感銘を受けるかもしれない。これまでの株のパフォーマンスはひどいものだ

ったが、ラーソン自身は株主を重視しているように見える。

結局、この会社はどうなったのだろうか。2004年12月に、メドウ・バレーは建材部門のスピンオフとIPO（新規株式公開）を発表した。そして2005年2月には、新会社の40％に当たる100万株を1株当たり12ドルの確定約定で売却すると発表した。そうなると、メドウが所有する残りの60％には1800万ドルの価値があることになる。この発表があった日のメドウ・バレーの株価の終値は5.10ドルで、時価総額は1800万ドル、年率に換算すると113％のリターンになった。**図7.3**は、メドウの株価の推移とその間の主な出来事を示している。

小型株の見通しに関して正しい質問をする

投資のアイデアを探す最初のステップとしてスクリーニングを行うと、スクリーニングの種類によって異なる問題を抱えた会社が残るため、その後のリサーチも変わってくる。

例えば、ディープバリューのスクリーニングをすれば、業績が悪化して、株価が1株当たりの有形固定資産を下回った会社を選んでしまうかもしれない。その場合、私たちが最も考えるのは、残った会社が生き残り、好転するかどうかだろう。生き残る力があるかどうかを測るには、流動性の条件や、負債比率、財務制限条項、本業の短期的な利益見通しなどに注目するとよいかもしれない。

次は、別の厳選した条件（妥当な価格で成長率が高い）でスクリーニングを行ったあとのリサーチを見てみよう。今回はまず、生き残る会社ではなく、収益と利益率が継続的に拡大しそうな会社に注目する。ただ、分析の焦点は変わっても、リサーチの過程はいくつかの初期的な質問と、そのあとの掘り下げた分析、そしてその投資が理にかなっているかどうかの最終判断という形になると思う。

その会社は正しいスクリーニングを間違った理由ですり抜けていないか

　投資先を探す最初のステップとして定量的なスクリーニングを行うときは、それ以降、投資候補として検討したくない明らかな条件を決めておきたい。そうすれば、ダメな投資先を即座に除外し、先に進むことができる。そこで、まず株価画面で使われている金融データが最新のものかどうかを確認しておきたい。スクリーニングを通過した小型株や超小型株のなかに、報告期限を過ぎた会社や、報告をやめてしまった会社があるかもしれないからだ。また、スクリーニングを通過したのは、一時的に金銭的な利益やそれ以外の継続しない要素があったからかどうかも確認しておきたい。そして最後に、最近のニュースが、将来の業績に大きな悪影響を及ぼす可能性がないかどうかも確認してほしい。バリュー重視のスクリーニングを通過した会社でも、悪いニュースの影響がまだ財務内容に反映されていない場合があるからだ。

財務諸表のなかに赤信号はあるか

　スクリーニングが終わると、それを通過した会社の財務諸表にざっと目を通して数字の感覚をつかむ。まず、過去の収益や、粗利益や、営業利益などの傾向を調べる。それから、過去のキャッシュフロー計算書を見て、長期間に現金化した金額が報告利益と大きく異ならないことも確認しておく。ちなみに、売り上げに対して売掛金の割合が増え続けていたり、商品原価と比較して在庫が急増している会社は赤信号かもしれない。また、ソフトウェアの資本化などの項目で経費を繰り越している会社も要注意である。
　私たちは、資産の質（素早く現金化できるほど良い）を知るために、

直近のバランスシートを調べる。まずは主な負債を調べる――繰延歳入収益は良いが、近いうちに満期を迎える負債は良くない。また、株主資本に優先株が含まれているかどうかも確認する。私たちのような普通株を保有している投資家は、優先株を株主資本とはみなさずに負債と同様に考えるべきである。これが重要なのは、スクリーニングツールの多くが優先株を資本に含めているために、本当のPBRが見た目よりも高い可能性があるからだ。つまり、このようなシナリオでは、会社が見かけよりも高いということである。

だれがその株を売買しているのか

私たちは投資を考えるとき、最近のインサイダーの取引と機関投資家の株主を確認している。小型株や超小型株というあまり注目されていない分野では、インサイダーと投資家の情報のギャップが大きいため、インサイダーの売りは、大きなマイナス材料になることがある。そして、インサイダーの買いはもちろんプラスになる。もし最近になって、現在の株価よりも高く買っていればさらに良い。また、機関投資家が所有している株というのも好ましく感じる。特に、その機関投資家の投資手法や投資を決めるときの根拠が分かっていればなおさらそう思う。

外部の株主に対する経営陣の姿勢はどうか

私たちは、経営陣の現金報酬が比較的少なく、業績が悪ければボーナスが支払われないことが、彼らの株主に対する友好度を測る目安になると考えている。また、それ以外の現金報酬（例えば、自動車手当）も、それを見分ける方法としてよく使っている。自動車手当を受け取っているCEO（特に毎月1000ドル以上受け取っている場合）は、そ

うでないCEOよりも細かい経費まで熱心に請求している可能性が高い。会社によっては、株主総会招集通知書にこのような報酬については記載せずに、報酬全体の10％以下などと記している場合もある。ただ、開示していないこと自体がさらなる警告なのかもしれない。ストックオプションも、小企業では異常な状態になっていることがあり、毎年株主の資本の数％がインサイダーに移っていないか確認する必要がある。このような価値の略奪は、長い期間には株主リターンを大幅に下げることになりかねない。

私たちは、経営幹部が会社のある程度の割合を所有しているのが好ましいと思っているが、それは多すぎても良くない。インサイダーの所有は20％程度が理想的で、これは経営に真剣に取り組む十分な動機になるが、株主への配慮がなくなるほど多くもない。ただ、インサイダーが大多数の株を持たなくても勝手な振る舞いをする方法はある――期差任期取締役制度、ポイズンピル、インサイダーが複数議決権株式を持つ、会社の支配権が変わった場合の手厚い退職条件など。また、株主総会招集通知書に書かれている関係者間の取引も確認するとよい。これらの取引は、害のないものもあるが、なれ合いの取引であればインサイダーの株主軽視の姿勢を示している。なかでも最悪なのは、インサイダーが自社株を買うための資金の貸し出しである。過去には、インサイダーが買ったあとで株価が下落すると、会社がこのローンを放棄するというケースが何回も起こっている。

経営陣について、ポール・ソンキンも興味深い見方を披露している。

> 私たちが時間を割いて調べる書類のひとつが株主総会招集通知書です。ここには、報酬や取締役会などの情報に加えて、インサイダーの不正行為を探すことができる「特定取引」というセクションがあります。多くの場合、ここにはCEOが社屋を所有していてそれを会社にリースバックしていることや、会社が支払ってい

る経費などが記載されています。小企業の場合、ここで小麦ともみ殻を選り分けなければなりません。もし所有者が経営していれば、たいていは好ましい経営が行われています。しかし、そうでないケース、つまり経営者が大量の株を所有しているのに、そのうえに高額の報酬を受け、会社を自分の貯金箱のように使っていたケースも実際見てきました。

株価は過去のレンジのどの辺りにあるか

　もし株価チャート上の現在の株価が過去数年の高値近くにあれば、本当にその株が割安なのかどうかをよく調べる必要がある。もし過去の株価が現在よりもかなり安ければ、その理由を調べることで（例えば景気循環型の事業だから）重要なリスクを見逃す可能性を低くすることができる。テクニカル分析と違い、私たちはチャートを予想のためではなく、過去を知るために使っている。株価チャートは、その投資が魅力的かどうかの最終判断を下すためのものではない。むしろ、投資候補をさらに分析する価値があるかどうかを判断するための材料のひとつでしかない。

　株価のトレードレンジよりも、経営指数を修正したデータのレンジのほうが多くを教えてくれる。例えば、その会社の現在と過去の予想PERを分析すれば、この会社の収益成長に関するマーケットの見方がどのように変化したかがすぐに分かる。また、PERのパーセンタイル順位を同業他社の過去のパーセンタイル順位と比較してもよい。そうすれば、その会社が同業他社と比べてどう見られているのかも分かる。非常に安定している会社を除き、多くの会社は年間利益率が大きく変動するため、PERも大きく変動する。そのため、過去の企業価値収益比率をグラフにすれば、その絶対数からもパーセンタイル順位からもさらなる洞察を得ることができる。

最後に、会社の質を主観的に判断する

それまでの調べで候補の会社が株主重視で統計的にも割安だと納得したら、その会社のビジネスモデルと長期的な見通しについて、質的な査定に入る。この段階の分析の一環として、私たちはその会社の直近の年次報告書と四半期報告書を精査する。また、過去のさまざまな報告書を読んで、経営陣のコメントの変化も見ていく。そして、この会社の製品やサービスの質と競争力だけでなく、ほかの優位性があればそれが持続するかどうかも見極めたい。

投資のアイデアを調べる過程で、これまでにその会社の業界内の位置づけや、その業界の見通しを分析するのにかなりの時間を割いてきた。ここで、この会社や、ライバル社や、顧客や、納入業者やそれ以外の関係者に疑問をぶつけてみてもよいかもしれない。ただ、小企業の場合、正しい人から情報を得られるとは限らないため、パッシブ投資家が実際にできるデューデリジェンスは、会社によってかなりばらつきがある。

株を買うかどうかの最終決定は、主観的な判断になる。ここは、投資が科学ではなく芸術に近いということが明らかになるところでもある。投資に関するどのような論文も、あらゆるチャンスについて判断を下す方法を説明しつくすことはできない。しかし、本書を通して、理にかなった投資判断を下すための洞察をできるかぎり紹介していこうと思っている。

本章のまとめ

次の10のポイントを覚えておいてほしい。

1．いくつかのカギとなる出来事が、小型株投資家にとってはチャン

スになった。このなかには、機関投資家が増えたこと、優れたアナリストやポートフォリオマネジャーの報酬が高騰したこと、小型株がほとんどのマーケット指標から除外されていること、証券会社が小型株をあまり調べていないことなどが含まれている。

2. 大株主がCEOに影響を及ぼすことができるのは、大企業よりも小企業のほうだろう。投資会社が実質的に運営している小企業もたくさんある。

3. 過去のデータを見ると、小型株の長期パフォーマンスは大型株を統計的有意性をもって上回っている。もちろん、パフォーマンスは時期によって違っているし、2つのクラスは定義の仕方も違うが、小型株の優位性は明らかだ。

4. もし小型株全体のパフォーマンスが大型株を上回らなくなっても、最高のパフォーマンスと最低のパフォーマンスの差は今後も大きいはずだと考えれば、リサーチ重視の投資家にはチャンスがあると言ってよいだろう。

5. リサーチ重視の投資家にとって注目されていない分野は宝の山だが、たくさんの人が投資したからといって非効率性が解消されるわけではない。

6. 小型株の世界では、定量的なスクリーニングのあとにさらに調べる価値がある。プロの投資家で、小型株に可能な質的評価をすべて行っている人はあまりいないからである。

7. 発言に慎重な大企業の幹部と比べて、小企業の幹部は率直な人が多い。小企業のCEOに会社の調子を尋ねれば、何か答えてくれる可能性がある。

8. 小型株投資の欠点のひとつに、流動性がかなり限られるということはよく知られている。トレードされている株数が少ないため、ある程度以上の資金を投資する場合は、ポジションを増やすときも減らすときも注意が必要になる。価格のスプレッドが大きく、

マーケットインパクトが大きく、おそらく取引手数料も高いため、小型株は仕掛けるのも手仕舞うのもコストがかかる。
9. 小型株の最高のチャンスは、定量的なスクリーニングではなかなか見つからない。理由はさまざまだが、例えば、小企業はファンダメンタルズが急速に変化することや、経営力価値に与える影響が大企業よりもはるかに大きいこと、財務報告に一時的な項目をまとめて計上していることなどがある。
10. 隠れた転機は、複数の事業（そのうちのひとつは、伝統的な衰退事業）を運営している小企業のなかで見つかるかもしれない。もし本業以外の利益が今後伸びそうならば、それが金脈の可能性がある。

第8章

スペシャルシチュエーション戦略──イベントドリブン型の投資チャンスを探す

Special Situations : Uncovering Opportunity in Event-Driven Investments

「単純さは洗練の極みである」──レオナルド・ダ・ビンチ

　書きたいことはたくさんあるが、スペースは限られている。本章の難しさを一言で言えばそういうことだ。スペシャルシチュエーションという壮大なテーマを限られたページでまとめることはとてもできない。とはいえ、もしこの戦略について少しでも分かりやすく説明し、包括的な考えをいくつか紹介できれば、この興味深い分野の専門知識が少しだけ学びやすくなるかもしれない。スペンサー・キャピタル・マネジメントでポートフォリオマネジャーを務めるケネス・シュービン・スタインは、このテーマについて、次のように語っている。「私たちにとって、スペシャルシチュエーションは困窮した会社から、破産、再生、スピンオフ、債務による資本再構成、大量の自社株買い、そして、収益力を損なっても長期的な本質的価値を維持するための大きなイベントを控えている会社まで、あらゆるケースを含みます」

　さらに広い観点から言えば、スペシャルシチュエーションとは短期～中期的な株価が株式市場全体のパフォーマンスとはほとんど関係のない動きになるものをすべて包含している。つまり、株価のパフォーマンスとは、投資家が受け取る配当やそれ以外の現金や現金以外の価値をすべて含んだ投資リターンなのである。ただ、ここに会社の事業パフォーマンスやその長期パフォーマンスが含まれていないことに注

目してほしい。会社のパフォーマンスは、たとえスペシャルシチュエーションでなくても、株価の動きともマーケットのパフォーマンスとも異なるかもしれない。

すべての証券は、十分長い期間で見れば、スペシャルシチュエーションと言えるのかもしれない。長期的な株価にとって、マーケットの役割は投票機ではなく計量機に近いからだ。ただ、スペシャルシチュエーション投資を通常の投資と区別するためには、実質的にすべての会社が含まれるような定義は避けなければならない。そこで、本書では時間枠を約２年としたが、必要に応じて例外も認めることにする。

投資家のなかには、スペシャルシチュエーションについて、その会社で近い将来に起こる出来事が投資リターンを生み出すイベントドリブン型の投資だと見ている人もいる。しかし私たちは、例えば買収されることが重要な出来事であっても、買収候補になることがスペシャルシチュエーション投資の候補だとは思わない。買収のうわさはスペシャルシチュエーションとするには投機的すぎる。イベントドリブン型のチャンスは、戦略的な出来事の進展に従い、投資家に認知されていくことになる。また、スピンオフや資本の再編成などといった会社の大きな出来事があれば、経営陣は投資家の分析の助けになるように予定を公表することもある。

なぜその方法はうまくいくのか

スペシャルシチュエーションという分野は、ほかの株式投資の定義と重複する部分がある。むしろ、小型株投資の一部は、特別なイベントに対処することでもある。ディープバリュー株は、資産を清算し始めたり、特別配当を支払ったり、そのほかの戦略的行動を取り始めるとスペシャルシチュエーションになる。多くの場合、明確な境界線があるわけではないが、それであきらめてはならない。スペシャルシチ

ュエーションというテーマに明確な枠組みはなく、むしろ緩やかな指針をもとにチャンスを探していってほしい。

さまざまな学術研究によって、スペシャルシチュエーション投資の長期パフォーマンスが高いことは確認されているが、まずはこの投資に分類できるシチュエーション（状況）とそうでないものを区別していかなければならない。ただ、時期によって相対的なパフォーマンスは大きく変わるため、過去の研究に依存すべきではない。例えば、ジョエル・グリーンブラットの**『グリーンブラット投資法』**（パンローリング）――1997年にスペシャルシチュエーションについて書かれた画期的な本――が発行されてからは、スペシャルシチュエーションにスピンオフ、株主割り当て、企業再編、資本再編、リスクアービトラージなどが含まれるようになった。そして、たくさんの才能と資本によってそれまでよく分からなかった分野が人気分野になり、投資の期待リターンは下がった。ちなみに、大手機関投資家はスペシャルシチュエーションにあまり関心を払っていないが、あらゆる分野に手を出すヘッジファンドが台頭してきたことで、この種の証券にも継続的な関心が持たれるようになった。

表8.1に、株式投資家にとってチャンスとなり得るスペシャルシチュエーションの一部を紹介してある。これらのすべてがイベントドリブン型投資に当てはまるわけではないが、どれも非効率になり得る分野ではある。

知られていないことの恩恵

ニッチなマーケットは、勤勉な投資家にとってだれにも知られていないほどマーケットを上回るリターンにつながる可能性が高い。ケリスデール・キャピタル・マネジメントでポートフォリオマネジャーを務めるサーム・アドランギは、彼の会社で高パフォーマンスを上げ

表8.1　株式市場で投資候補を探すための情報源

情報	理由
節税のための売り	節税効果が売りの判断に影響を及ぼすため
指標の構成銘柄を外れる	インデックスファンドは投資のメリットと関係なく売らざるを得なくなる
配当取りやめ	配当型ファンドや利回り重視の投資家は売る可能性が高い
困窮した売り手	売り手にとっては満額で売るよりも目先の流動性のほうが重要
スピンオフ	親会社の株主はメリットと関係なくスピンオフした会社を売る可能性がある
株主割り当て	困窮した会社が株主重視の姿勢で資本を再構成するかもしれない
期待外れの成長	成長株狙いの投資家は売るが、バリュー投資家はまだ買わない
大きな不安要素	買い手のほうが売り手よりも厳しいデューディリジェンスを行っている
大きな欲望	空売りする人のほうが買い手よりも厳しいデューディリジェンスを行っている
判断力がいる	簿価や収益からは価値が明らかではなく、何年かあとに分かる
一時的なブーム	アナリストは一時的な成長を長期間続くものとして見誤る
株主重視の経営	投資家は、優れた資本配分のメリットを過小評価している
価値ある無形資産	ブランド、販売力など、バランスシートに出てこない要素
簿価の1倍、低EPS、債務なし	ROC（資本利益率）が高く、高い資産価値が一時的に下落している会社
最近のバイアス	投資家が最近の出来事を重視して状況判断を誤る
宣伝中の会社	証券会社の支援とアピールによって意図的に株価を高めることもできる
複数の資産	サムオブザパーツの価値が時価総額を上回っている可能性がある

出所＝ザ・マニュアル・オブ・アイデア

ている分野について次のように指摘する。「私たちは、公開市場のなかの変わった分野や独特な分野に精通し、その深い知識を使っていくつかの素晴らしい投資を行ってきました。例えば、2009年後半にはSPAC（特別買収目的会社）の運営方法に精通することで、ワラント債で大きなリターンを上げました」。ただ、ケリスデールなどの成功もあってSPACへの関心が高まったため、この分野の予想リターンは下がったかもしれない。さらに言えば、SPACの盛衰は、さまざまな要素が相まってこのようなチャンスの供給が変わる様子を示しているとも言える。SPACの場合は、2007年にリバティー・アクイジション・コープが9億ドルを調達したころがピークだったのかもしれない。そのあとの金融危機はSPACの資金調達力に影響を及ぼした。今後、SPAC関連のスキームがプライベートエクイティに変わる手段として短期間謳歌した地位を再び取り戻すかどうかは定かではない。

アメリカでは2000年半ばに住居用不動産の値上がりが加速し、それに関連した新しい金融商品が生まれたことで、それまで知られていなかったスペシャルシチュエーションのチャンスが大量に出てきた。何千ページにも及ぶ住宅ローン関連証券の目論見書を精査する意欲と能力があれば、マイケル・バリーのような洞察を得ることができたかもしれない。この並外れたリターンをもたらした短くて巨大なチャンスについては、マイケル・ルイスの『世紀の空売り』（文春文庫）に詳しく書いてある。多くの投資家がサブプライムバブルの崩壊を振り返って逃したチャンスを惜しむなかで、バリーの関心は農地など、みんなとは違う金融投資に移っていったのである。

アドランギはSPACの経験から、さらなる利益が期待できるいわゆる中国系企業のRTO（中国系の会社がアメリカの会社を逆買収してアメリカの取引所で上場した会社）へと関心が移っていった。この10年間、主に三流の証券会社が経済成長を取り込みたいアメリカの投資家の要望を満たすために、中国のRTOの素晴らしい成果を売り込ん

だ。中国系のRTO会社というニッチ分野は、金融サービス業界の野望と、投資家の希望と、不正をもくろむ中国企業の幹部によってマーケットに不透明な現象を起こしていった。RTO株を空売りすることは、スペシャルシチュエーション投資の定義に当てはまらないかもしれない。しかし、多くの詐欺事件が発覚するスピードと、それによってその株のパフォーマンスがマーケットのそれとかけ離れてしまったことで、アドランギは桁外れのリターンを上げていった。ちなみに、RTOは空売りが成功したことで、問題を抱えた会社が一掃され、このチャンス自体もなくなった。

情報と分析の非効率性

　スペシャルシチュエーション投資を投資候補に含めるのが難しいのは、多くの投資家がこのようなアイデアについてほとんど知らないことなど、いくつかの理由がある。ジェイク・ロッサーは、「スピンオフや、失敗したIPO（新規株式公開）や、組織再編後のチャンスにおいては、情報の非効率性がよく認められます」と言う。しかし、適切な分析をするために必要な情報を得るためのハードルも、チャンスを見つけるための推進力になるのかもしれない。小型株投資でも情報を得る難しさがあり、スピンオフなどといった戦略的出来事に関するデータは、収益情報や季節的なイベントほど簡単には手に入らないことが多い。上場会社のデータベースにはスピンオフのデータを記録する適当な場所がない場合が多いため、投資家は特別なデータベースを探したり、開示書類やニュースリリースから必要なデータを探したりしなければならない。情報が非効率的なマーケットでは、正確かつ適切な情報をタイミングよく得るために努力した人だけがその恩恵を受けることになる。

　分析の非効率性は、スペシャルシチュエーションで高パフォーマン

スを上げるためにさらに大きな役割を果たすのかもしれない。情報は通常公表されており、投資家がそれを探す意欲があれば見つかるかもしれない。しかし、多くのマーケット参加者は、分析というハードルを越えるのに苦労している。スペシャルシチュエーションのなかには、手ごわそうなケースもあるかもしれない。スピンオフでは、新しく作られる会社をどのように評価すればよいのだろうか。また、それはスピンオフ前の会社の株主にとってどのような意味があるのだろうか。借り入れによって資本を再構成すれば、株主にとって新たな負債はどのような意味を持ち、希薄化した証券の発行についてはどう対処すればよいのだろうか。このような疑問はいくらでもあり、質問すればするほど混乱する場合もある。スペシャルシチュエーションで利益を上げるためには、その意味よりも、何が価値をもたらすのかを考えるとよい。

スペシャルシチュエーション投資 ── 利用と誤用

　ジョエル・グリーンブラットやマイケル・バリーやサーム・アドランギにあやかりたくてスペシャルシチュエーション投資に資本を配分するだけでは、望んだ結果にはならないかもしれない。これは桁外れの利益にも損失にもなり得る分野で、その差は紙一重のときもある。このまったく異なる結果は、タイミングや証券の選択、トレードの実行、手数料などに左右される。

　例えば、中国系のRTO株の場合、空売り派が発行したリサーチに基づいて行動した投資家は、仕掛けるのが遅すぎて手仕舞うのが早すぎれば、空売り戦略自体は正しかったとしてもやはり損失を被ることになる。これは極端なシナリオではない。十分な根拠に基づいた不正の告発があれば、株価がギャップダウンすることも珍しくないからだ。ちなみに、株価が大きく下落したタイミングを逃しても空売りする投

資家もいる。結局、完全に不正な会社ならば、株の価値などないからだ。残念ながら、株価が下がり続けてもペースが遅ければ、激しく空売りされた証券には貸株料もかかるため、投資家は資金を失うことになる。さらに悪いことに、不正の多くは最初はその影響を受けた会社やマーケットメーカーとなった証券会社にまったく無視されている。そして、無視されたあとは一時的な猶予期間が与えられることが多い。つまり、もし株価が反発したのを見て投資家が空売りに懸念を持ち始めれば、過剰な買い戻しが起こるかもしれない。

スペシャルシチュエーションのパッシブ投資には、株式全般のパッシブ投資よりもはるかに大きなリスクがある。もし質が高く、資金力もある会社（例えばプロクター＆ギャンブル、ジョンソン・エンド・ジョンソン、コカ・コーラなど）の株を買えば、一時的な評価損は時間を置くことで消えるだろう。しかし、スペシャルシチュエーションの場合、間違った証券を買うと損失を実現せざるを得なくなる場合がある。また、この種の投資の多くは回転率が高く、短時間でたくさんの判断を下さなければならないため、ミスも起こりやすくなる。自分の投資について、エッジが分からなくなったときは、ペースを落とすか、時間の経過で結果が向上する投資先を選ぶとよい。

ロボット的な分析の危険性

　私は、1980年代に共産主義政権下のユーゴスラビアで過ごした5年間の小学校生活についてあまり記憶がないが、恐怖の暗記練習だけはよく覚えている。私たちは第二次世界大戦中に共産主義が勝利した日付や政治指導者の誕生日などといった無意味なことを覚えさせられていたのだ。しかし、家族がこのユーゴスラビアの洗脳システムから逃れたおかげで、私は分析的思考力と創造力を伸ばすことができた。ただ、西側で育っても、機械的な暗記から逃れることはできなかった。

子供たちがテストで良い点を取るために理解しないで丸暗記することを嘆く声はよく聞かれる。投資もある意味テストだが、これは機械的に暗記しても良い点は取れない。

　どれほど才能があっても、潜在力を最大に引き出すためには、何らかのシステムが必要になる。ルールと過程が分かっていれば、ある特定の規定を無視することで意思表示ができる。21世紀の偉大な哲学者でもあるアーノルド・シュワルツェネッガーは、「法律は守るが、ルールは破れ」と助言する。この教えは人生でも投資でも役に立つ。ちなみに、投資の法則というのは、政府が課している制限のことではなく、長期的に成功したければ無視することができない真実のことを指している。例えば、すべての資金をひとつのアイデアに繰り返し投資していれば、長期間のうちには資金を失うことになる。もしポートフォリオ全体で過剰なレバレッジをかければ、長期的な結果はやはり期待できない。もしビッドとアスクのスプレッドが大きい証券をデイトレードすれば、ポートフォリオの回転と同じスピードで資金も減っていくことになる。

　一方、（投資の法則ではなく）投資のルールは、優れた投資を追及するためには破らなければならないこともある。このなかには、これまでに覚えた金融の公式――例えば、資本利益率や評価比率など営業パフォーマンスを示す基準――なども含まれている。もし企業価値を時価総額足す純負債と覚え、この定義を投資のあらゆる状況で用いれば、どこかで判断を誤るかもしれない。

　例えば、時価総額が5000万ドルの会社に、2億ドルの現金と1億5000万ドルの負債、2億5000万ドルの前受け債務（チケットの売り上げ、雑誌購読料、学費納入など）があるとする。標準的な企業価値の公式を使うならば、時価総額の5000万ドルと負債の1億5000万ドルを足し、2億ドルの現金を引けばよい。しかし、それではこの会社の企業価値はゼロになり、それ以降の企業価値を用いる評価で好ましい結

果は出なくなる。

　しかし、マーケットは本当にこの会社の価値をゼロだと評価しているのだろうか。もしこの会社が現金で1億5000万ドルの負債を返済し、株主に5000万ドルの配当を行い、株価をゼロにしたらどうだろうか。もちろん、会社は現金を保有することで前受け債務の履行に備えているのかもしれない。また、この会社の事業が不調なときは、通常は望ましいはずのマイナスの運転資本がお金がかかるビジネスモデルに転じてさらに身動きがとれなくなってしまうかもしれない。

　投資家のなかには、営業パフォーマンスの基準として証券分析でよく用いられるEBITDAを、ロボット的に使ってしまう人がいる。EBITDAは、利払い前、税引き前、償却前利益の頭文字で、そのまま公式になっている。私たちは、この公式に異論を唱えるつもりはないが、これがレバレッジ調整済の利益率やキャッシュフローの基準として権威的に使われていることには疑問を持っている。EBITDAのなかのDAは有形固定資産の減価償却費（D）や無形固定資産の償却費（A）などの非現金経費を表している。DとAを営業利益に加えると、困窮している会社でも金利を支払い続ける能力があるように見える。もし経営陣が設備投資を切り詰めれば、現金収入がGAAP（一般に公正妥当と認められた会計原則）の利益を上回り、報告利益率よりも強固な財務状態になるかもしれない。ただ、このようなEBITDAの常識的な使い方が、今ではこの基準の過度な応用につながっている。もし順調な通信会社を分析して、現状維持のための設備投資がおおよそDとAと同じならば、EBITDAは所有者の収益を明らかにするどころか、むしろ見えにくくしている。

　スペシャルシチュエーション投資は、タイプによって独自のルールや専門用語や略語が出てくるため、ロボット的な分析がされやすい。投資家は、スペシャルシチュエーションに関する重要な公式や概念を覚えるだけでも手いっぱいで、許容されているルールを疑問視するこ

第8章　スペシャルシチュエーション戦略――イベントドリブン型の投資チャンスを探す

とまで手が回らないからだ。しかし、機械的な見方を疑わないと、教科書的に魅力的なチャンスが優位に見え、そこに重大な不備があっても気づかないことがある。

　いつルールを曲げ、いつ破るべきかは経験が教えてくれるが、そのためにはしっかりと目を見開いて投資しなければならない。アンダース・エリクソンやマルコム・グラッドウェルが言うところの意図的な練習をすることで、継続的に改善していくか、いずれ衰退するかの違いが出る。エリクソンによれば、「経験がなければ傑出したプロにはなれませんが、たくさんの経験を積んだからと言って必ずしも専門家になれるわけではありません」。どうすればよいかを聞くのではなく、なぜ、仮にこうすれば、と考えれば、探究を始められる。百聞は一見にしかずと言うように、リアルタイムの投資経験は、1000の洞察と同じくらい価値があるのかもしれない。そして、その過程で質問をすればするほどその洞察を身につけることができる。

　洞察のなかには、しかるべきときに探究の過程を始めなければ得られないものもある。もしそれをすれば、のちにその過程を新たな洞察でさらに高めることができるが、正しい時点で始めなければすべての洞察をつかむことはできなくなる。これは、投資家が投資したかもしれない時点のデータで仮説を試すことができるポイント・イン・タイム・データベースの考え方と少し似ている。例えば、決算データは集計されて発表されるまでにかなりの時間がかかるため、バックテストをするときに、その時点で入手できたデータを使うか、のちに修正されたデータを使うか悩むところだ。もちろん、数字を即座に知ることができれば素晴らしいパフォーマンスを上げられたかもしれないが、実際には投資判断を下した時点で入手可能だったデータを使ってバックテストを行うほうが理にかなっている。

　長い期間、意図的な練習ができるようになるためには、自分の投資経験を、見送った判断も含めてすべて書き出してみるとよい。それぞ

れの判断の理由を記録しておくことで、将来評価を下すときの基準ができる。また、再び後悔したり間違ったりしないためには、過去を修正したいという衝動を抑えなければならない。ジェームス・モンティエによれば、「投資アイデアに関する日記をつけることは、行動バイアスに関する強力な備忘録になります。これがあれば、リアルタイムで自分が何を考えていたのか分かり、それを時間を置いて冷静に評価できるからです。ただ、この方法の欠点は、学びのもととなる間違いのリストを作るのに時間がかかることです」。モンティエが最後に挙げた点は重要だ。正しく判断しても悪い結果になることもあるため、サンプルが少ないと間違った教訓を得てしまうことさえある。ポーカープレーヤーは、シングルハンドでどれほどうまくプレーしても望む結果が出ないことを知っている。しかし、1回悪い結果が出たからといって、手法を修正する十分な理由にはならない。成功した投資家の打率が50％を少し超える程度だとすれば、ある程度自信が持てる教訓を得るためには、かなりの数の結果が必要であることは明らかだろう。

　投資が機械的になりすぎないようにするためには、内部からの見方に加えて外部からの見方も取り入れるとよいのかもしれない。レッグ・メイソン・キャピタル・マネジメントのチーフインベストメント・ストラテジストで、サンタフェ・インスティチュートの会長も務めるマイケル・モーブッシンは次のように言っている。

> 大事なことは、予想をするときに、そのケース特有の状況や基本レートを考慮するということです。状況を考慮するというのは、手持ちの情報と自分の見方を組み合わせることです。心理学者はこれを「内的視点」と呼んでいます。基本レートを考慮するというのは、「ほかの人たちは、以前この状況でどうなったのか」と考えることで、これは「外的視点」です。カーネマンとトベルスキーは、ほとんどの人が判断を下すときに内的視点に頼りすぎ、

外的視点が足りないということを証明しました。

　ロボットは、決まった過程を実行したり、数字を処理したりするには優れているかもしれないが、ほかの人の行動を考慮して動くのは得意ではない。しかし、投資はほかの人たちのメリットも考慮して行動する必要がある。スペシャルシチュエーションは、複数の関係者のゲーム理論的な相互作用がかかわっている。経験に基づいて、さまざまなプレーヤーの関心や動きの可能性を考慮しながら判断を下していくことで、私たちは計算機をはるかに上回る考えをめぐらすことができるのである。

年間リターンをもたらすドライバーとしてのタイミング

　スペシャルシチュエーション投資は、タイミングが年間リターンに及ぼす影響が大きいため、絶対リターンの期待値と同じくらいタイミングにも注意を払う必要がある数少ない投資のひとつである。タイミングの重要性は、イベントドリブン型投資という言葉にも反映されており、タイミングはそのイベントの重要な要素になっている。リスクアービトラージ（例えば、公表されたM&Aのスプレッドを狙ったトレード）の期待リターンは、かなり低いかもしれない。しかし、それが実現されるまでの時間が短ければ、年間リターンは大きく上昇する。絶対リターンが比較的低いと、タイミングの違いで年間リターンが大きく変わってくるため、タイミングの変化を分析することが重要になる。

　イベントドリブン型のチャンスにおいてタイミングが重要なのであれば、長年いわゆるタイムアービトラージをエッジのひとつとしてきたバリュー投資家は、考え方を変える必要があるのかもしれない。バリュー投資家は、時間をアービトラージすることでほかのマーケット

参加者の短い時間枠から恩恵を受けてきた。もしほとんどの投資家が数年かかるアイデアを見送るならば、（理由は忍耐力のなさでも組織の旧習でも）、忍耐強い投資家には適正価格よりもはるかに安く買うチャンスがある。通常、価格と価値のギャップ（安全域と呼ばれることもある）は、バリュー投資の支配的なテーマになっている。しかし、そのギャップが埋まるまでの時間は、投資の根拠としては投機的すぎるのかもしれない。それに、短い時間枠に対して大きな安全域があれば、資本利益率は資本自体の利益率よりも高くなる。つまり、イベントドリブン型の投資は、通常の短期や中期の株式投資よりもマーケット指標との相関性が低いということになる。もしボラティリティがあなた（もしくはあなたの顧客）のリスクのバロメーターならば、スペシャルシチュエーションは大きな安全域がある投資よりもリスクが低い投資と言えるのかもしれない。

　タイミングは、スペシャルシチュエーションのルールを知っていることが特に価値となる部分でもある。例えば、合併アービトラージでは、通常の展開が分かっていれば、取引完了までの時間を推測する助けになる。例えば、経営陣が完了日の目安を示したときは、インサイダーがスピードアップを望んでいることを示唆しているのかもしれない。このとき、投資家は、経営陣の予定を検証したり、別の予測を立てることができたりするほうが有利になる。そして、もし自分の情報に基づいた判断が経営陣の指針と大きく違っているときは、魅力的な投資チャンスがあるのかもしれない。合併のスケジュールに関する知識は、理論的な研究からでも実際の経験からでも増やすことができる。

　スピンオフや破産、清算などについても、それぞれの専門性を身につけると役に立つ。例えば、清算スケジュールにはさまざまなパターンがあり、なかには何年も先までかかるケースもあるため、年間リターンにもさまざまなシナリオが考えられる。そのため、投資家が通常の清算過程と、検討しているケースで考えられる進展が詳しく分かっ

ていれば、優れたパフォーマンスを上げられる可能性があるし、ひどい結果を避ける助けにもなるだろう。例えば、バランスシートの流動性が高いため、最初は普通の清算に見えた案件が、詳しく検証すると偶発負債があり、現金の分配が遅れる可能性が明らかになったケースもある。

プラスの波及効果

スペシャルシチュエーションは、専門性を身につける時間に見合うリターンが上がらないとして、この分野を投資対象から外したいという人もいるかもしれない。もし素晴らしい会社を探すことに集中し、それが割安のときに買ったならば、スピンオフや清算は計画の邪魔になり歓迎できないだろう。しかし、イベントドリブン型の投資は、バイ・アンド・ホールドの計画にほかならない。うまくいけば、スペシャルシチュエーションは終了し、新たに投資できる現金が増えるからだ。ただ、最初の急な学習曲線と比較的高い回転率に対処するためには、継続的なリサーチが必要になる。とはいえ自分の投資手法が満足な結果を上げていれば、このような努力はしなくてよいと思う人もいるだろう。

スペシャルシチュエーションに手を出すことに抵抗がある人もいるが、試してみればイベントドリブン型投資のプラスの波及効果によって報われると思う。サッカー選手が左足で蹴る練習をすると右足での蹴りも向上するように、スペシャルシチュエーションを評価するという慣れない作業も投資スキルの全体的な向上につながるかもしれない。ニュートン力学も当時は整合性がとれていたように見えていたが、アインシュタインの相対性理論が出てきたことで、物理学のいくつかの分野に新しい見方が広がった。さまざまなスペシャルシチュエーションから何が価値をもたらすのかを理解しようとすることで、さまざま

な洞察を得て、それが自分の専門分野の向上にもつながるかもしれない。しかし、そこで何を得ることができるのかを具体的に予測するのは難しい。

スペシャルシチュエーションは、さまざまな形で私たちの投資の概念を豊かにしてくれる可能性がある。まず、イベントドリブン型投資は、一般的でもモメンタムに頼るものでもないため、そのメリットを独自に査定しなければならない。また、多くのスペシャルシチュエーション投資には既定の方法があるわけではないし、ニュースが次々と入ってくるわけでもないため、自分で投資テーマを組み立て、持続していくことを学ぶことができる。

次に、スペシャルシチュエーションは、価値の意味を明確にしてくれる。例えば、清算においては、今日手放した現金の代わりに、いつ、どれだけの現金を受け取ることができるか、ということだけで価値が決まる。最終的に何の価値も残らなければ、ほかの投資家がこの会社にどれだけの金額を支払うかによってこの投資テーマを評価することはできない。典型的な清算シナリオでは、ほかの投資家の意見は参考にはならない。これは、規律あるバリュー投資家だと自負している私たちにとっても価値ある洞察である。

最後に、スペシャルシチュエーションにおけるタイミングの重要性は、私たちに年間リターンにおける時間の要素を気づかせてくれる。価値と価格のギャップを最大にするのではなく、小さなギャップでも適正価格を認識させる触媒があれば大きな成果が上がることを学ぶことができるのだ。つまり、忍耐強い私たちバリュー投資家も、タイミングについては知っておいたほうがよい。ただ、タイムアービトラージを規律を持って持続するのは難しいことだが、触媒となる出来事を探す方法よりも利益率は高いと思う。

スペシャルシチュエーションを探し出す

イベントドリブン型投資は、定量的なスクリーニングが効率的に使えない。スペシャルシチュエーション投資の多くは、会社のイベントが発表されてもまだ実現されておらず、従来のスクリーニングツールには試算データがないときにチャンスが生まれる。ただ、その取引が完了しても、新たな現実をデータベースに反映させるには少し時間がかかるかもしれない。さらに、取引後の財務内容がスクリーニングデータベースに入力されたとしても、その会社とスクリーニングの条件に合ったほかの会社を見分けるのは難しいのかもしれない。

従来のスクリーニングツールを使ってスペシャルシチュエーションのチャンスを探す

定量的なスクリーニングツールを使って特別なイベントが完了したばかりの会社を探すとすれば、多少の工夫が必要になる。例えば、幅広い範囲（例えば時価総額のみの条件から始める）の会社の過去1カ月、3カ月、12カ月の株価の変化を表示してみるとよい。そうすると、最近株式を公開した会社は、従来のIPOであれスピンオフであれ、該当する株価が表示されない。多くのスクリーニングツールには信頼できる過去の株価データが入っているため、最近の株価がないということは、その会社がまだ適切なデータを公開していない可能性が高い。そこで、その会社の開示書類かウェブサイトの投資家向け画面でその会社が上場会社になった状況を確認してほしい。

もうひとつの工夫はゆっくりと成長している会社の収益が不自然に急上昇したケースを探すことである。このような会社は、転機となる買収をしたのかもしれない。M&Aは価値を破壊することも多いが、相乗効果がある会社を妥当な価格で買えば、創造的な効果を生むこと

もある。残念ながら、売り上げが大きく上昇した会社が多くの投資家のレーダーを逃れるということはあまりない。ただ、ほとんどの投資家は、収益の上昇が本業の成長ではなく戦略的な出来事によるものだと気づいた途端に、リサーチをやめてしまう。

次の工夫は、発行済株数の数に注目する。この数が大幅に減っているときは望ましいケースが多く、もしかしたら大規模な自社株買いが行われ、効果的にバランスシートの再編が進んだのかもしれない。もし株が推定される適正価格よりもはるかに安く買い戻されていれば、それは興味深いチャンスかもしれない。その一方で、直近の報告書で株数が大幅に増えている会社もある。発行済株数が増えているということは、ほかの条件が同じならば、精査が必要な出来事があったのかもしれない。例えば、その会社が最近ライバル会社を良い価格で買収し、現金と株式（またはすべて株式）で支払い、市場を統合して相乗効果を生み出しているのかもしれない。しかし、もしその会社の株価が統合のあとで下落していれば、買収された会社をその買収価格よりも安く買うチャンスということになる。別の例も見てみよう。希薄化する可能性が高いために株価が急落した会社があるとする。このような会社は、バランスシートを強化するためにどれくらい希薄化したのかが明確でないうちは、下落のモメンタムは衰えない。しかし、最近になって発行済株数が急増していれば、希薄化するイベントが終わり、新たな株数で価値を評価する段階に至ったのかもしれない。もしこの株が資本再編のあとも大幅に過小評価されていれば、それはやはり興味深いチャンスの可能性がある。

イベントドリブン型のアイデアを探すためのそのほかの方法

スペシャルシチュエーションを探すためには、完全とは言えない定

量的スクリーニング以外にもいくつかの方法がある。金融メディアは企業の戦略的なイベントを好んで報道するため、ニュースとその関連報道は大いに役に立つ。さらに、ウォール・ストリート・ジャーナル紙やフィナンシャル・タイムズ紙、エコノミスト誌などといった通常の情報源に加えて、私たちはオンラインのメディアやブログからも価値を探している。その一部を紹介しておこう。

- タダス・ビスカンタのアブノーマル・リターンズ（http://www.abnormalreturns.com）
- ライアン・オコナーのアバブ・アベレージ・オッズ（http://www.aboveaverageodds.com/）
- デビッド・マーケルのアレフ・ブログ（http://www.alephblog.com）
- サジ・カーサンのバレル・カーサン（http://www.barelkarsan.com）
- ジョナサン・ヘラーのチープ・ストックス（http://www.stocksbelowncav.blogspot.com）
- アンドリュー・ロス・ソーキンのディールブック（http://www.dealbook.com）
- トビー・カーライルのグリーンバック（http://www.greenbackd.com）
- グレッグ・スピーチャーのアイデアス・フォア・インテリジェント・インベスティング（http://www.gregspeicher.com）
- ジョン・ディスタニスラオのシャドウストック（http://www.shadowstock.blogspot.com）
- タリク・アリのストリート・キャピタリスト（http://www.streetcapitalist.com）
- ラビ・ナガラジャンのザ・ラショナル・ウォーク（http://www.rationalwalk.com）

- ウェス・グレーのターンキー・アナリスト（http://www.turnkeyanalyst.com）
- ジョー・コスターのバリュー・インベスティング・ワールド（http://www.valueinvestingworld.com）
- トッド・サリバンのバリュープレース（http://www.valueplays.net）
- ジェイコブ・ウォリンスキーのバリューウォーク（http://www.valuewalk.com）
- ミベーン・フェイバースのワールド・ベータ（http://www.mebanefaber.com）

そのほかに、ビル・ミッチェルのスピンオフ＆リオーグ・プロファイルスなどといった専門分野のニュースレターも、スペシャルシチュエーションの情報源として体系的にデータや分析を提供してくれる。また、サンジーブ・パサドが仕切っているザ・コーナー・オブ・バークシャー・アンド・フェアファックスのようなオンラインのディスカッションフォーラムも、仲間の投資家が注目しているスペシャルシチュエーションのアイデアを知るための素晴らしい情報源になっている。カスタマイズができるグーグルのニュースアラートも、公表されたスペシャルシチュエーションを追跡するための仕組みとして活用できる。

最後に、SECのウェブサイト（http://www.sec.gov）が提供している全文検索機能を使えば、フォーム10などアメリカに投資している人にとって必要な書類やそれらの書類に含まれる内容を、特定の単語で検索することもできる。厳選されたスーパー投資家のフォーム13F-HRも、興味深いイベントドリブン型の投資を教えてくれる。実際にスペシャルシチュエーション投資を行っているファンドマネジャーには、ビル・アックマン、サーム・アドランギ、デビッド・アインホーン、カール・アイカーン、ダン・ローブ、ジョン・ポールソン、マーク・ラチェスキーなどがいる。

もし特定のニッチ分野でイベントドリブン型投資のチャンスを知るための情報ルートを作りたければ、現在の分析だけでなく、将来のパフォーマンスの査定も取り込める形を作っておくとよい。例えば、終了したイベントを追跡してもあまり役に立たないかもしれないが、その情報源を日誌のように使って、さまざまな時点で下した評価を記録しておくとよい。また、そのときどきの考えも合わせて書いておくことで、状況が進行しているときの自分の判断過程を評価するための基準ができる。そして、たくさんのスペシャルシチュエーションのケースを見たほうが、特定のケースの確率や見返りを主観的に評価するためのパターンが見つかるようになる可能性が高い。

次のステップ── スペシャルシチュエーションに発展しそうな株を探す

　物言う投資家は、株主のために価値を再評価するための戦略的イベントを起こすよう取締役会に圧力をかけることが多い。意図的なスピンオフや資本再編の発表があっただけでも、隠れた価値がマーケットに知れ渡ることを期待して株価が上がることもある。そこで、もし価値を再評価するための戦略的イベントを実行に移しそうな会社を見つけることができれば、すでに発表されたか終了しているスペシャルシチュエーションよりも高いリターンを上げることができるかもしれない。

　戦略的イベントを発表しそうな会社を探すことは、過小評価されている会社を探すことでもある。明らかにすべき価値は、過小評価されている会社にしかないからだ。ただ、過小評価されている会社すべてに隠れた価値があるわけではない。なかには、価値が見えているのに、恐れなどの理由で投資家がそれを認識していない場合もある。ほかにも、過大評価されている会社が本業以外の事業をスピンオフすれば、

興味深い状況が生まれるかもしれない。ただ、この場合、投資するのは割高な親会社ではなく、スピンオフした会社のほうである。隠れた価値を再評価しようとしている会社を探すための定量的なリサーチでは、収益力ではなく、すでに解明されている資産価値に注目する。資産価値は、機械的なスクリーニングでも比較的見つけやすいし、無形の価値よりも評価が明らかだからだ。

定期発行しているザ・マニュアル・オブ・アイデアで紹介した10の定量的なスクリーニングでは、時価総額に比べて正味流動資産が大きい会社に注目した方法がある。このような会社は、流動資産を売って自社株買いや特別配当、売却、清算など、価値を再評価できる明らかな方法が1つ以上ある場合が多い。そして、このような会社の経営陣の多くは、理由は何であれ価値を再評価するために必要な行動を起こしていない。そうでなければ、株価がもっと高くてもよいはずだ。つまり、これらの会社は、株主の圧力を受けたり、同業他社や支援会社から買収を仕掛けられたりして、スペシャルシチュエーションに至る可能性がある。戦略的な行動をとる機が熟した会社を探すためには、まず、経営陣がさまざまな理由（大株主である、複数議決権株式を持っている、ポイズンピルや期差任期取締役制度など支配権を変えにくい戦略をとっているなど）で実質的な支配権を握っている会社を除外する。

スペシャルシチュエーションに関して正しい質問をする

イベントドリブン型投資のチャンスがあると、その状況特有の疑問がたくさんわいてくる。これらの疑問は、その状況の本質を理解する助けになり、そこから価値をもたらす主な要素が見えてくる。そして、その要素が見つかれば、それを査定して価値を推測することで、情報

に基づいた投資判断を下すことができる。

何が非効率かもしれない状況の元となったのか

　過小評価の理由は、投資のファンダメンタルズ的なメリットとは無関係かもしれない。まずは、その株が本質的価値とかけ離れた価格でトレードされている原因を考えてみるとよい。もし非効率性をもたらした理由が見つからなければ、自分の価値の評価に見落としや不備があった可能性が高い。しかし、もし評価が低い理由としてファンダメンタルズと関係ない要素が見つかれば、推定した価値がマーケットの評価と違っていても自信を持つことができる。そして、スペシャルシチュエーションがどのように実現し、何が株の需要と供給を動かすのかについて知りたくなる。

　スピンオフに関しては、スピンオフされる会社が本体よりもかなり小さい場合に非効率な状況になりやすいという見方が広く受け入れられている。スピンオフされた会社の時価総額が親会社よりもかなり小さくて、投資家のポートフォリオに変化を及ぼすほどではないと、新会社の株を受け取った投資家はファンダメンタルズに関係なくそれを売ってしまうことがある。そして、ファンダメンタルズに関係ない売りが株価の圧力になると、スピンオフした会社の価値を評価し、ポートフォリオで保有しようとしている投資家にとってはチャンスかもしれない。

　ただ、残念なことにこれまでスペシャルシチュエーションで過小評価をもたらしてきた要因が、今後もそうとは限らない。実際、特定のタイプの非効率性があったことが投資家に知られるようになれば、それはもう非効率ではなくなる。例えば、大手ファンドが小規模のスピンオフを売却しようとしていることが分かると、投資家のなかにはほかの小規模のスピンオフにも注目する人たちが出てくるかもしれない。

そして、小規模のスピンオフの需要が増えれば、需給の変化は何らかの形で非効率性をなくしてしまうこともあり得る。しかし、似たような考えの投資家が増えると勝率が変化することに気づかない人がたくさんいれば、以前は魅力的だったスペシャルシチュエーションのパフォーマンスが下がるところまで需要が増える可能性はある。いずれにしても、ジョエル・グリーンブラットの『グリーンブラット投資法』が刊行されたことで、スピンオフの投資チャンスは減ってしまったのかもしれない。

　私たちは、株価が非効率になるには2つの段階があると考えている。そこで、まず検討している状況で非効率性をもたらしている要素を調べる。クリストファー・デトワイラーによれば、2013年初めに韓国の優先株の株価が非効率になったのは、出来高が比較的少なかったことが原因かもしれないという。出来高が少ないと、優先株を選ぶ投資家が少なくなり、普通株と優先株の価格差が開く。そして、この動きが好循環を生み、優先株の過小評価の状態がバリュー投資家が買い始めるまで続くという。また、スピンオフで非効率性が生まれるのは、発行される前提でトレードされていても見通しが立っていないときや、決算報告の開示が短い年数分しかないとき、それ以外にも投資家がファンダメンタルズ以外の理由でトレードするさまざまな要素があるときなどである。

　次に、対象証券に特有の非効率性を生む理由を考える。これは、理由が具体的であるほど、非効率性が存在する可能性も高くなる。みんなが知っている理由では、株価にあまり影響がないが、それが非常に新しい分野だったり、それまで投資家に注目されていなかった分野だったりした場合はそのかぎりではない。スピンオフに関する証券特有の理由といえば、スピンオフした会社と親会社との相対的な規模の差や、業種の違い、主なビジネスモデルや評価基準の違いなどが含まれる。さらに、もし親会社の大株主がファンダメンタルズ以外の理由で

スピンオフした株を売る可能性があることを突き止めれば、株価が低いことを予測したり説明したりできるかもしれない。ほかにも、もしスピンオフした会社の経営陣が、自分たちのストックオプションを行使するまで投資家との交流を控えて株価を低く抑えていることが分かれば、株価が人工的に安くなっている説明がつく。

安全域とは何か

本質的価値と市場価格の差は、どのような株式であっても分析の焦点になり、これはイベントドリブン型投資についても例外ではない。通常、本質的価値に対する割安幅が大きければ、安全域も大きい。しかし、レバレッジが高い会社の場合、企業価値やバランスシート上の資産の変化が株の適正価格とは釣り合わない大きな変化をもたらすため、安全域は実はもろいのかもしれない。同じようなことは、利益率が低い会社にも言える。利益率が少しでも侵食されれば、その数字自体は比較的小さくても、収益と株の価値は大きく落ち込むからだ。最後に、価値の大きな部分が1社の顧客や1つの規制に依存している場合は、外部の不利な展開によって安全域の多くを急速に失う可能性がある。

スペシャルシチュエーションは、タイプによって価値の評価方法が違うが、所有者としての考え方を導入するという原則はすべての株式に通用する。この原則を基にすれば、特定のタイプに無理に当てはめようとしなくてもよい。そうすれば、手放す現金の代わりに何を得ることができるかに集中できる。スペシャルシチュエーションのなかには1つの分野に収まりきれないものがあることを含めて、このように考えたほうがメリットがある。もしある証券を無理やり特定のタイプにあてはめて、そのタイプに適した方法で分析すれば、価値の構成を誤って判断してしまう可能性がある。

私たちが株式をこの最初の原則に基づいて分析すれば、いくらの現金をいつ手放すのかということが確実に分かる。そこで、代わりに何を得られるのかということと、できればいつ得られるのかということを合わせて知的に推測することに集中できる。ちなみに将来受け取ることが期待できるのは、自国通貨や外国通貨建ての現金であることが多いが、何らかの証券や、ほかの資産の形をとることもまれにある。
　公表されたが完了していないスピンオフの場合、私たちは現金を投じて親会社の株を買うかもしれない。そして、その代わりにその株式を所有し、そこにはスピンオフする会社の株も少し含まれている。投資した現金と引き換えに受け取った株の価値を評価するためには、スピンオフ後の親会社の株の価値と、いずれ受け取るスピンオフ会社の株の価値を調べることになる。それには、親会社とスピンオフ会社を別々に評価し、それぞれの会社の実際の所有割合と将来の所有割合に基づいて自分の持ち分の価値を計算することになる。
　このとき、株を受け取る時期を想定して価値を推定するとよい。もし今日受け取るとすれば、今存在している親会社、つまりいずれスピンオフする会社を含めてしか価値を評価できない。しかし、スピンオフの完了日直後に受け取るとすれば、2つの会社を別々に評価することができる。もちろん、その場合は親会社の財務諸表のスピンオフした部分のデータが重複しないように気をつける必要はある。また、親会社のほうに投資するならば、スピンオフのあとにすべきだと思う。通常、スピンオフを行うのは、2つの会社を異なる基準で評価すべきだという考えがあるからだ。

価値を創造するまでの道のり

　スペシャルシチュエーションのスケジュールは、年間の期待リターンを算出するときに重要になるため、価値を実現するまでのステップ

をある程度知っておく必要がある。また、タイミングはイベントがすでに完了している場合でも、分析のなかで必要になる。例えば、スピンオフした会社は公開後の１年目は親会社の株主がスピンオフ会社の株を売るためパフォーマンスが低くなるという見方を受け入れるとすれば、スピンオフの公開日を買いのタイミングの判断材料に加えたほうがよいのかもしれない。タイミングは、期待リターンがかなり低くても時間枠が短いために年率が高くなるケースでは、重要な意味がある。つまり、時間枠が予想以上に長引くと、年率で換算すればリスク・リワードの観点から理にかなわなくなってしまう場合もある。

　価値が創造されるまでのステップを考える理由は、年間リターンに与える影響以外に、フィードバックループから洞察が得られるということもある。例えば、ディストレスト証券への投資は、その会社が資産を売却して得た現金でバランスシートを再編して希薄化を防ぐことを期待して行うため、資産売却の進展を観察して自分の見込みに沿っているかを確認したほうがよい。もしこのような売却が、何らかの条項が発動される前や元本の支払い期日前に行われる必要があれば、資産売却の遅れはこの投資テーマにおいて重大なことかもしれない。価値が創造されるまでの過程で節目となる出来事がはっきりと分かっていれば、希望的観測が勝って現実を見失うのを避けることができる。そしてもし節目となる出来事が起こらなければ（特にマーケットコンセンサスに頼らず自分で設定した節目の出来事ならば）、損失が拡大する前に手仕舞うべきなのかもしれない。

　イベントドリブン型投資の展開を考えるときは、主なプレーヤーの動機を考えてみるとよい。これは複雑な状況で複数のシナリオが考えられるうえに、関係者の利害が対立する可能性がある場合には特に有効だ。例えば、株価が落ち込んで、資本再編が必要な会社の場合、関係者の利害を考慮しないでさまざまなシナリオの確率や見返りを考えることはできない。例えば、CEOが大量の株を保有していれば、普

通は辞任して株を大幅に希薄化したり、破綻させたりするまえに、すべての手を尽くすだろう。

　スペシャルシチュエーションがうまく完了するための主なハードルは、私たちの分析にも大いに関係がある。私たちは、会社がハードルを超えるたびに、そのイベントの勝率と見返りを再評価し、すべてが完了していない時点でも価値を増やすことができる。例えば、合併が発表されたあと、ハート・スコット・ロディノ法（合併事前届出を定める法律）で定めた不作為期間が過ぎれば、完了を阻む最後の大きな障害は取り除かれる。そのため、この日を過ぎると合併のアービトラージスプレッドは大幅に狭まるかもしれない。ほかのイベントドリブン型投資にも、それぞれのハードルがある。マーケットがそのハードルの高さを認識しているほど、それを乗り越える確率を正しく評価した投資家の見返りは大きくなっていく。

本章のまとめ

　次の10のポイントを覚えておいてほしい。

1．スペシャルシチュエーションとは短期〜中期的な株価が株式市場全体のパフォーマンスとほとんど関係のない動きになるものをすべて包含している。
2．たくさんの才能と資本によって、それまでよく分からなかった分野が人気分野になり、投資の期待リターンは下がった。
3．ニッチなマーケットは、だれにも知られていないほど勤勉な投資家にとってはマーケットを打ち負かすリターンにつながる可能性が高い。
4．情報が非効率的なマーケットでは、正確かつ適切な情報をタイミングよく得るために努力した人がその恩恵を受けることになる。

5. 分析の非効率性は、スペシャルシチュエーションで高パフォーマンスを上げるためにさらに大きな役割を果たすのかもしれない。情報は通常公表されており、投資家がそれを探す意欲があれば見つかるかもしれない。しかし、多くのマーケット参加者は、分析というハードルを越えるのに苦労している。
6. （投資の法則ではなく）投資のルールは、優れた投資を追及するためには破らなければならないこともある。このなかには、これまでに覚えた金融の公式なども含まれている。
7. 洞察のなかには、しかるべきときに探究の過程を始めなければ得られないものもある。もしそれをすれば、のちにその過程を新たな洞察でさらに高めることができるが、正しい時点で始めなければすべての洞察をつかむことはできなくなる。
8. スペシャルシチュエーション投資は、タイミングが年間リターンに及ぼす影響が大きいため、絶対リターンの期待値と同じくらいタイミングにも注意を払う必要がある数少ない投資のひとつである。
9. スペシャルシチュエーションは、価値の意味を明確にしてくれる。例えば、清算においては、今日手放した現金の代わりに、いつ、どれだけの現金を受け取ることができるか、ということだけで価値が決まる。最終的に何の価値も残らなければ、ほかの投資家がこの会社にどれだけの金額を支払うかによってこの投資テーマを評価することはできない。
10. 非効率性をもたらした理由が見つからなければ、自分の価値の評価に見落としや不備があった可能性が高い。しかし、もし評価が低い理由としてファンダメンタルズと関係ない要素が見つかれば、推定した価値がマーケットの評価と違っていても自信を持つことができる。

第9章

スタブ株――レバレッジが高い会社への投資（または投機）

Equity Stubs : Investing(or Speculating?)in Leveraged Companies

「もし何かで10倍の利益を上げれば、体のなかで何らかの化学物質が分泌されるのが分かる。そして、またそれを分泌したくなる」――ビル・ブロウダー

　注意して進めてほしい。レバレッジが高い会社で投資利益を狙っている人に対する妥当なアドバイスはこれしかないのかもしれない。ティム・マケルバインも、「私がこれまでに犯した最大の間違いは、レバレッジが高すぎる会社に投資したことです」と警告している。ジェイク・ロッサーも、「AIGでもLTCM（ロング・ターム・キャピタル・マネジメント）でも、過去最大級の投資会社の破綻劇のほとんどにレバレッジがかかわっていました。レバレッジは1回使ってしまうと、自分の運命をコントロールできなくなります。そして、結果は必然的に、大金が儲かるか資本が永久に失われるかのどちらかになります」と語っている。

　スタブ株への投資は、投資家のポートフォリオと自信を揺るがす可能性もある。しかし、上場株のなかのこの分野でも、利益を上げることはできる。正しく選べば、スタブ株はポートフォリオのなかで最も大きな報酬をもたらす投資先にもなり得るのだ。**表9.1**は、ある株式投資家のバランスシートにおけるレバレッジの効果を示している。シナリオ1では、マーケットによる企業価値の推定が50％上昇し、シナリオ2では20％下落している。このような企業価値の変化は、金融レバレッジを使っている会社の資産価値に不相応に大きい影響を及ぼすことになる。

表9.1　レバレッジが高い会社の報酬と危険性

	レバレッジあり	レバレッジなし	現金がある場合
取引開始時のマーケットの推定企業価値	100	100	100
正味現金または負債	−80	0	80
取引開始時のマーケットの推定資産額	20	100	180
シナリオ１ レバレッジの威力			
その後のマーケットの推定企業価値	150	150	150
正味現金または負債	−80	0	80
その後のマーケットの推定資産額	70	150	230
企業価値の変化	50%	50%	50%
株主リターン	250%	50%	28%
シナリオ２ レバレッジの危険性			
その後のマーケットの推定企業価値	80	80	80
正味現金または負債	−80	0	80
その後のマーケットの推定資産額	0	80	160
企業価値の変化	−20%	−20%	−20%
株主リターン	−100%	−20%	−11%

　スタブ株という言葉は、この分野のチャンスの本質を非常にうまく言い表している。バーコードがなかった時代には、コンサートや野球の試合に行くと、入り口の係りがチケットを切って半券（スタブ）を渡してくれた。スタブはチケットの小さな切れ端でしかないが、その日の思い出にもなる。会社の資本構成をチケットに例えると、株式はこの半券に当たる。もしこの会社にあまり負債がなければ、スタブの価値はかなり高いため、半券とは呼べない。しかし、その会社が大き

な負債を抱えていれば、スタブ株は全体の資金のほんの一部でしかないため、このたとえ話がぴったりくる。ただ、スタブ株の定義として最大の資産比率が決まっているわけではない。むしろ、レバレッジが分析の大きな部分を占めるようになってきたら、自由にスタブ株と名付ければよい。

その方法はなぜうまくいくのか

　スタブ株のパッシブ投資が高パフォーマンスを上げるという決定的な証拠はまだない。しかし、有名なファーマ・フレンチの時系列分析の研究は、PBR（株価純資産倍率）が低い株の長期パフォーマンスは、ほかの株よりも高いことを示している。スタブ株は、一見困窮して見えるために評価が落ち込んでいる株なので、PBRが不相応に低くなっている。ただ、ファーマとフレンチのデータには、さまざまなレバレッジの比率が含まれており、スタブ株の結果だけを分けて見るのはかなり難しい。

　エール大学CIO（最高投資責任者）のデビッド・スウェンセンは、ポートフォリオの上位4分の1と下位4分の1のパフォーマンスに大きなギャップがある資産クラスについては、積極的に管理するほうが全体のパフォーマンスが改善すると説得力を持って語っている。国債の場合、このギャップは歴史的に狭いが、ベンチャーキャピタルの場合は大きい。二流のベンチャーキャピタリストならば投資家に大きな価値を提供できないかもしれないが、アンドリーセン・ホロウィッツならば、長期的に並外れたリターンを上げることができるだろう。スウェンセンが発表した分析では、スタブ株を独立した資産クラスとはしていない。しかし、もしそうしていれば、そのリターンはかなり広範囲に分散されていただろう。

　レバレッジが高い会社にパッシブ投資をしたリターンを見ても、あ

まりメリットは感じられない。ただ、この分野でマーケット参加者が上げたリターンが、ほぼ確実に幅広く分散していることは重要だと思う。つまり、まだ一部しか分かっていない要素によって、この分野で大成功できるかもしれないし、大失敗するかもしれない。まだだれもこの手法を完全に解明してはいないからだ。そうでなければ、フォーブス誌の長者番付の上位にもっと多くの投資家の名前が入っていると思う。この分野で相当なリターンを上げるのに（ただし波はある）、完璧な打率は必要ない。むしろ、幅広いリターンの可能性があることは、スタブ株という知的チャレンジに挑む積極的な投資家をあと押ししている。

　パフォーマンスが上位4分の1の投資家と下位4分の1の投資家の違いを考えてみると、マイケル・モーブッシンの一流投資家に関する見方を思い出す。「まず、彼らは投資の結果ではなく、その過程に集中しています。つまり、彼らは手持ちの情報に基づいて最高の判断を下し、結果は成り行きに任せているのです。次に、彼らは必ず勝率が自分に有利になるようにしています。最後に、彼らは時間の役割を理解しています。しばらく正しいことをしていても、結果が出ないこともあります。大事なことは、資金を管理して、明日に備え、——つまり、将来の選択肢を残すということです——長期的な視野で考えることです」

　そこで、最初はほんの少額の資本を配分するか、お金を使わない練習ポートフォリオから始めるのがよいだろう。そして、レバレッジが高い会社に関して平均以上の判断を下すことができる自信がついたら、この分野への配分を増やすという選択肢ができる。本章では、定期発行しているザ・マニュアル・オブ・アイデアの編集の過程や、スタブ株に投資した経験から得たいくつかの観察結果を紹介していく。

スタブ株への投資——利用と誤用

　この分野における判断の重要性は、いくら強調してもし足りない。もしすべての投資家がスタブ株に関して総合的なデータを持っていたとしても、それぞれの投資判断（およびその結果）は、かなり違うものになるだろう。ちなみに、判断という言葉は、ここでは特定の処方箋がないことを示している。あるときジョージ・ソロスが、自分は常にマーケットや証券について立てた仮説に基づいて投資していると語っていた。彼は常にそれらの投資を現実のマーケットと照らし、それを向上させる方法を考え、自分の判断を大事にしている。スタブ株投資でも、このような相互的な取り組み方が欠かせない。ジェームス・モンティエも次のように言っている。

> この業界ですごす時間が長くなるほど、投資において常識は当たり前のことではないということが分かってきました。良い判断は、経験と相まって下せるようになるようです。例えば、ステファン・ネーゲルとロビン・グリーンウッドによる優れた研究によれば、TMT（情報・メディア・通信）バブルで買っていたのは若いファンドマネジャーで、年配のマネジャーの多くは懐疑的でした。人は、自ら間違いを犯し、それを受け入れないかぎり本当に学ぶことはできないのです。

バイアスを避ける

　自分の判断が実は正しかったことが分かったときに、過剰反応しないように気をつけなければならない。スタブ株は見返りが大きいため、成功が中毒的な効果をもたらす場合もあるからだ。マーク・オフリエルは、「自信過剰が最大の誤りだということは、研究によって証明さ

れています。投資は、能力と努力と運が必要な難しい活動です。成功がすべて能力によるものだと思っている投資家は、無理をして失敗しがちです」と警告している。ジェームス・モンティエも次のように言っている。

> 私の最高の経験則は、自信があると感じたら、おそらく自信過剰になっているということです。このことについては、いつも同僚と議論になります。彼は、自分のアイデアには自信を持つべきだと強く信じています。私はそれには懐疑的です。その証拠に、私たちはいつも大いに自信過剰になって、注意を怠ってしまいます。投資は謙虚さと大胆さの微妙なバランスの上に成り立っています。みんなと逆のポジションをとるためにはある程度の大胆さが必要ですが、その大胆さが間違っていることを示す証拠を常に探す謙虚さも持っていなければなりません。

レッグ・メイソン・キャピタル・マネジメントのチーフ・インベストメント・ストラテジストで、サンタフェ・インスティチュートの会長でもあるマイケル・モーブッシンは、「すべての状況を確率で考えるという規律を守り、投資日誌をつければ、自分の考えを追跡して正直なフィードバックを得ることができます」と勧めている。日誌には投資テーマだけでなく、投資結果も記録しておけば、自信がある確かなデータから結果を推測できるようになるまでには長くかかるということが分かるだろう。レバレッジが高い会社からは大きすぎるほどの見返りが期待できるが、勝率は50％を大きく下回るかもしれない。そこで、成功率が低い投資でも自信を持って勝率を推測できるようになるためには、大きなサンプルサイズが必要になる。

可能な結果の確率を計算することは、リスクとリワードについて考えることであり、それはあらゆる投資判断の核心部分でもある。シュ

ローダーのスペシャリスト・バリュー・UKエクイティースのファンドマネジャーを務めるニック・キラージも次のように嘆いている。「多くの投資家がリスクとリワードのどちらかのみに注目するのは、責任を放棄しているように見えます。銀行株に投資しているのかと聞くと『リスクが高すぎるからしない』などと答える人がいます。しかし、最初に考えるべきことは、価格がいくらならばそのリスクを補えるのかということです。あるいは、『300％上がる可能性がある魅力的な株』と言うならば、それにはどれだけのリスクがあるのかということです。両方を考えることがこの仕事であり、私たちは常にリスクとリワードがどれくらいかを見極め、数量化しようとしています」

　例えば、破産申請をしそうな航空会社のケースで考えてみよう。多くの投資家が、「この航空会社は破産するから株主はいずれすべてを失う。だから自分はこの株を保有したくない」と言うだろう。しかし、もっと見識ある投資家ならば、「この会社が破産して株の価値がなくなる確率は90％ある。しかし、もし破産しなければ、この株は少なくとも10ドルの価値がある」などと言うだろう。そして、もし株価が1ドルを大きく下回っていれば、たとえ破産すると思っていても、良い投機対象かもしれない。ちなみに、もしこの会社が実際に破産しても、少額の資本をここに配分したことは悪い判断ではない。元財務長官のロバート・ルービンも、「大きくて辛い損失を被ったからといって私たち（ゴールドマンのアービトラージチーム）の判断が間違っていたわけではない」とコメントしたことがある。たった1つの結果で判定を下すのは、まったく十分ではない。投資家が勝率と見返りをきちんと把握できると思えるようになるまでには、同じ状況を何十回、何百回と経験し、結果を集計しなければならない。ただ、たとえそれをしてもなお確率を判断するのは難しい。

　そこで、自分の投資テーマを書き出し、それを何回も試し、改善していくとよい。レバレッジが高い会社への投資では、経験を正しく解

釈できれば、それが投資家の大きな資産になる。しかし、正しく解釈できていないとむしろ害になる場合もある。損失が予想されるからという理由で、失敗しそうな会社をむやみに外してしまうことになりかねないからだ。それよりも、判断が間違っていたときや大きな不運に見舞われたときに損失がポートフォリオ全体に及ばないように気をつけながら、全体の期待リターンが最大になることを目指して努力してほしい。

　投資結果について可能な範囲を考えずに、最も起こりそうな結果ばかり心配する傾向はだれにでもあるが、これがレバレッジが高い会社への投資で成功するための大きな障害になるかもしれない。モーブッシンによれば、「最大の間違いは、ファンダメンタルズと予想を区別できないことです。競馬で言えば、儲かるのは馬の勝率とオッズが食い違っているときだけです。みんなそれを分かっているつもりになっていますが、実際に分かっている人はあまりいません」。どれほど悲観的なシナリオでもその会社がつぶれないと思われる場合のみ投資するのならば、スタブ株にかかわることはないだろう。高い期待リターンを得られる可能性があるなら、判断すべきはそこに配分するかどうかではなく、いくら配分するかなのかもしれない。ジェームス・モンティエも同じ考えで、「心理的なバイアスにとらわれず、リスク・リワード・レシオが良いのであれば、適切なサイズで投資するべきだ」と語っている。

　マッシモ・ファゲッタは、次のように考えている。

> 人は基本的に確率の査定で大きな間違いを犯す傾向があると私は考えています。そこで、何らかの確率的な間違いが起こりそうな価格を探せば、いずれマーケットの誤解は解けるため、チャンスになります。私は、これこそがバリュー投資のさまざまな「戦略」の根本だと思っています。マーケットは確率が低い出来事やシナ

リオに高い確率をつけることもあれば、実際の確率は高いのに低く見ることもあります。その典型的な例が、過去のパフォーマンスからの推定です。ただし問題は、確率が低い出来事もときには起こるということで、リーマンショック後の危機がまさにそうでした。そうなると、非常に可能性が低い出来事（私の意見では）が、みんなにとっては急に不可避なことに変わってしまいます……。

　ファゲッタは、人間の「少なすぎる情報で大きすぎる結論に達してしまう」傾向についても警告している。

　そのほかに、損失回避もスタブ株の分野で投資家の行動に影響を及ぼすバイアスになる。心理学者のエイモス・トベルスキーとダニエル・カーネマンは、リスク回避とは別に損失回避が存在することを実証した。このことに関連する研究によれば、多くの人にとってお金が増えることで感じる喜びと、お金を失うことによる心の痛みは同じではないという。実際、後者は心理的に２倍の強さで感じるため、たとえ利益が上がる確率のほうが高くても、損失を避けようとする気持ちが多くの投資判断を歪めている。私たちは、保険を買うことには慣れていても、引き受けることには慣れていないため、たとえその発生リスクが小さくて、自分の投資ポートフォリオのサイズに見合う独立したリスクであっても躊躇してしまう。投資の世界では、リスク回避は理にかなっているが、損失回避はかなっていない。レバレッジが高い会社への投資で成功したいと思うならば、損失回避を克服しなければならない。

負債はだれのものか

　もし危険だが儲かるかもしれないスタブ株に投資したいときは、企業が持つ負債を所有するという方法も考えてみてほしい。負債は通常、

契約によって債権者に決まった金額が支払われるため、債券と考えることもできる。債権者は、利息に続いて元金の返済を受ける。ちなみに、株主は業績が上がれば利益を受け取る反面、悪化すれば最初に苦しむことになる。

債権保有者の立場から言えば、困窮した会社の既存の株式が無価値になるかもしれないことは、かなり魅力的に見える。結局、大きな負債を抱えた会社の債権者は、自分の利益に見合わないことには反対するのかもしれない。もし会社が破産してしまえば、彼らは利息も元金も受け取れなくなる可能性があるが、会社が成功したとしても、彼らの受取額は借入契約で定めた以上にはならないからだ。

ちなみに、機関投資家が債務を所有している場合は、従来どおり株主が何とかして義務を果たすことを期待する。これらの債権者は、満期を延長したり借入契約書の条項を変更したりするなどして、返済を続けられるようにする。貸付担当者や債券マネジャーにしてみれば、借り手がデフォルトに陥らなければ、自分のボーナスを確保できるからである。

主体者と代理人の対立が債権者の行動につながらず、債権者が積極的かつ洗練されていれば、経営不振の状態を災難ではなく、チャンスとみなすかもしれない。オークツリー・キャピタル・マネジメント会長のハワード・マークスの次のような思考過程について考えてみてほしい。

> 1つ目の問題は、それが自分が支配したい会社なのかということです。2つ目は、いずれ債権者が支配することになる会社なのかということです。そして3つ目は、それはどの債権者かということです。これは、いわゆるファルクラム証券（レバレッジを掛けた証券）という返済優先順位が低い証券があるからです。返済優先順位が高ければ、お金が戻ってきます。それ以外の人たちは、

そのなかで順位が高ければ会社を手に入れることができるかもしれませんが、順位が低ければ何も手に入らないかもしれません。それがファルクラムであり、てこの支点となるところです。私たちはその証券が支配権を得られるものかどうかと、そのためにいくら支払う必要があるかを見極めようとします。ただ、その価格で支配権を握れば、それは投資として成功なのでしょうか。これは非常に興味深い問題です。もちろん、間違えば失敗につながる要素がたくさんあります。それに、この投資は本質的に流動性があまりありません。これは付き合うのと結婚するのとの違いのようなものです。不良債権に投資するのは付き合っている段階ですが、その支配権を握ることは結婚するということです。その結果が良くても悪くても、儲かっても貧乏になっても、一緒にやっていかなければなりません。うまくいく可能性ももちろんあります。

　マークスの支配権を狙ってディストレスト債権を買うことは、レバレッジが高い会社の負債を買う戦略のひとつの選択肢を示している。一部の投資家にとって、支配権を狙ったディストレスト投資は、単純に固定の利息収入が入らなくなった場合の予備的な選択肢ではない。なかには、ディストレスト証券全体から支配権が狙えるチャンスを探し、株主を締め出せる可能性がある場合のみ債権を買う人もいる。このような債権には、かなり魅力的なものもある。

　ディストレスト証券の場合、投資家は適正な企業価値をかなり下回るまで買いたたく。このようなケースでは、株主は会社全体のレバレッジ解消によって大きな恩恵を受ける。しかし、そうなる前に債権所有者が支配権を握ると、彼らは株主から会社を取り上げて、会社を安く売り払ってしまうかもしれない。しかし、この債権が額面よりも割安でトレードされていれば、魅力はさらに増す。ちなみに、株主になれば負債を額面で返済しなければならないが、支配権を狙ってディス

トレスト債権を買う場合は、割安で買っているうえ、価値がほとんどない株という前提なので、ハードルは低い。

　株主は、債権者に全額を返済すれば会社の所有権を認められているため、ディストレストの状態になっても理論的には運転席に座っている。そこで、もし大株主が好ましい投資によって全額返済できると考えれば、株主は会社と協力して一部の返済を行い、残りを調達しようとする。例えば、増資によってバランスシートのレバレッジを減らし、信用力を回復することもできる。ただ、このようなシナリオが実現するケースが意外に少ないのは、洗練された投資家が支配権を狙ってディストレスト債権を買ってしまうからである。ファンドマネジャーにしてみれば、割引で債権を買って結局株を安く手に入れることができるのならば、負債を返済するために株を買うメリットはない。このとき株を選ぶのは、すでに大株主であるか、あまりないことだが債権者のなかで再編前に支配権をめぐる激しい駆け引きがあるときなのかもしれない。

　もし株主が経営陣を通じて債権者と率直に話し合い、時間をかけてバランスシートのレバレッジを減らすことで経営不振から抜け出すことができる場合は、スタブ株の分析は中断することもある。通常、取締役会は、債権者ではなく、株主に対して信認義務を負っているため、少なくとも理論的には株主の側にいる。ただ、多額の負債がある会社の幹部の投資家向け広報活動は、株の投資家に誤った自信を与えてしまうこともある。CEO（最高経営責任者）の楽観的な話を聞いて、普通株が実際よりも価値があるように誤解してしまうかもしれないのだ。CEOは、強気の姿勢を見せて債権者を安心させることが、その後の成り行きにとって重要だと考えているのかもしれない。彼らは、できれば債権者が条件を変更しないで、会社の財務的な柔軟性が維持されることを望んでいるのだ。

　ただ、CEOがどれほど勇敢な態度で株主の窮状を隠そうとしても、

積極的かつ洗練された債権保有者はその上を行っている。借り入れ契約は複雑なうえに、会社がさらに困窮すれば債権者に遡及を促す。しかし、この遡及がさらに普通株の株価を下げ、投資家の間で困窮しているという見方が広がると、自己達成的予言のように不安が増していく。借り入れ契約の多くは、会社が金融債務を履行できなくなるよりもかなり前に株主を脅かす条項が含まれている。債権者が延期に合意しない限り、条項が履行されなければ、ディストレスト投資で支配権を握る戦略が実行に移される。また、標準的なクロスデフォルト条項によって、会社が積極的な債権者から逃げ切るのはさらに難しくなっている。

　会社が条項に従って債務を履行している間も、支配権を狙う債権者は密かに経営陣に圧力を加えているかもしれない。積極的な債権者は、ますます重荷になっていく債務というギロチンを指差しながら、経営陣に取締役会を抱き込んでデットエクイティスワップを行えば、現在の地位も約束するし、財務的にも改善するとささやきかける。こうなると、経営陣の株主に対する義務と個人的な利益は、突然対立することになる。もしCEOが債権者に強い態度をとれば、彼はレバレッジが高い会社のかじ取りをしながら、ますます過熱する支配権争いにも対処していかなければならない。そして、もし負ければ職を失う。しかし、もし債権者の側につけば、地位は安泰で、会社も通常の業務環境に戻ることができるのである。

条件がそろったときに

　ここまで読んでもまだスタブ株に興味があるならば、次はこれが驚くほどのリターンを上げることがある理由を考えてみよう。基本の計算は簡単だ。負債を自己資本で割れば、自己資本に対するレバレッジ比率が分かる。レバレッジがもろ刃の剣だということはよく知られて

おり、大きな利益を生むことも実際にある。そして、そうなると株の価値は急騰する。

　2008年の金融危機では、多くの業界で株価が急落して、たくさんのスタブ株が誕生した。2009年初めには投資の世界がそれまでとはまったく変わり、債券投資の時代になった。実際、当時は最高に洗練されたヘッジファンドの投資家でさえ、債券ならば低リスクで2桁リターンが期待できるとしてポートフォリオを株式から債務証券に切り替えていた。彼らはこのとき、将来どうなるかが不明だった株の多くが平時の環境に戻ったら3桁のリターンを上げるという洞察を持っていなかった。アティヤント・キャピタル・アドバイザーズでマネジングディレクターを務めるラフール・サラオギによれば、「2009年の初めには、4～5カ月かかる年率20％のリスクアービトラージ・トレードなどバカバカしくてだれもやりませんでした。それよりも何倍も儲かるチャンスがあったからです」と語る。株には利息と元金の支払いがなかったため、当時は洗練された投資家でさえ株が最安値のときに、もっと現金に近い証券に切り替えるという間違いを犯していた。

　2009年3月に株価が反発し始めると、資本をあえて厳選したスタブ株に投資していた投資家は、同じ会社の債権保有者よりもはるかに大きな利益を上げた。極端な例を挙げれば、マットレス会社のセレクト・コンフォートの時価総額は約1000万ドルまで下がったが、2～3年で15億ドルまで回復した。その間に発行済株数はさほど増えていないため、スタブ株が最安値を付けた2009年に買った人は100倍以上の投資リターンを上げたことになる。もちろん、事前の予想分布からこれほど大きな見返りを想像するのは難しかった。しかし、このようなリターンがあれば、レバレッジが高い会社への投資で避けられない失敗をいくつも相殺できるはずである。

　セレクト・コンフォートのようなリターンが上がる普通株がほかにも存在したことは、恐れの影響を考慮しなければ完全に説明すること

はできない。恐れは、投資家に痛みを与えたり弱らせたりすることで、どんな価格であっても特定の投資を避けたい気持ちにさせ、それがマーケットの価格メカニズムを破壊する。カトリカ・パーテチパチオーニのCEOであるチッチョ・アゾリーニは、このような恐れの状況を利用しようとしている。「私たちは、ボトムアップ方式で株を選び、通常はバフェットの永遠の原則である『みんなが貪欲なときには恐れ、みんなが恐れているときには貪欲であれ』に従っています。それには、株価が大きく落ち込んでいる最も悲観的な分野を探します。パニックを起こし、近視眼的になっている人たちに乗じるのです」。恐れが広がっている状況では、合理的な投資家でさえ投資すべき確固たる理由が見つからないことがある。株価だけでも投資する理由になるときは、悲観的な見方が最高潮に達しているのかもしれない。このようなときには、バフェットの教えを覚えておくと素晴らしい恩恵が受けられるかもしれない。

　投資家はあまり注目していないが、ハーバート・スタインが記した「続けられないことは、いつか終わる」というメンタルモデルがある。この言葉が卓越している理由を説明するのは難しいが、もしかしたら終わる理由をまったく無視しているからかもしれない。私たち投資家は、理由を特定できないとそのテーマには根拠がないと感じることが多い。住宅バブルはひどい形で終わると分かっていたのに、それで利益を上げることができなかった理由のひとつは、バブルの崩壊が避けられないにもかかわらず、その理由が特定できなかったからかもしれない。同じように、合理的な投資家の多くは、2013年の初めに米国長期国債の価格がバブルの範囲に入ったと考えていたと思う。しかし、債券バブルが続かなければいずれ終わる、というスタインの警告で行動を起こした投資家は少なかった。みんな、何がバブルを止めるのか、そしてそれがいつになるのかがよく分からなかったからだ。

　バブルに言えることは、困窮した会社にも言える。もし困窮した状

態が続かなければ、いつかは終わる。もちろん、株主がすべてを失って終わることもあり得る。それでは、この望まない結果を避けるためにはハーバート・スタインの法則をどのように補足すればよいのだろうか。ひとつの方法としては、現在の軌道が続かなくても、苦境から再生する意欲と能力がある会社を探し続けるとよいかもしれない。例えば、研究開発費がかさんで破産に突き進んでいるテクノロジー会社ならば、おそらくその費用を削減することができるだろうし、少なくとも短期間なら可能だろう。しかし、もしCEOが株をあまり所有していなければそれをしないかもしれないし、むしろ株の希薄化や場合によっては破産を選択するかもしれない。反対に、もしCEOが多数の株を所有していれば、最初から最善策が取れなかったとしても、あらゆる方法を試して手遅れになるまえに正しい行動に至る可能性が高い。

ジョン・ランバートは、選択肢がなくなったあとでも会社が再生する手段を持っていることの重要性について次のように示唆している。「私たちは、何らかの理由でみんなのセンチメントが落ち込んでいるか、単純に人気がない分野の投資先を探しています。特に、この枠組みのなかで、内部に強い活力がある会社、つまり自分たちの運命を力強く支配できる会社を選びます。そうすれば、パフォーマンスが大きく落ち込んでも、復活、再生を目指してそれまでとは違う行動や、再建のための行動に移る会社がよく見つかります」。会社が自分たちの運命を支配できなければ、再建は不可能だ。外部の調達や顧客の信頼にすべて依存しているような会社には注意したほうがよい。

スタブ株のスクリーニング

私たちは、スクリーニングにおいてスタブ株を2つのタイプに分けている。ひとつは、スタブ株としてデザインされた株、つまり公開市

場で買えるプライベートエクイティ的な会社で、もうひとつは、何らかの問題でスタブ株になった会社である。

公開市場でのプライベートエクイティ

　会社が事業部門を切り離すとき、その部門だけでなく、親会社の負債の一部も合わせて切り離すことがある。このとき新会社のバランスシートに移す負債額の上限は親会社の借入額になるが、企業がこのような形で負担を軽くすることは珍しいことではない。また、スピンオフ会社が親会社から借り入れをする形で債務を負わせる方法もある。これは、親会社が意図的にスタブ株を作ったと考えてよい。このとき、スピンオフ会社の負債が多いほど、新会社の株の評価は下がる。ちなみに、新会社に負債を負わせた親会社の行動は経済的な価値を生み出してはいないが、親会社に現金の流入が予想できる道筋をつけたことにはなるのかもしれない。ただ、新会社が債権を発行することで株の発行が実質的に制限されると、スピンオフ会社の企業価値が上がることもときにはある。最後に、スピンオフ会社の経営陣は、高い成長率を達成する狙いで、レバレッジが掛かった資本構成を歓迎する場合もある。

　スピンオフ会社をスクリーニングするということは、プライベートエクイティ型のスタブ株を探すひとつの方法になる。スピンオフ会社が大きな負債を抱えているケースはあまりないが、それでもバランスシートを検証してみる必要はある。そして、もしレバレッジが高いことが分かれば、経営陣の構成を注意深く見る必要がある。将来、この経営陣が富を創出できるかどうかが、長期的な株価の上昇と密接な関係があるのが望ましい。特に、主要な幹部が株やオプションを受け取るだけでなく、自己資金で新会社の株を買っているかどうかに注目したい。

そのほかのIPO（新規株式公開）にも、プライベートエクイティ型のチャンスが見つかるタイプがある。例えば、破産保護の状態から再生した会社は、バランスシートにある程度のレバレッジが掛かっている。破産した会社のなかには、上場会社として辛うじて復帰したのに、すぐにチャプター22候補と揶揄される会社がある（チャプター22は2回目のチャプター11［連邦破産法第11章］という意味の造語）。このような状況では、明らかにリスクがあるが、バランスシートのレバレッジを減らすことができれば、大きな見返りが期待できる。そのほかのタイプとしては、以前にプライベートエクイティの出資者に買収されたIPOがある。ブラックストーン・グループやカーライル・グループなどは、困窮している上場会社を非公開にして再生し、再び公開することがある。これらの会社については、財務状況と経営陣の動機を必ず検証しておいてほしい。

ディストレスト証券

レバレッジが高い会社は、困窮する何らかのサインを出していることが多い。次のような会社は、有望なスタブ株になる可能性がある。

- 負債比率が2〜3を超える会社
- 正味負債時価総額比率が2〜3を超える会社
- 負債EBITDA比率が高い会社
- インタレストカバレッジが低い会社
- 株価が大幅に下落した会社

私たちは、ディストレスト証券を探すときに正味負債時価総額比率が最も信頼できる比率のひとつだと考えている。正味負債が時価総額を超えると、マーケット参加者は暗黙のうちに負債を現実の脅威とし

て見始める。ただ、例外としてレバレッジが不可欠なビジネスモデルが用いられている業界も存在する。そのため、簿価ではなく時価総額を使うことで、多くの例外を除外することができる。

スクリーニングのあとに —— 悪徳弁護士もどきの手法

　悪いニュースをチャンスとみなす投資家によって、さまざまな条項が作られている。ほとんどのマーケット参加者にはなじみがないことだが、どうしても落ちるナイフをつかみたい衝動を抑えられない投資家もわずかだがいる。結局、みんなが恐れているときは貪欲であれ、というバフェットの警告はこの衝動と完全に一致している。もちろんだれも落ちていくナイフをつかみたくはないが、この比喩は投資家の行動に影響を及ぼすかもしれない。もしマーケットが極端に悲観的なことをチャンスに変えたければ、ギブアップ日（投資家が怖がって株価に関係なく投げ売りする日）を狙ってみてもよいかもしれない。逆説的ではあるが、悲観的な見方が最高潮に達した時点は、恐ろしい状況が最も楽観的に見えるときでもある。最後に、「ウォール街が血で染まっているとき」という概念ももろ刃の剣だが、これに怯える人もいれば、人の不幸にチャンスの兆しを見いだす人もいる。

　見出しにどのような言葉が躍っていても、ニュースになるような状況はディストレスト証券のアイデアを探すための非定量的で価値ある出発点になる。2011～2012年にソーラー発電業界に悪いニュースが続いたとき、この業界の株価はほとんどが暴落した。みんなが必死で売り抜けようとしているなかで、少なくともある1社のバランスシートのレバレッジの本質が見逃されていた。それが、半導体メーカーでソーラーパネルの開発と運用を行っているMEMCエレクトロニック・マテリアルズだった。MEMCの負債のほとんどはノンリコース型で、

これは財務状況が少なくともマーケットの想定ほど悲惨ではないということを意味していた。投資家の悲観的な見通しは、MEMCの株価が2011年2月の14ドルから2012年7月には2ドル未満に下落したことにも表れている。ボストンに拠点を置くエスプラナーデ・キャピタル社長のショーン・クラベッツは、この状況を次のように評価している。「ウォール街……もバランスシートのリスクは見ます。つい最近まで、この会社全体の現金が、全体の負債とほぼ同じになっていました。ただ、ほとんどの負債はノンリコース型で、……実際に極めて高い価値がある高品質のプロジェクトも行われていました。高品質というのは、例えばバークシャー・ハサウェイが最近買ったミッドアメリカンなどのような水準です。……私たちは、投資先のバランスシートはあまり気にしていません。今日では、さまざまな意味で株はそれが本当の信用リスクのようにトレードされていますが、そのリスクをとる価値はあると思っています」。MEMCは、投資家が財務状況の深刻さを再検討したようで、半年で最安値から135％反発した。

　悪いニュースで株価が急落した会社について下さなければならない極めて重要な判断のひとつに、その危機の本質、つまりそれが一時的なものなのか、それとも永続的なことなのかということがある。恐れが私たちの判断を鈍らせると（だれにでもあること）、マイナス材料が永遠に続くような気がすることはよくある。たとえそれが時間とともに収まっていくことであっても、私たちは今回の痛手で株価が回復することはないように思ってしまう。あとから見れば、このような判断のほとんどが明らかに誤りだったと分かるが、渦中にいるとそうは考えられないのである。

　2010年にディープウォーター・ホライズン（BPの石油掘削施設）の事故で500万バレルの原油がメキシコ湾に流出したとき、巨大エネルギー企業BPが破産するのではないかという恐れから、株価が急落した。このような恐れは、あとから見れば大げさすぎたが、その時点

で合理的な分析を行うのはほとんどの人にとって極めて難しかった。ケース・キャピタルでマネジングパートナーを務めるウイットニー・ティルソンは、まだ事故の報道が過熱している時期にBPへの投資をしようとして多くの反対に遭ったという。ニック・キラージも次のように語っている。

> BPのキャッシュフローは、多くの人たちが考えていたほど悪化することはありませんでした。政治的な理由で、短期的に配当が支払えない時期がありましたが、長期的な配当力はそれまで以上に上がっていました。しかし、多くの人はバランスシートを見て「賠償金額を考えたら、この会社の支払い能力には大きな問題がある」と言っていました。しかし、これは恐れが広がって悪循環に陥った見方でした。あるときからみんな急に数字を見なくなり、マーケットには大げさな見方が広がっていったのです。実際、私たちが財務内容を確認し、極めてひどいシナリオも考慮しましたが、それでもBPのバランスシートにみんなが言っているような欠陥は見つかりませんでした。それどころか、私たちはこの会社の資産がかなり過小評価されていると思いました。

投資家の間で、一時的な危機が永続的なことだと誤解された例はたくさんある。ウォーレン・バフェットの初期の成功の特徴は、一時的な混乱に乗じて安く買ったことだった。彼が1963年に、サラダ油事件さなかのアメリカン・エキスプレス株に投資組合のかなりの額をつぎ込んだ話はよく知られている。この事件で、アメリカン・エキスプレスの株価は暴落し、大きな財務損失を被ったが、長期的な評判にはまったく影響がなかった。2012年に、企業統治の懸念からチェサピーク・エナジーが大きく売られたときも、投資家はリスクの大きさと永続性を見誤ったのかもしれない。この会社は、大手機関投資家を含む株主

の抗議に応じて、企業統治を強化した。また、会社の前向きな変化を示すため、創業者のオーブリー・マクレンドンに2012年のボーナスを支払わないと発表した。ちなみに、この件は同社の天然ガスと原油の資産には何の影響も及ぼさなかった。

　過去に1回以上、永続的に下落すると誤解された会社はたくさんあり、このことは投資家が経済的な現実よりもはるかに頻繁に恐れを抱いていることを示している。敬遠されている会社が実際に破産するケースももちろんあるが、それよりもはるかに多くの見捨てられた株が時間をかけて再生し、価値を生み出している。次に挙げる会社は、どれもミスターマーケットに見捨てられたことがある――アメリカン・エキスプレス、バンク・オブ・アメリカ、バークレイズ、BP、シティグループ、デル、ファースト・ソーラー、ゼネラル・グロース・プロパティース、モルガン・スタンレー、ノキア、ピア1インポート、リサーチ・イン・モーション、セレクト・コンフォート、テンパー・ペディック、ソニー、ジンガ、そしてもちろんアップルも入っている。ただ、このなかのいくつかは人気が落ちたままで、長期的に生き延びるかどうかについては、異論もある。例えば、日本の消費家電大手ソニーは、2012年後半にADRが10ドルでトレードされていたが、これはこの会社のサム・オブ・ザ・パーツの価値をまったく無視したような価格だった。また、2013年には営利目的の教育会社や海運会社、天然ガス探査会社の株価も、永続的に価値が回復しないような評価を示す価格を付けていた。

　私たちの経験から言えば、業界全体が投げ売りされているときは、特定の会社が危機に見舞われたときよりもチャンスが見つかる良い狩り場になる。特定の会社が危機に陥ると、価値の回復が不可能な場合もあるが、業界全体がそうなることはあまりない。天然ガスの価格が永遠に投資リターンを生み出す水準を下回るのだから、天然ガス会社がすべて廃業するということがあるだろうか。ワシントンで現政権が

教育産業と対立していると、営利目的の教育会社は消滅してしまうのだろうか。船会社の輸送能力がここ数年需要を上回っているという理由で、船会社は永遠にマーケットから避けられてしまうのだろうか。同じような懸念は、2008年の金融危機のあとにもささやかれていた。サブプライムローンが崩壊したとき、この一端を担った格付け会社は消滅する運命にあると多くの投資家が誤解していたことを思い出してほしい。

　ニュージーランドのチャンドラー兄弟は、約1000万ドルの家族の資産を数十億ドルに増やしたが、少なくともその一部は割安なその国有数の銘柄（消滅する可能性は低いが、ときに底値を付けることがある会社）に投資して得た利益だった。このような銘柄は、アメリカのバンク・オブ・アメリカやシティグループやアメリカン・エキスプレス、イギリスのBPやボーダフォン、ドイツのドイツ銀行やダイムラー・グループ、スイスのUBSやクレディ・スイス、フィンランドのノキア、スウェーデンのエリクソン、日本の三菱東京UFJ銀行やソニー、フランスのフランス・テレコムやBNPパリバなど、ほかにもたくさんある。もちろん、これらの会社が生き残るだけでは、株の大幅な希薄化をまぬがれるかどうかは分からないし、当局もできれば困窮した会社の大株主になることは避けようとする。

　会社が問題に直面しているときは、その問題の本質的な解決が極めて難しいことのように見えるものだが、あとから振り返ってみるとそうでもないことが分かる。それでは、どのような問題が事業の本質にかかわることで、どのようなことが本業とは無関係なのだろうか。例えば、営利目的の教育会社ならば、当局の監視強化は本業を脅かす脅威なのか、それとも利益率に影響はあっても存続を脅かすほどのことはないのだろうか。私たちは、教育会社が生徒に付加価値を提供できれば、監視の強化だけで教育会社が消滅するようなことにはならないと考えている。しかし、もし新たに登場した教育モデル（例えば、カ

ーン・アカデミーが始めた手法）などのように質が高い教育を低価格で提供できる選択肢が出てくれば、そのほうが大きな問題かもしれない。

スタブ株に関して正しい質問をする

　レバレッジの高い会社のなかでも、ディストレスト証券にはさまざまなレベルがある。スタブ株のなかには、困窮しているのではなく、構造的に大きな負債を抱えている会社もある（例えば、一部のスピンオフ会社など）。その一方で、本業の不振や借入金による買収の失敗でディストレスト証券になることもある。そこで、私たちの質問は状況に応じて変わってくる。ただ、通常は困窮の度合いが強いほど、質問も厳密になる。例えば、破産の淵にある会社ならば、借り入れ契約の詳細を詳しく見ていく必要がある。

経営陣はどれくらいの普通株を所有しているのか

　レバレッジが高い会社の株主は、たいてい希薄化というリスクにさらされている。取締役会が株を希薄化してでも自己資本を増やしてバランスシートを強化することを正当化する可能性も考えられる。ディストレスト証券の場合、希薄化が特に致命的なのは、弱体化しているように見えるために少額しか調達できない場合である。ヘッジファンドの投資家のなかには市場価格よりも大幅に割安ならば買う人もいるが、普通株ではなく優先株を要求するかもしれない。ひどいときは、保有者が希望すれば優先株を割安で普通株に転換できるオプションが付いている場合もある。

　不良債権には、希薄化による既存の株主の負担に限界がないことから、株の価値と市場価格には相互関係が生まれる。これはジョージ・

ソロスの反射理論——株価は形式的な発行済株数が増えるのと同じ比率で下げていくという自己実現的予言——にも当てはまる。有害な調達のあとの株主の運命は、普通株主と優先株主の決意と力関係にかかっている。もし普通株主が株価を最低限の水準以上になるまで買い集めることができれば、普通株の価値に基づいて希薄化の影響の範囲を計算することができる。

その一方で、新しい優先株主のなかには普通株を空売りする目的で優先株を買い、それが株価を下げる場合もある。このような優先株主の戦略は、空売りのポジションが大きく積み上がるとリスクが高いように見えるが、低価格で普通株に転換してそれで買い戻すことができるため、積極的な空売りは魅力的なトレードなのである。このような行動は、普通株に転換できる証券を発行している会社では実際に行われている。転換証券を買って普通株を売れば、その会社の株価の動きに関係なく利益を上げることができるのである。

私たちは株主として、普通株主の資本が永久に失われるような希薄化に取締役会が同意しないよう、できるかぎり確認しておきたい。もちろん絶対に同意させないというのは不可能だが、経営陣が普通株をたくさん所有していれば、彼らが責任ある行動を取る確率は大幅に上がる。ただ、マーケットよりもはるかに安く買うことができるストックオプションで取得した株は、ここではあまり意味がない。理想は、会長とCEOが直接大量（割合でも株数でも）の普通株を所有していることである。株価が下がっても価値がある株ならば、CEOの資産のなかでも重要性が高くなるし、過去にその持ち分の市場価値が高かった記憶があればなおさらそうなる。所有者の経営者にとって、時価総額が高かった時代の水準を回復することは大きな動機になる。ただ、CEOの所有割合が大きすぎると、資本再編の承認を得るための投票でCEOがどの株主よりも大きな影響力を持つことにもなる。

通常、私たちはCEOが年収の6〜7倍の価値の株式を所有してい

ることを目安にしている。ただ、ディストレスト証券でCEOが資本再編促進の報酬を受け取る立場になる可能性があるときは、この倍率をもっと高くすべきだろう。このような報酬は、資金難だが価値ある会社の半数以上の株をヘッジファンドが取得しようとするときなどに、CEOに提供するケースがよくある。このなかには、株や現金の報酬に加えて、雇用の継続なども含まれている。

　CEOが株主軽視の取引で受け取るかもしれない大きな報酬を考えると、希薄化を防止するのにCEOの株の所有だけでは十分ではないのかもしれない。そこで、CEOの過去の発言や行動から分かる株主の利益に対する姿勢が重要になる。CEOのなかには、大量の株を所有していたり、事実上の支配株主になっていたりすることで、会社を私物化している場合もある。普段、そのような姿勢が見えるならば、外部の株主は、会社が危機的な状況に陥ったときにCEOの関心が個人的な利益のみに向かうことは間違いないと思っておいたほうがよい。

　ディストレスト証券の場合、私たちは新株の発行が避けられなくなったときにどのような調達方法が可能かを確認しておくことにしている。株主割り当ては、困窮した会社が株式資本を増やすときの最も公正な方法と言える。また、この権利がトレードできるようになっていれば、これ以上資本を投入できない株主が権利を現金化できるため、さらに公正さが増す。ちなみに、追加的な資本が必要になったときに、CEOが株主割り当てを第一の選択肢と宣言することに法的な問題はない。しかし、もし外部の大株主がいれば、株主割り当てに参加を求めたり、必要ならば支持を依頼したりすることもできる。大株主が引き受けを確約したり、行使されない権利を引き受けたりしてくれれば、経営陣がそれ以外で調達する必要はなくなる。

　レバレッジが高い会社でも、困窮の程度がさほどひどくなければ、下方リスクよりも経営陣の動機になり得る上方の可能性にもう少し注目してもよいのかもしれない。例えば、大会社がスピンオフして株式

を公開した会社ならば、取引が始まったあとで経営陣に大規模な株のインセンティブパッケージが提供されることがよくある。そのときは、このパッケージのなかのストックオプションが、経営陣の思考を価値の創造に向ける頼みの綱になるかもしれない。ただ、彼らの個人的なメリットを考えれば、ストックオプションの行使価格は安いほうがよいため、実際にオプションが使えるようになるまでの間、彼らが株価を上げようと努力することはあまり期待できない。ちなみに、インサイダーの関心がオプションの行使価格を安くすることにあれば、それはこの株を買おうとしている人にとって買いのタイミングを知るためのヒントになる。できれば、行使価格が設定されるのを待って、それに近い価格でポジションを建てるとよいだろう。

会社のファンダメンタルズは改善しているのか、それとも悪化しているのか

絶体絶命の会社の直近の業績は、資産が永久に損なわれたことを示していることもあれば、資産価値を維持できる可能性を示していることもある。借り入れ契約には慣例的に、借り手が一定のキャッシュフローと自己資本を維持することを定める条項が入っている。通常、レバレッジが高い会社は、制限条項の順守状況を示すデータを開示して、投資家に経営陣の選択肢が分かるようにしている。しかし、経営陣が本業に集中しなければならない状況で、条項に違反するようなことがあると、債権放棄が解除される恐れがある。そうなると、会社は貸し手が債権を放棄する代わりに価値を放棄しなければならないこともあるが、これは速やかに行われる。もし債権放棄が行われなければ、会社は破産か希薄化による資本再編を迫られることになる。そのため、条項に違反した場合は、負債の本質と所有権が非常に重要になる。

ファンダメンタルズが安定もしくは改善しているディストレスト証

券は、価値が創造される見通しが立つ。このとき重要なのは会社が成長していることではなく、キャッシュフローが安定していることで、そうであれば時間とともにレバレッジは減っていく。そして、もし債権者が返済義務を履行できると納得してくれれば、許容できる条件での借り換えも可能になる。大きな負債の返済期限を3年後に設定することができれば、経営陣は一息つける。周期的に経済状況が悪化すると、業界や個別の会社が平均まで回復するのには2〜3年かかるかもしれない。そのため、返済期限が延期されただけでもスタブ株の時間的価値が上がり、株価も上昇する。

レバレッジの本質とは

私たちは、平時ならば債務をただの数字として見ている。もちろん、どのような状況においても金融レバレッジの機能は検証しておくべきだが、レバレッジが高くなれば株主への影響は倍増する。財務状態が強固なコカ・コーラの信用期限が1年後や2年後に迫っていたとしてもさしたる影響はない。おそらくだれもコカ・コーラの借り入れ契約を精査しようとはしないだろうし、それで問題もないだろう。同じようなことは、スタンダード＆プアーズやムーディーズの格付けが高い会社にも言える。とはいえ、格付け会社は2008年の金融危機でその信用を大きく失ったため、盤石の財務状態を誇る会社がどれなのかは、やはり自分で判断したほうがよいのかもしれない。

会社のレバレッジが過剰に高くなると、それが戦略によるものであっても業績の悪化によるものであっても、負債の位置づけが財務諸表のひとつの数字から、多次元の要素に変化する。そして、そうなると、期間構造、利払いの条件、条項などを含む負債の特性などがにわかに重要になってくる。もしこれらの特性が複雑すぎると、資本構造が変わる可能性があり、株主に破壊的な影響があるかもしれない。返済時

期が迫っていると、たとえ長期的には返済の見通しが高い会社でも、株の希薄化につながる可能性がある。ちなみに、会社は支払い能力を維持していても、流動性が不足することがあるため、私たちは流動性の危機と支払い能力の危機を分けて考えている。会社は、短期的な返済義務を果たしていくことができなければ、たとえ返済能力があったとしても債権者に翻弄されてしまう可能性がある。

ビジネスモデルの重要な部分としてレバレッジを使うタイプの業界については、平時でも注意深く本質を調べる投資家もいる。例えば、小売り会社のビジネスモデルは借入金は少ないがオペレーティングリースで大きな負債を抱えている。つまり、小売業の資本利益率を分析するときは、後者を考慮すべきだろう。また、小売業の場合、売り上げが落ちれば業績の悪い店舗を閉鎖するため、店舗のリース条件が利益率に影響を及ぼすこともある。不動産投資業界では、許容できる資本利益率を上げるために住宅ローンの借り入れが通例として使われている。しかし、住宅ローンの貸し手は、特定の条件の物件のみをリコースの対象にしている場合もある。ちなみに、ノンリコースローンのほうが不採算物件の損失を実質的に限定できるため、不動産会社にとってはリスクプロファイルが改善する。

ジーク・アシュトンは、ポートフォリオマネジャーの立場から見たノンリコース・レバレッジのメリットについて、次のように語っている。

> レバレッジには２種類あり、一方が他方よりもはるかに優れています。株を信用買いすれば、リコース型のレバレッジになりますが、欠点はレバレッジが高いことで、株価が少しでも下げると大きな損失になり、大きく下落すれば破綻する可能性すらあります。もうひとつはノンリコース型のレバレッジで、株価が上がればレバレッジの恩恵を受けることができますが、株価が大きく下落すれば、損失を取り返すことはできなくなります。ノンリコース型

のレバレッジを比較的安く利用するために、イン・ザ・マネーのコールオプションを使うという方法もあります……。

　投資家のなかには、会社の負債を調べるときにノンリコースの要素を無視する人がいるため、株のリスクが実際よりも高く評価されている場合がある。このことは、リサーチ重視の投資家にとってはチャンスになる。2007年に不動産価格が下落したとき、マーティー・ウイットマンは不動産会社のフォーレスト・シティ・エンタープライズに投資していた。フォーレスト・シティの株価は2007年5月には70ドルだったが、2009年5月には4ドル以下まで下落した。このとき、マーケットがフォーレスト・シティのレバレッジのノンリコース部分を見逃したのか意図的に無視したのかは分からない。しかし、サード・アベニュー・ファンドでは、ファクトシートにブルックフィールド・アセット・マネジメントとフォーレスト・シティに投資した根拠のひとつを、「これらの会社が用いたレバレッジは、ノンリコース型で償還期限にも余裕があるなど条件が厳しくないため」と記していた。そして、フォーレスト・シティの株価は2011年4月には19ドルまで回復した。

　スタブ株の投資を考えるときは、会社全体の負債の本質を見極めることが極めて重要になる。積極的な投資家が負債を所有すると、株主のリスクが高まることについてはすでに述べた。私たちは、負債の主な特性を、株主のリスクという観点で次のようにランク付けした。まず、最大のリスクとなり得るのは返済計画で、近い時期に元金を返済しなければならないと実際に現金が必要になる。そして、もし返済日に支払いができなかったことが知れ渡ると、不利な条件でしか借り換えができなくなる恐れがある。

　リスクプロファイルのランクが次に高いのは、借り入れ契約の条項である。逆説的ではあるが、契約条項は、借り手の財務状態や経営状態の悪化から債権者を保護するためのものなのに、それが倒産を早め

たり、支払い能力があれば破産を促進したりすることもある。ただ、債権者が株を所有することを望んでいないかぎり、厳格な条項を強いるメリットはあまりない。もし契約条項に違反すれば、貸し手はデフォルトを宣言するか違反を免責することができる。通常、貸し手はデフォルトを望まないため、条項は株主から価値を引き出すために使われている。ただ、もし債権者が違反の免責を却下した場合は、クロスデフォルト条項が発動して、借り手がすべての負債の返済を迫られる可能性もある。私たちが返済期限を借り入れ条項よりも重視している主な理由は、違反を免責しても貸し手が予定している返済がなくなるわけではないからである。貸し手の多くは、予定どおり返済がなされているかぎり、デフォルトを宣言することはない。

シュローダーのスペシャリスト・バリュー・UKエクイティーズでファンドマネジャーを務めるケビン・マーフィーは、契約条項の免責について、宝石会社のシグネットの例を用いて次のように指摘している。

> 過去にいくつもの小売業やディストレスト会社を見てきたことで、銀行が何に注目し、一時的な問題を抱えた会社にどこまで譲歩し、一部の条項がどれほど厄介なものかが分かるようになってきました。借り手は一定の額が課されても（カバレッジレシオに関する条項）、大量の在庫（金、宝石、時計など）があれば、簡単に換金して銀行をなだめることができます。そうです。彼らはわずかな罰金と引き換えに条項を免責させているのです。しかも、銀行に保証を差し出すわけでもなければ、株の発行をするわけでもありません。

最後に、利払いにかかわるリスクについても書いておく。利払いは貸し手にとっては現金収入になるため、条項よりも重要な場合もある。

困窮した会社の多くは、契約条項を守るよりも利払いを続けるほうが実行しやすい。業績不振の会社は、運転資本を効率的に増やすか、非中核資産を売却して次の利払いに備えることができるが、条項を守る余地はあまりないのかもしれない。それに、すべての利息債務が同じだというわけでもない。会社は利払いを延期するか現金ではなく株で支払うことができる場合もあるが、これができるのは、債券よりも優先株のほうだろう。私たちは、固定金利の債務のほうが変動金利よりもリスクが低いと考える傾向があるが、実際には変動金利のほうが実際の利払い額が減る場合もある。しかし、困窮している会社にとっては、会社の力が及ばない外部要因で急騰する可能性がある変動金利よりも固定額の債務のほうが助けになる。

本章のまとめ

次の10のポイントを覚えておいてほしい。

1. レバレッジが高い会社にパッシブ投資をしたリターンを見ても、あまりメリットは感じられない。ただ、この分野のリターンが、ほぼ確実に幅広く分散していることは重要だと思う。
2. この分野における判断の重要性は、いくら強調してもし足りない。もしすべての投資家がスタブ株に関して総合的なデータを持っていたとしても、それぞれの投資判断（およびその結果）は、かなり違うものになるだろう。
3. 自分の判断が実は正しかったことが分かったときに、過剰反応しないように気をつけなければならない。スタブ株は見返りが大きいため、成功が中毒的な効果をもたらす場合もあるからだ。
4. レバレッジが高い会社からは大きすぎる見返りが期待できるが、勝率は50％を大きく下回るかもしれない。そこで、成功率が低い

投資でも自信を持って勝率を推測できるようになるためには、大きなサンプルサイズが必要になる。
5. 自分の投資テーマを書き出し、それを何回も試し、改善していくとよい。レバレッジが高い会社への投資では、経験を正しく解釈できれば、それが投資家の大きな資産になる。しかし、正しく解釈できていないとむしろ害になる場合もある。
6. 投資結果について可能な範囲を考えずに、最も起こりそうな結果ばかり心配するという傾向はだれにでもあるが、これがレバレッジが高い会社への投資で成功するための大きな障害になるかもしれない。
7. もし危険だが儲かるかもしれないスタブ株に投資したいときは、企業が持つ負債を所有するという方法も考えてみてほしい。
8. 私たちは、スクリーニングにおいてスタブ株を2つのタイプに分けている。ひとつは、スタブ株としてデザインされた株、つまり公開市場で買えるプライベートエクイティ的な会社で、もうひとつは、何らかの問題でスタブ株になった会社である。
9. 私たちの経験から言えば、業界全体が投げ売りされているときは、特定の会社が危機に見舞われたときよりもチャンスが見つかる良い狩り場になる。特定の会社が危機に陥ると、価値の回復が不可能な場合もあるが、業界全体がそうなることはあまりない。
10. 投資家のなかには、会社の負債を調べるときにノンリコースの要素を無視する人がいるため、株のリスクが実際よりも高く評価されている場合がある。このことは、リサーチ重視の投資家にとってはチャンスになる。

第10章
国際的なバリュー投資 —— 自国以外で価値を探す

International Value Investments : Searching for Value beyond Home Country Borders

「投資の世界を海に見立て、自分の資金で最高の価値が手に入るところで買う」
―― ジョン・テンプルトン卿

　あるとき、ヨギ・ベラが「未来は、かつてのような未来ではない」と予見した。外国の株の未来も、知覚的にも現実的にも、この20～30年で大きく変化した。そして、投資家のほうもさまざまな意味で外国への投資について現実的な見方を採り入れているように見える。その背景には、世界中のマーケットに関する情報が手に入るようになったことや、取引コストの低下、いくつかのバブルの崩壊、いくつかの危機からの回復、経済やマーケットがそれまで以上に相互に結びついていると認識されてきたことなどがある。

　本書で述べてきたことのほとんどは、外国でも通用する。しかし、世界各地のマーケットにはそれぞれ特徴があり、外国で投資するときには、その恩恵と落とし穴、通貨の問題、独自のリスク、実際に投資するときに必要な追加的な手順などを詳しく検証しなければならない。

　世界中のトップ投資マネジャーとのインタビューにおいても、ほとんどの人が外国投資について違いよりも共通点のほうが多いと語っていた。日本のトップファンドマネジャーのひとりで、いちご・アセット・マネジメントCEO（最高経営責任者）のスコット・キャロンは、「堅実な投資の基本原則は、日本でも世界中のどこでも通用します」と語っていた。彼の見方はバークシャー・ハサウェイの最近の投資活

動とも合致しており、バフェットも彼の条件に見合う投資先を探してアメリカ以外に目を向け始めている。そして、ヨーロッパやイスラエル、韓国、そして中国まで含む世界中のいくつかのマーケットで価値を探し当てている。

ガイ・スピアによれば、株式投資の世界は「国境がない」と考えるべきだという。「そう考えたほうがよいです。私は会社の本拠地がどこにあるかはあまり気にしません。それよりも、投資をするためには会社の質のほうが気になります。もちろんアメリカの会社ならば簡単に分かりますが、たまたま自分の住んでいる国以外の会社だからという理由で調べるのをやめるのはバカげています」

世界的な会社の物理的な本拠地や上場している場所は、その会社の地理的な広がりとはあまり関係がない。このことに関して、トム・ゲイナーが次のような話をしてくれた。

> グローバル投資の手法について聞かれたとき、私は２つの会社についてある質問をします。まず、２つの会社はどちらもエンジンを製造し、輸送をしています。ひとつはキャタピラーで、もうひとつはホンダです。このうちのどちらが国際的な会社で、どちらが特定の国の会社でしょうか。私はそのときの気分によって、相手の答えを正解にすることもあれば、間違いにすることもあります。キャタピラーの本社はイリノイ州ピオリアにありますが、アメリカ国内よりも国外で大きく事業展開しています。一方のホンダは日本に本社がありますが、最大のマーケットは今でもアメリカだと思います。ブローカーの取引明細や分析には、おそらくキャタピラーがアメリカの会社で、ホンダは国際的な会社と記されているでしょう。私はこれは表面的な違いで、国際的な投資をしているかどうかの良い指針とは言えないと思っています。

もし世界中の成功している投資家の考えを調べれば、彼らの成功の主な理由が地理的なこととはまったく関係がないことが明らかになるだろう。シュローダーのスペシャリスト・バリュー・UKエクイティースでファンドマネジャーを務めるニック・キラージは、「バリュー投資は、実際には何かが基本的にもっと単純だということを特定するためのいくつかのルールであり、その何かとは人間の行動です。要するに、これは行動的な手法です。PER（株価収益率）が低いなどといった基準は、恐れや欲といった心理的な影響を抑えるためのものです。そして、これはイギリスのマーケットにもアメリカやヨーロッパやアジアのマーケットにも同じようにあります」と語っている。

その方法はなぜうまくいくのか

　いくつかの研究によって、ポートフォリオに外国の株を加えると、一定のボラティリティでの期待リターンが高まるか、一定のリターンにおけるボラティリティが下がることで、リスク・リワード・プロファイルが改善することが確認されている。もちろん、場所やタイミングや取引コストや回転率やそれ以外の要素によって投資結果には大きな差が出る。グローバル投資は、万能薬ではないし、避けるべきことでもない。むしろ、世界に目を向けることは、もともと探していたものが見つかるチャンスになる。もし妥当な価格で素晴らしい会社を探そうとしているのならば、調査対象を国内に限定しないことで選択肢が増える。素晴らしい会社は、ほとんどの国にあるが、特にドイツやイスラエル、スイス、イギリスなどに注目するとよいかもしれない。また、日本には強力なグローバルフランチャイズを展開している会社がたくさんあり、その資本利益率は日本企業の平均を上回っている。

　どのような投資にも言えることだが、国際的な株であっても投資結果は支払った価格によって決まる。ティム・マケルバインは、安く買

うことについて、「ピーター・カンディルと働いたときからか、自分のファンドを立ち上げたときからかは覚えていませんが、私は日本に断続的に投資をしています。日本にはまったく異なる文化があり、独特な違いがありますが、私たちはいつも良い結果を出しています。これは私たちが支払う価格について規律を守っていることが大きな理由だと思います」と語っている。

考え方の違い

多くの投資家は、外国のマーケットも大事な部分では自国のマーケットと同じだと誤解している。そして、このことが特に問題なのは、企業統治の分野かもしれない。残念ながら、企業統治が改善されるには時間がかかるうえ、外部から影響を与えるのは難しい。そうなると、特定の国の投資をやめるか、価格を重視した方法に修正して投資するという２つの選択肢がある。私たちは企業を評価するときに、投資過程のなかで完全にコントロールできる数少ない分野のひとつである価格を用いている。もしある証券が私たちが決めた価格に見合わなければ、そこには資本を配分しないのである。

国際的な投資においては、調整するのが難しい要素（例えば、企業統治など）と、そうでない要素（例えば自分が支払う価格）があることを受け入れることで、多くの問題を回避することができる。マケルバインは次のように語っている。

> 私が最初に犯した間違いを犯している人は、ほかにもいそうです。それは、日本人が間違っているという前提で、彼らもいつかはアメリカ式に直すだろうと考えることです。あるいは、彼らにこうすべきだと何回も言ってそうさせることです。しかし、そのやり方は日本ではうまくいきません。そこで、もし日本で企業統治に

賭けるつもりならば、私のポートフォリオとは少し違った構成にしたほうがよいのかもしれません。私は日本式を受け入れて「彼らがそうするのならば、それを自分が支払う価格に必ず織り込んでおこう」と考えることができるようになったからです。

選択肢があることの価値

調査対象を世界に広げることで、私たちは自国のマーケットよりも安く買うという選択肢を得る。別のマーケットにまったく同じ株はないが、似たような株が場所によってかなり違う価格でトレードされていることはよくある。ただ、ある国の人気が下がると、多くの投資家はその国のすべての証券を売ってしまったり、新たに投資するのをやめてしまったりする。アルゼンチンやギリシャなどのように一度評価を下げてしまうと烙印を押されてしまい、そこで割安の会社を探すのは難しくなる。しかし、2012年のバリューカンファレンスで、蘇淳坦が紹介したギリシャ企業のケーススタディーは注目に値する。多くの投資家がギリシャを見限った時期に、彼が紹介した会社は年金に似たキャッシュフローが見込める耐久資産を所有しており、金融危機の影響もあまり受けなかった。恐れが蔓延するギリシャからほかの投資家が撤退するなかで、この資産の本質的価値を詳しく再評価し、事業の潜在価値を分析した人は大きな利益を上げたのである。

また、2012年には、グレアム流の正味流動資産の割安株の多くは日本にあった。当時の日本は、20年間に及ぶ低パフォーマンスで、多くの投資家が避けていたマーケットだった。献身的なバリュー投資家でさえ何年も低パフォーマンスが続いて顧客の資産も投資家自身の手法に対する自信も蝕まれ、疲労感が広がっていた。そうでなければ、アメリカと日本のネットネット株の数にこれほどの差が生まれた説明がつかない。

この差は、正味流動資産価値よりも割安でトレードされている日本の会社の質が、アメリカのネットネット株の質よりも平均的に高かったことを考えると、さらに大きいと言える。後者の多くは赤字会社だが、前者は黒字で現金を生み出していた。『ダンドー』(パンローリング)の著者のモニッシュ・パブライは、2012年末に次のように言っている。「日本は世界で最も安いマーケットで、もしグレアム流のスクリーニングを行えば、ネットネット株における世界の中心地だと分かります。しかも、これらの会社には何の問題もありません。唯一問題なのは人の心理です。1980年代末から1990年代初めの日経平均は多分に過剰評価されていましたが、今日では極めて過小評価されており、そこにチャンスがあります」

　パブライは、その一例として、日本投資サミット2012で日本の中北製作所(6496)を紹介した。

> 中北製作所は、1930年創業で時価総額は9800万ドルの会社です。本業はバルブや遠隔操作装置の製造と販売で、これらの装置は船舶や発電所などで使われており、バランスシートには1億ドルの現金が計上されている「極めて魅力的」な会社です。……1979年から今日まで、赤字になったことがありません。……2008年や2007年や2009年という異なる不景気にも、黒字を維持していました。……年間キャッシュフローは1000～1500万ドルで、収益は約2億7000万ドルです。また、配当利回りは約5％で、適切な額の現金を株主に還元しています。

　外国に目を向けることで選択肢を広げたもうひとつの例が、オーストラリアの持ち株会社のビールスです。この会社は、特徴ある資産を多く所有しているだけでなく、これまで投資家にこれらの資産を相場よりも安く買う機会を提供してきました。クリストファー・スワスブ

ルックは、オーストラリアで大きな影響力を持つ事業家のイアン・ポッター卿が1951年にビールスを上場させて以来、この会社を観察している。1980年代になると、ビールスはそれまでの電化製品事業に加えてオーストラリアの農場への投資を始めた。そのあとも年月をかけてニュージーランドのスキー場や、フランスのオーク林などの資産を増やし、その間にも相当額のネットキャッシュポジションを積み上げていった。スワスブルックによれば、ビールスを経営する上級幹部は、「非常に優れた資本管財人ですが、とんでもない報酬を得ているわけではありません。彼らは、同族会社がよく犠牲になるようなおかしなことには手を出さないのです」。

外国の株への投資 ── 利用と誤用

バフェットの「理解の範囲」という概念は、通常は投資する業界について使われているが、これを国に応用することもできる。ただ、世界中の株式投資がさまざまな意味で統一されてきているなかで、私たちは自分の理解がすべての国で通用すると誤解しているかもしれない。クロム・キャピタル・マネジメントでマネジングパートナーを務めるエリック・クロムも、このことについて、自分が最も情報不足な売買主体となる状況は避けなければならないと言っている。彼は、自分が投資する可能性がない国として、ベネズエラを挙げている。「ベネズエラの問題は、その場で一番のカモにならないようにするという私の投資ルールのひとつに、反することです。ベネズエラの会社で現地の大株主と同じように賢く立ち回れるようになるためには、おそらく何年もかかるでしょう。……そのことだけでも、この国への投資を考えない理由になります」

自分がだれを相手にしているのか分かったつもりにならない

　投資の基本原則が世界的に通用するとしても、注目点はそれぞれのマーケットの特性に合わせて調整していく必要がある。ガイ・スピアは次のように助言している。

> 普段投資している国と同じ状態が、別の国にも存在しているとみなしてはなりません。これは良くも悪くも言えることです。アメリカの投資家がそれ以外の国に投資するとき、外国の会社の経営者の資本配分の仕方について、思い込みがあります。また、経営者の標準的なふるまいについても思い込みがあります。すべての経営者が最高の資本配分を目指しているわけではありません。なかには、強欲であることが普通だとみなされる国もあります。ロシアはその好例かもしれません。その一方で、スイスのように経営者の報酬は控えめで、株主の利益を最優先にするという倫理の基準がアメリカよりも高い国もあります。

　スピアの洞察は、積極的に外国投資を行っている投資家にとってさまざまな含蓄がある。まず、外国の会社を分析するときには、国や地域に合わせた基準を設けておいたほうがよい。例えば、ロシアの株を分析するときには、企業統治リスクを典型的なスイスの会社よりも高くしておいたほうがよい。ロシアの会社についてはこのリスクの程度を立証できるようにしておくことで、分析の焦点を明確にすることができる。

　つまり、その会社の企業統治の特性が、ロシアの平均的な企業とは違うことが確認できないかぎり、投資を見送るか、通常よりも大きいディスカウントを適用すべきなのかもしれない。

次に、投資候補が国内の投資先とは違い、核となるテーマからかなり外れているという理由で不当に扱わないよう気をつける必要がある。例えば、もしグレアム流の割安価格で売買されている日本株を、経営者がアメリカ式の資本配分をしていないという理由で拒否すれば、素晴らしいチャンスを逃すことになるかもしれない。ネットネット株の場合、事業で現金を生み出していて、妥当な配当を行っていて、誠実な経営陣がいれば、十分有望な投資先なのかもしれない。アメリカ式の資本配分をしていればもちろん良いが、もし株価が十分安ければ、資本配分を条件にしたり、期待したりすべきではない。

最後に、スピアの洞察は、経営以外の分野にも及んでいる。このなかには、規制環境、財務報告の透明性、ビジネスモデルの主な特性などが含まれている。もし同じ業界の会社がアメリカにあったとしても、ビジネスモデルはまったく違うかもしれない。例えば、アメリカの営利目的の教育会社と、シンガポールの同種の会社では、キャッシュフローがまったく違っている。また、非貿易財（サービス）を扱う会社がそのサービスが安くて豊富にある国にある場合、同様のサービスが高い国（例えば、スイスのようにクリーニングやガーデニングといった基本的なサービスでさえかなり高額な国）の同様の会社と比べてフランチャイズが弱いのかもしれない。

新興市場で成長株を追いかけることの落とし穴

外国に投資をしても失望に終わる最大の原因は、新興市場での非現実的な利益を期待するからかもしれない。単純に中国市場の規模（人口10億人）だけを考えて、よだれが出そうになる投資家はたくさんいるだろう。たくさんのアメリカ人投資家が逆買収によるRTO（中国系の会社がアメリカの会社を逆買収してアメリカの取引所で上場した会社）スキームでだまされたのも不思議はない。人は抑えの効かない

楽観主義に陥ると、合理的なリスク評価をすることがほとんどできなくなる。

そして、売る側の証券会社にも、投資家に外国投資は有望だが危険でもあるということを知らせる責任がある。BRICsという言葉が広まったことで、ブラジルとロシアとインドと中国という4つの新興成長市場はその地位だけでなく、マーケットの評価も上がった。しかし、2012年までにロシアは西側の株式投資家を痛ましいほど失望させた。そして、賢い投資家は、中国経済の不均衡がいずれ破綻を招くと予想している。

投資家のなかには、競争が激しく、資本集約型の業界でも、急成長していれば資本利益率の見通しを無視して投資してしまう人がいる。ラフール・サラオギは、彼の国で見た外国人投資家について辛辣に語っている。

> 私は現在インド市場に注目しているので、ここでの例を見ていきましょう。私は、みんなが競って大金を通信会社やインフラ会社などにつぎ込んでいることを不思議に思っています。インドには総合的な通信会社が6社あり、全国を網羅するネットワークが構築されています。インドの電話会社は、すべてを最初に先行投資するため、限界的な通話コストはほとんどゼロです。ただ、彼らが生き残るためには、継続的にネットワークを拡大し、改修していかなければなりません。そのため、通信会社はフリーキャッシュフローを生み出すことがなく、いずれ債務負担に押しつぶされることになります。ところが、賢いはずのアナリストやファンドマネジャーは、契約者の増加や、市場への浸透、契約者当たりの平均収益、会計利益、広告キャンペーン、ブランドなどに注目しています。結局、通信会社は投資家が配分した資金の総額を増やすことはけっしてないし、投資された資本のほとんどはいずれ破

壊されます。しかし、高い「成長」というテストステロンラッシュに契約者数の伸びやネットワークの拡大が加わると通信会社の株価は上昇し、素晴らしい成長チャンスであることを強調することで、事あるごとに資本を調達しています。

世界中で相互のつながりがますます増えるなかで、西側の主要なマーケットが不景気に突入するとインドや中国などが高い成長率を維持するのは難しくなる。しかし、中国は2008～2009年の金融危機で、中国製品に対するアメリカの消費者の需要が落ち込んだ間も成長を続けていた。中国政府はアメリカ市場の減少分を、資本利益率が疑わしい不動産投資を進めることで相殺していたように見える。新興市場の成長ストーリーが、統合されたグローバル市場のチャンスとかみ合わなくなってきたら、投資家は楽観的な想定を再検証したほうがよいのかもしれない。

難しい地域への投資でも利益を上げる方法

アメリカを拠点としている投資家のなかには、自分の地域が先進国のなかで最も好ましい場所だということに気づいていない人がいる。アメリカの世帯規模は1930年の3.7人から2010年には2.6人に減ったものの、この20年間はほぼ変わっておらず、むしろ最近は少し増加傾向にある。ちなみに、この数字はフランスでは2.2人、ドイツでは2.0人になっている。ただ、世帯規模は文化的な要素によっても違いが出るため、さらに重要なのは人口増加率や人口ピラミッドの形かもしれない。2011年のアメリカの人口増加率は0.96％で、これはフランスよりも0.5％多いが、ドイツや日本よりもそれぞれ0.21％と0.28％少ない。しかし、アメリカの人口ピラミッドは、上部がほかの先進国ほどは大きくないため、将来の見通しは比較的良い。つまり、先進国の経済は

高齢化という深刻な問題を抱えているのである。

　先進国のなかには、日本のように深刻な人口トレンドに直面している国もある。意外かもしれないが、日本の人口は2012年に過去最高に迫る1億2700万人に達した。ただし、これは高齢化が進んだためでしかない。日本の65歳以上の人の割合は、1985年には10％だったのが、2005年には20％、2010年には23％に達している。そのため、過去10年間の人口はほぼ横ばいだったにもかかわらず、主な消費者カテゴリーのなかには人数が急激に減っている部分がある。

　潜在顧客の数が減り続けていることは、会社の価値の評価も難しくしている。顧客層が減少し続けている会社には、現在の収益の何倍の価格が妥当なのだろうか。政府が高齢化に対応するための増税を見込んだ所得税モデルを考えておくべきなのだろうか。日本は、その文化を保護しつつも移民を受け入れて労働力を確保する可能性を考えるべきなのだろうか。もしかしたら、このような難問がほかにもたくさんあることが、多くの外国人投資家に日本への投資を躊躇させ、それが日本株を20年間下げ続けて割安にした理由なのかもしれない。日経平均株価は、最高値を付けた1989年の3万8957円から2013年の1万0900円に下落し、この間ほかの先進国の指標が上昇していたにもかかわらず、日本は驚異的な損失を生み出していた。

　人口動態の難しさは、ファンダメンタルズに対する期待値を調整することの重要性を改めて示している。このことは、アルフレッド・ラパポートとマイケル・モーブッシンの『エクスペクテーション投資入門』（日本経済新聞出版社）にも書かれている。株価に織り込まれた期待がファンダメンタルズを大きく下回ると、買いのチャンスかもしれないというのである。スコット・キャロンは、日本でもそのようなことが起こっているのではないかと考えている。

もし人口が減少しているならば、小売業の売り上げも減少するで

しょう。私たちはいくつかの素晴らしい小売り会社を所有していますが、これらの会社が将来大きく成長するとは考えていません。しかし、時価総額の60～70％が現金でマーケットでは支配的な地位を築いていれば、相当額のキャッシュフローがあり、PBR（株価純資産倍率）も1倍を大きく下回っているため、たとえマクロ経済が悪化しても、それなりのリターンを上げると思っています。実際、人口の減少という逆風が必要以上に価格に織り込まれ、株価が現状とは極端にかけ離れている銘柄もあります。

ハワード・スミスも同じ考えのようだ。「安いマーケットなのに、黒字会社がたくさんあり、バランスシートにはたくさんの流動資産もあります。興味深いバリュー投資のアイデアがたくさん見つかるでしょう」。

実際にトレードするときに考慮すべきこと

電子トレードができるようになり、大手銀行や証券会社が世界各地に進出し、主要な株式市場の規則が均一化されてきていることで、外国人投資家にとって直接の障害となっていたことの多くはなくなりつつある。ガイ・スピアによれば、「外国のマーケットにおける取引コストは下がる傾向にあり、大きな懸念要素ではなくなっています。私はバイ・アンド・ホールドで、平均3年以上保有しています。そのため、取引コストが多少高くても、それが理由でトレードをやめようとは思いません」。

スピアが指摘するとおり、保有期間が長ければ、現地の実践的な問題もあまり気にならないのかもしれない。また、流動性の低さや取引コストの高さも、投資期間が長いと期待利益も高くなるのならば、さほど大きな問題にはならないのかもしれない。ただ、流動性が低い外

国証券に投資してすぐにやめるようなことは避けたいため、分析のハードルは多少上がることになる。もし近い将来に悪材料が出てきても保有し続けることができるだけの十分な安全域があれば、取引コストが平均以上でも投資候補になるのかもしれない。

ただ、国際的な投資には、通貨ヘッジの問題が常についてくる。短期的には、投資先の通貨の下落によって株価の上昇分が帳消しになり、不本意な投資結果に終わることもあるかもしれない。ただ、為替差損が短期投資家にとってリスクだとしても、通貨を追加的なリスクとしてとらえるのは間違っている。通貨はリスクにもリワードにもなるからだ。外国投資では、通貨変動によって結果のばらつきが大きくなり、それがポジションサイズに影響を及ぼすことはあっても、投資のメリットという点ではあまり影響はない。

しかし、長期投資になると通貨ヘッジの重要性は特に低くなるうえ、コストも高すぎる。為替レートと現地の株価の動きは、短期的にはあまり関連していない。しかし、長期になると２つの動きは逆相関になり、現地通貨建ての株価が上昇すれば、通貨は下がり、その逆もある。

通貨リスクも、会社レベルではあるかもしれないが、それはポートフォリオマネジメントの問題ではない。つまり、このようなリスクはトレード上のリスクというよりも、株式投資自体のリスクと言うべきだろう。キャラベル・ファンドでポートフォリオマネジャーを務めるキャグラー・ソメックによれば、「私たちは、バランスシートのミスマッチによるリスクが大きくなりすぎないように気をつけています。例えば、原材料はドル建てで輸入し、キャッシュフローは現地通貨で入ってくるような会社です」。また、負債がある場合は負債の通貨と売り上げの通貨が違うと、ミスマッチが起こる可能性がある。

第10章　国際的なバリュー投資――自国以外で価値を探す

過激派的思考で誤解を解く

　過激派と言っても、通常社会で使われている意味ではまったくない。本書の過激派的思考とは、経済と金融のさまざまな変数の複雑な相互作用を分析するための便利なツールのひとつだと思ってほしい。異なる変数の因果関係は、見極めるのがなかなか難しい。そこで私たちは、そのなかの変数を極端な値にしてみることで、その関係を理解しようとしている。

　例えば、通貨の引き下げとADR（米国預託証券）の価格の関係を見てみよう。まず、次の質問について考えてみてほしい。もし外国企業の本拠地の通貨がUSドルに対して20％切り下げになったら、ADRの価格はどうなるのだろうか。ADRはドル建てなので、その価格も20％下がると思うかもしれない。これは、本拠地の通貨で株価が変わらなければ起こり得る。しかし、その想定は現実的なのだろうか。通貨が大きく切り下げられれば、投資家はその国の経済見通しに対して悲観的になり、その国で上場されている株を売るかもしれない。外国の株価が下がり、通貨も20％切り下げられていれば、当然ADRの価格も20％以上値下がりする。ここまでのシナリオは、論理的だし、現実性もある。

　しかし、もし現地通貨が20％ではなく95％切り下げになったら、ADRの価格も95％下げるのだろうか。それとも、先のケースのように95％以上も下げることもあるのだろうか。もし投資していたのがその国で業界第1位の通信会社で、バランスシートは健全で、ほんの何日か前まで50億ドルの価値があったのに、政府が通貨を防衛できなかっただけのことで価値が突然2億5000万ドル以下に下がってしまうのだろうか。

　もしこのような会社の評価が2億5000万ドルだということをおかしいと思わなければ、過激派的思考をもう一歩進めてみよう。もし別の

347

国(例えば、アルゼンチン)の企業がその国の10%の土地を所有していて、負債はなく、利益も出ていたらどうだろうか。もしその国の通貨が99.99999%切り下げられたら、その会社の市場価値も100億ドルから1000ドルに下がるのだろうか。言い換えれば、もしアルゼンチンの国土の10%を1000ドルで買えるとしたら、通貨の価値が下がり、没収リスクがあったとしても買うだろうか。しかし実際にそうなれば、現地通貨建ての株価は切り下げのあと下落ではなく急騰して、国土の10%を1000ドルで買うことはできなくなるに違いない。

過激派的思考を使い、現地通貨の切り下げによってドル建ての株価がそれ以上下落するという株式市場の誤解を解くことができた。次に通貨の大幅な切り下げがあったときは、関連するADRの価格の動きに注目してみてほしい。もしその価格が為替レートの変動以上に下げ、もしその会社が不動産(原材料、土地、工業機器など)を所有していて、バランスシートも健全ならば、買うことを検討してもよいのかもしれない。実は、このようなチャンスが過去にあった。2002年末のペソの切り下げで、アルゼンチンの農業大手で広大な土地を所有しているクレスードのADRの価格が、半分に下落したのだ。クレスードのバランスシートは健全だったが、有形簿価よりもかなり安くトレードされていた。投資家が過剰反応したからだ。ちなみに、このADRは1年後には、5ドルから15ドルに上昇していた。

外国株のスクリーニング

株式のデータベースの多くは、アメリカの証券取引所に上場されている株とADRと店頭取引されている一部の外国株しか対象になっていない。ブルームバーグやキャピタルIQといった高額なサービスを使っていない人にとって、外国で上場されている株をスクリーニングするのは大変だ。本書の発行時点で、コストをかけずに外国の株をス

クリーニングできるツールに、フィナンシャル・タイムズ紙が提供しているスクリーナーがある（http://markets.ft.com のScreenerをクリックする）。

どこでも投資するのか、それとも投資可能なマーケットに絞るのか

　フィナンシャル・タイムズが提供している外国の株のスクリーニングツールは、国や地域を指定して調べることができる。私たちは、通常は国ごとに調べているが、これは詳細に調べる候補を比較的たくさんほしいときに特に役立つ。反対に、パフォーマンスと評価を厳しい条件で絞り込みたいときは、場所を指定せずに調べればよい。ちなみに、各地のマーケットには財務情報の開示の仕方などを含めてさまざまな特徴があるため、ひとつのマーケットに一定の時間を費やすことは有益だと思っている。さらに言えば、政治情勢や規制、経済要因などの理由で、銘柄ごとに分析方法を調整するのが面倒ならば、特定の地域に優先的に投資したいと思うかもしれない。ただ、株式の世界を国ではなく業界で分けてみると、そこにも新たな学びがあると思う。例えば、世界中の通信会社の相対的な評価を見比べてみると、そこで見つかるであろう不均衡は有望なチャンスにつながる可能性がある。

　世界的なスクリーニングをすると、投資家たちが避けている国が簡単に分かる。例えば、2013年初めにグレアム流のネットネット株を探せば、投資候補のリストにはたくさんの日本株が入っていた可能性が高い。また、恐れが広がっている国を探して、その国の株をすべてスクリーニングにかければ、たとえ下げ切っていなくても、ほかの国の同じくらい健全な会社と比べてかなりの割安になっているかもしれない。ティム・マケルバインは、経済ニュースのタイトルや低い評価が外国の株を調べるときの舵取りをしてくれると言っている。「私は、

混乱がある地域に行って、そこでできることを探したいと思っています。ただ、混乱地域に行くと、良さそうな会社を妥当な価格で買うか、さほど良くない会社を非常に割安で買うかでいつも悩んでしまいます」

　無視されている地域をスクリーニングすることは、混乱した地域を探すことでもある。評価が低い銘柄は、どちらのマーケットでも見つかる可能性があるため、どちらを選ぶかは投資家の心理にかかっている。投資家のなかには、ほかの人が積極的に売っている証券を買って成功する人もいるし、ほかの人が目もくれない証券を買おうとする人もいる。ハワード・スミスは、かつては人気があったのに今は無視されている日本のマーケットへの投資について次のように語っている。

日本は全体的に非常に非効率的なマーケットです。1989年末にバブルが崩壊してから23年間、おおむね下げ続け、時とともに注目されなくなっていきました。それでも、5年前はまだ独立した資産クラスと見られていました。みんなまだポートフォリオに多少の日本株を持っています。しかし、今ではアジア株投資のほんの一部でしかないうえ、中国やインドやASEAN市場ほど注目されてもいません。日本は、見過ごされているマーケットであり、しかるべき分析もされていません。

　セバスチャン・レモニエも、無視されている株への関心をバロン・ドゥ・レイの例で語っている。

この会社は、投資家が望まない要素をほとんど備えています——スペインのイクスポージャー、株の流動性の低さ、新興市場のイクスポージャーではない、限定的な営業レバレッジ、買収戦略がない、投資家向け広報が不十分などといったことです。し

かし、リオハ産ワインのメーカーとしてのファンダメンタルズには強さがあります。まず、２つの強力なブランド（エル・コトとバロン・ドゥ・レイ）を持っています。老舗のワインメーカーで、差別化もできており、高い利益率を維持してきた実績もあります。十分な規模としっかりした組織があり、現地の大手販売業者とは、独占的な販売契約も結んでいます。バランスシートも健全で、きちんとした有形資産を持っており、負債はありません。フリーキャッシュフローは堅実かつ安定的で、経営陣も優秀です。つまり、ファンダメンタルズはマーケットの見方よりもはるかに良いということです。最後に、この会社の評価――投下資本利益率が13％で2011年のEBIT（支払金利前税引き前利益）の７倍なのに簿価の１倍で、過去の水準と比べると40％のディスカウントになっている――は、私のように高く買いたくない投資家にとって十分な安全域があると言えます。

　私たちは、自分の主な投資条件と合わないと、特定のマーケットをまったく考慮しないときがある。例えば、経営陣が株主重視であることを条件にしている投資家は、ロシアとはあまりかかわらないと思う。ロシア企業の本社で経営陣と面会したバリュー投資家の逸話を紹介しよう。この投資家は、株価が低いことを踏まえて、なぜ借り入れで安く資金調達ができるのに、コストの高い自己資本調達をしたのかと経営陣に質問した。すると、CEOが怪訝な顔をして「どういう意味ですか。自己資本調達はタダですよ。返済の必要がないのですから」と答えたという。珍しく率直な会話ではあったが、このような姿勢はロシア人幹部のなかでは普通のことのようだ。

　投資先として考慮しないもうひとつの理由は、その国の政治や経済の体制にある。例えば、政府が経済を誘導することが破壊的だと思っている投資家ならば、中国は破綻する運命にあると見ているかもしれ

ない。ラフール・サラオギも次のように語っている。

> インドは、いずれ必ず中国を上回ります。中国のモデルは完全なトップダウン型で、資本の配分が大変間違っています。2012～2022年の間に天罰が下るかどうかは分かりませんが、そうなったときには、破滅的な損害を被るでしょう。自由市場に不備や欠陥があってもそれ以外のシステムより優れているのは、何百万人ものマーケット参加者が毎日下している小さな判断の積み重ねによって動いているからです。何億人もの人たちのためになる判断を下すことができる十分な知識と経験と理解を1人の人や1つの権威が持つということはあり得ません。一時的にうまくいく（あるいはうまくいったように見える）ことはあっても、このシステムには自動安定装置がついていないため、いずれ組織自体が破綻します。何かがうまくいかなくなったり停止したりしたときに、体制は一気に崩壊します。それ以外の結果はあり得ません。

　価値の評価以外の理由で特定の国を考慮しないことは、投資には代償があると理解している投資家にとっては不合理な判断に見える。しかし、その判断は何らかの要素（例えば、企業統治）をほかの投資家よりもはるかに重視している場合ならば、理にかなっているのかもしれない。もしロシアの企業統治についてほとんどの投資家が気にしないのならば、統治ができていない会社に大きなディスカウントを求める投資家にとって、ロシア企業の評価は対象外になることもあるだろう。そうなると、時間と労力がかぎられているなかでは、特定の国を除外するのもひとつの方法かもしれない。
　反対に、流動性が高いマーケットでなくても株式投資に適した環境が備わっている国を選んで調べを進めたいときもある。リッジウッド・グループのCIO（最高投資責任者）を務めるクシャール・マジュ

ンダは、『スタートアップ・ネーション』(Startup Nation) という本でこのような国について学んだという。「これは、一見厳しい環境のなかで、起業家たちが決意と度胸によってイスラエル全体の生産性を上げ、豊かにしていった驚くべき物語で、彼らの多くは元軍人です。この本は素晴らしい読み物であると同時に、成功や文化や熱意があれば成功への道は開けるということについてたくさんの教訓を与えてくれました。私は、イスラエルが比較的短期間で成し遂げたことに畏敬の念を覚えるとともに、この教えはビジネスや投資のさまざまな局面で生かせると思っています」

スクリーニングのあとに ── 地域の専門家に便乗する

　アメリカでは、スーパー投資家に倣って投資するビジネスが次々と登場しており、多くのマーケット参加者が偉大な投資家 ── ウォーレン・バフェット、ビル・アックマン、モニッシュ・パブライなど ── の動きを注視している。ところがほかの国では、大成功しているファンドマネジャーでさえあまり知られていない。フランスやドイツ、イギリス、インド、日本などで偉大な投資家の名前を聞いても、１人も挙げることができない投資家がたくさんいる。

　しかし、スーパー投資家はほかの国にもいる。それに、彼らの市場が比較的小さいことを考えれば、彼らは現地のマーケットについて深い知識を持ち、国内の会社とも強いつながりを持っていると考えてよいだろう。このような投資家がどの会社を所有し、どの会社を避けているのかが分かれば、私たちの勝率も上がるかもしれない。もちろん、独自の調査をして、その会社の株主構成ではなく、ファンダメンタルズに基づいた投資テーマを探すべきことに変わりはない。しかし、その国の優れた投資家が所有している株というのは、調査の素晴らしい

出発点になる。

ただ、ここには問題が2つある。まず、ポートフォリオの内容がノイズではなくシグナル的な価値を持つ投資家のリストを作るのは簡単ではない。世界のトップ資産管理会社やヘッジファンドのランキングを見ても、本当に優れた投資家は分からない。一流投資家の多くは、小規模のファミリーオフィス（富裕層の資産管理会社）やファンド・オブ・ファンズにしか知られずに目立たないところで活動しているからだ。例えば、ニュージーランドのチャンドラー兄弟の一般的な知名度は、この何十年かで最も成功している世界的な投資家にしては極めて低い。そのほかにも、スイスのティトー・テッタマンティ、フランスのフランソワ・バデロン、チェコのダニエル・グラディスといった偉大な投資家の名前を聞いたことがあるだろうか。

次に、国が違うと報告義務も違う。投資家がポートフォリオレベルの情報を開示しなくてよい国はたくさんある。多くの地域では、1つの会社の一定割合（たいてい3％や5％）以上の普通株を取得したとき以外は報告義務がない。そのため、通常アメリカ以外で投資しているファンドマネジャーの活動を観察するのは難しい。

しかし、ブルタバ・ファンドのCEOであるダニエル・グラディスの例を見れば、世界的なスーパー投資家の活動を観察するメリットに大いに納得するだろう。グラディスは、数年間トップパフォーマンスを維持しているグローバルファンドマネジャーのひとりであるだけでなく、彼の会社では、時間も人材もない人のために掘り下げた分析を行っている。彼らによる銅採掘会社の分析の一部を紹介しよう。

> 私たちは、進行中のすべての銅関連プロジェクトを分析した結果、そのうちの60～70件で現在の産出量の約95％に達する可能性があると考えています。私は、各社の場所を考慮してプロジェクトが十分な資本利益率（15～20％）を上げるために必要な銅の長

期的な平均価格を計算しました。例えば、銅の価格は1ポンド当たり2.50～2.70ドル程度だとします。もしこれが2.70ドルになれば、かなり心配です。銅会社の評価にも影響を及ぼします。しかし、もし銅の平均価格が2ドルを大きく下回ると、銅会社は打撃を受けますが、私たちの関心は高まります。生き残るところもあるかもしれませんが、破綻するところも出てくるからです。それでも、いずれ銅の価格は最低でも平均値に回帰します。そうでなければ、プロジェクトは計画されていません。

グラディスの銅会社に関する詳しい調査を読むと、彼がその時点で所有していた銅会社に興味がわいてくる。

フランソワ・バデロンが経営する投資会社のアミラ・ジェスチョンは、バリュー投資のテクニックをフランスやそれ以外の国に応用して長年成功を収めている。バデロンは、控えめに次のように語っている。「私たちは自分の性格や経験やエッジに合わせてウォーレン・バフェットの手法を使っているだけです。……自分が理解できることをするというのは非常に難しいことです。自分は理解していると思っても、実際にはできていないからです。……バリュー投資の本から得られる重要な概念は、集中するということです。私が持っている良いアイデアは少ししかないため、それを見つけたときはかなり大きく投資します。もうひとつ大事なのは、偏見を持たずにどこにでも投資するということです」。バデロンは偏見を持たずにどこにでも投資するが、彼がフランスで最も成功したバリュー投資家になったのには、彼の会社の場所が多少影響しているかもしれない。そこで、私たちはフランスの株を検討するときは、それをバデロンの会社が所有しているかどうかと、その理由を知りたいと思っている。

表10.1に、さまざまな国で代表的なバリュー投資家とみなされている人たちで、国際的な投資を行っている50人を挙げておく。

表10.1　アメリカ以外で活動する主なバリュー投資家

投資家	会社	国
カー・ニールソン	プラティナム	オーストラリア
アラン・グレイ、ウィリアム・グレイ	オービス	バミューダ
ブルーノ・ローチャ	ダイナモ	ブラジル
ダニエル・グラディス	ブルタバ・ファンド	チェコ
エマニュエル・ダウグレス	アムダマックス	フランス
フランソワ・バデロン	アミラ・ジェスチョン	フランス
マックス・オッテ	PIグローバル・バリュー・ファンド	ドイツ
フランク・フィッシャー、レイナー・サックス	シェアホルダー・バリュー	ドイツ
ペダー・プラール	トリトン・パートナース	ドイツ
リチャード・ローレンス	オーバールック	香港
葉維義、謝清海	バリュー・パートナース	香港
ラフール・サラオギ	アティヤント	インド
シド・メータ	ビーコンスフィールド	インド
アミタブ・シンギー	シュアフィン	インド
デビッド・コイン、ポール・マクナルティ	セタンタ	アイルランド
オリ・アイル	EVCM	イスラエル
チッチオ・アゾリーニ	カットリーカ・パルテチパチオーニ	イタリア
ロバート・マクレー、マーク・ピアソン、ピーター・タスカー	アーカス	日本
スコット・キャロン	いちご	日本
アレキサンダー・キンモント	マイルストーン	日本
阿部修平	SPARXグループ	日本
デビッド・バラン	シンフォニー	日本
安治郎	ヴァレックス	日本
チャン・リー、アルバート・ヨン	ペトラ	韓国
ファン・マティエンツォ	メルコル	メキシコ
ジョージ・クリージ	ガーディアン・ファンド	オランダ
クリス・スワスブルック	エレベーション	ニュージーランド

投資家	会社	国
ヨハン・ワームス、セルゲイ・エシモフ	ワームス	ロシア
丁玉龙（丁玉龍）	ターゲット	シンガポール
リチャード・チャンドラー	リチャード・チャンドラー	シンガポール
フランシス・ダニエルス	アフリカ・オポチュニティー	南アフリカ
サイモン・マレイ、ウィリアム・グレイ	アラン・グレイ	南アフリカ
パブロ・ゴンザレス・ロペス	アバコ	スペイン
F・G・パラメス、A・G・デ・ラザーロ・マテオス	ベスティンバー	スペイン
ラース・フォバーグ、クリスタ・ガーデル	セビアン	スウェーデン
ガイ・スピア	アクアマリン	スイス
フィリップ・ベスト、マーク・セント・ジョン・ウェブ	アルゴス	スイス
ジャン・パスカル・ロランデ	LTファンド	スイス
フィーリックス・ズラフ	ズラフ	スイス
マッシモ・ファゲッタ	ベイス・ファンド	イギリス
ヨーレン・ボス	チャーチ・ハウス	イギリス
ジェームス・フィンドレイ、チャールズ・パーク	フィンドレイ・パーク	イギリス
アンドリュー・グリーン、ジョン・ランバート	GAM	イギリス
サイモン・デニソン・スミス、ジョナサン・ミルズ	メトロポリス	イギリス
ソーステン・ポレイト、マティアス・リカート	ポレイト＆リカート	イギリス
ヒューゴ・カペル・キュア、ルーペン・パテル、マーク・ワラス	ロスチャイルド	イギリス
イアン・ランス、ニック・パーブス	RWC	イギリス
スティーブン・バット	シルチェスター	イギリス
クリストファー・ホーン	チュードレンズ	イギリス
ドミニク・フィッシャー	シストルダウン	イギリス

出所＝ザ・マニュアル・オブ・アイデア

外国の株に関して正しい質問をする

　外国の投資候補に関する質問は、包括的な投資理念と、検討している投資の詳細の両方に関係がある。ただ、世界のどこであっても、適正価格よりも大幅に割安で取引されている株を見つけるという私たちの目的は変わらない。

ヨーロッパ株に関する質問――その会社はどれくらい国際的か

　ヨーロッパでは、ひとつのテーマの下で異なるさまざまな分野のチャンスがある。バリュー投資に関するヨーロッパ有数の研究者で、ドイツのケルンにあるIFVEインスティチュート・フュア・フェアメーゲンスエントビックルングの創設者でもあるマックス・オッテは、ヨーロッパとアメリカの違いについて次のように述べている。「ヨーロッパは『複雑で面倒なことが多く』、本当に国際的なプレーヤーでなければ、国ごとに調べなければなりません。これは、アメリカの投資よりも調べることが10倍多いということです。アメリカの投資家の多くがヨーロッパに目を向けない理由はここにありますが、私はそれは大きな間違いだと思っています。法律制度は、アメリカ並みに信頼できますし（訴訟の件数も少ない）、アメリカよりも信頼できるビジネス文化があります。国際的な企業もアメリカより多くあります。……」

　マクロ経済への懸念からヨーロッパの株の人気がなくなると、投資家はヨーロッパ大陸以外で利益を上げている会社を探し始めた。このようなヨーロッパ企業は北アメリカやアジアの同様の会社よりも低い倍率で売買されていただけでなく、ユーロが弱くなった恩恵も期待できたからだ。例えば、2011年の欧州ソブリン危機の悪化でユーロの価値がドルに対して下がると、ドイツの輸出業者の多くは製品の価格競

争力が上がり、業績が回復した。

インド株に関する質問――どれくらい集中投資すべきか

インドは遠く、言葉の壁もあるため、投資家が投資候補に関してたくさんの重要な質問をするのが難しい。そのため、インドに投資したい外国人投資家の多くは、ニューヨークやロンドンに上場しているインド企業の株を買っている。そうすれば、高い透明性と報告基準が期待できるからだ。このことについて、シュアフィン・インベストメントでマネジングディレクターを務めるアミタブ・シンギーは次のように語っている。

> インドにどれくらい積極的に投資したいかによって、3つの方法があります。まず、次の5年間、安い分野に資金を投入するという単純な公式を使ってインデックスファンドを買う方法です。この方法は、数学的かつ継続的に行う必要がありますが、積極的に投資したくない人には適しています。もしインドに物理的に拠点を置かずにインド企業に積極的に投資したいときは、統計的に安い「グレアム流」の株に分散投資して、ときどきポートフォリオの再配分をするとよいでしょう。ここでも、規律と継続が重要です。しかし、インドに集中的に投資したいならば、できれば物理的にインド(またはインドに頻繁に行ける同じ時間帯の地域)に**拠点を置くべきです**。

シンギーは、外国のマーケットにポートフォリオを集中させることについて、それができるかどうかは投資先を精査する能力があるかどうかによると言っている。特定の投資について強い自信がなければ、資金配分を減らすことでリスクを減らすべきだろう。バフェットが、

数年前に韓国の上場会社を文字どおり1社ずつチェックしてグレアム流の割安株に投資したことはよく知られている。彼は、韓国株は全体として高いパフォーマンスを上げると見ていたが、1社ごとの勝率については自信がなかったため、バスケット式で購入し、1社ごとの資金配分を小さく抑えていた。

日本株に関する質問――ROEとは何か

　外国人投資家の多くは、日本企業のROE（自己資本利益率）の低さを嘆いている。しかし、最終的なROEの数字ばかりに注目していると、大事な質問ができなくなる。スコット・キャロンはその理由について次のように語っている。

> 日本のROEで難しいのは、R（利益）ではなくE（株価）のほうです。日本企業のリターンは、アメリカやヨーロッパの同様の企業と同水準で、Rに問題はありません。つまり、ROEが低くなるのは、分母の自己資本のせいなのです。日本には、大きな内部留保を抱えている会社が多くあり、その多くは現金の形で保有しているため、リターンは大量に発行されている株のなかで希薄化されてしまいます。しかし、逆に言えばこれは大きな安心材料でもあります。日本企業のバランスシートは、非常に強固で、現金には間違いなく価値があります。しかし、発行株数が多いため、ROEは劇的に下がり、これは株主にとってはマイナス要素です。

　キャロンの見解を参考にして、次の架空の会社2社のどちらを選ぶか考えてみてほしい。A社は株主資本が1億ドルで、純利益が2000万ドル、B社は株主資本が2億ドルで純利益が2000万ドルとする。どちらも業績が順調ならば、ROEが20％の会社ほうが10％の会社よりも

事業の質が高いということで、たいていの人はＡ社を選ぶだろう。そしてさらに、Ａ社は資本を10％ではなく20％で再投資できるため、成長率も高いと考えるかもしれない。

しかし、この２つの会社が実際には同じ会社で、Ｂ社には銀行に１億ドルの預金があるということが分かると分析結果が変わってくる。つまり、どちらも１億ドルの資本を使って2000万ドルの純利益を上げている。ただ、シナリオＢでは１億ドルの現金があっても金利が低い日本では実質的に何のリターンも生み出していない。そうなると、それでもＡ社のほうが優れていると言えるだろうか。おそらくそうではないだろう。キャロンの言っていることが正しいとすれば、西側の投資家は、日本の会社が過大な資産を所有しているというだけのことで劣っていると誤解していることになる。もし外国の投資家がキャロンの主張どおりに日本株の見方を改めれば、大幅な再評価は避けられないだろう。

そこで、投資候補について調べるときにはROEの値だけでなく、その構成を見る必要がある。その会社にはROEの計算に含まれないたくさんの非中核資産があって、実際には質の高い会社なのではないかという目で調べるのである。そして、もしその特性がほかのマーケットよりも顕著ならば、日本は全社的な分析ではなくサム・オブ・ザ・パーツのチャンスとして検討したほうがよいのかもしれない。

日本の会社がいくつかのタイプの資産で構成されていることを理解すると、戦略的な行動に関する質問が重要になってくる。もしそれまで日本を無視していた投資家に、日本企業をひとつの劣った会社としてではなく、価値の高い部門の集合体として見るように仕向けることができれば、価値のとらえ方は大きく変わるかもしれない。日本に拠点を置く投資マネジャーのマーク・オフリエルは、経営陣が必要な戦略的行動をとっている会社もあると言う。「日本にも、物言う投資家として行動し、経営陣と共に改革を促して成功しているファンドマネ

ジャーがいます。これらの株主は、騒ぎ立てるのではなく、経営陣や取締役会と頻繁に有意義な会合を持っています。……日本では、外国からの圧力を使って改革することを意味するガイアツ（外圧）という言葉もよく使われています。過去10年間に日本企業のバランスシートが改善した理由のひとつには、株主の圧力の影響もあると思います」

本章のまとめ

次の10のポイントを覚えておいてほしい。

1．投資家はさまざまな意味で外国への投資について現実的な見方を採り入れているように見える。その背景には、世界中のマーケットに関する情報が手に入るようになったことや、取引コストの低下、いくつかのバブルの崩壊、いくつかの危機からの回復、経済やマーケットがそれまで以上に相互に結びついていると認識されてきたことなどがある。
2．世界中のトップ投資マネジャーとのインタビューにおいて、ほとんどの人が外国投資について、違いよりも共通点のほうが多いと語っていた。
3．いくつかの研究によって、ポートフォリオに外国の株を加えると、一定のボラティリティでの期待リターンが高まるか、一定のリターンにおけるボラティリティが下がることで、リスク・リワード・プロファイルが改善することが確認されている。
4．多くの投資家は、外国のマーケットも大事な部分では自分の国のマーケットと同じだと誤解している。そして、このことが特に問題なのは、企業統治の分野かもしれない。残念ながら、企業統治が改善されるには時間がかかるうえ、外部から影響を与えるのは難しい。

5. 国際的な投資においては、調整するのが難しい要素（例えば、企業統治など）と、そうでない要素（例えば、自分が支払う価格）があることを受け入れることで多くの問題を回避することができる。

6. 調査対象を世界に広げることで、私たちは自国のマーケットよりも安く買うという選択肢を得る。別のマーケットにまったく同じ株はないが、似たような株が場所によってかなり違う価格でトレードされていることはよくある。

7. バフェットの「理解の範囲」という概念は、通常は投資する業界について使われているが、これを国に応用することもできる。ただ、世界中の株式投資がさまざまな意味で統一されてきているなかで、私たちは自分の理解がすべての国で通用すると誤解しているかもしれない。

8. 外国に投資をしても失望に終わる最大の原因は、新興市場での非現実的な利益を期待するからかもしれない。投資家のなかには、競争が激しく、資本集約型の業界でも、急成長していれば資本利益率の見通しを無視して投資してしまう人がいる。

9. 人口動態の難しさは、ファンダメンタルズに対する期待値を調整することの重要性を改めて示している。このことは、アルフレッド・ラパポートとマイケル・モーブッシンの『エクスペクテーション投資入門』（日本経済新聞出版社）にも書かれている。株価に織り込まれた期待がファンダメンタルズを大きく下回ると、買いのチャンスかもしれないというのである。

10. 価値の評価以外の理由で特定の国を考慮しないことは、投資には代償があると理解している投資家にとっては不合理な判断に見える。しかし、その判断は何らかの要素（例えば、企業統治）をほかの投資家よりもはるかに重視している投資家の場合ならば、理にかなっているのかもしれない。

参考文献

Andreessen, Marc. 2011. "Why Software Is Eating the World." *Wall Street Journal*, August 20.

Berkshire Hathaway. 2010. Definitive Notice and Proxy Statement, filed with the Securities and Exchange Commission (March 11), 7.

Bogle, John C. 2005. "Individual Stockholder, R.I.P." *Wall Street Journal*, October 3, A16.

Brooks, John. 1969. *Once in Golconda: A True Drama of Wall Street, 1920–1938*, 272. New York: Harper & Row.

Brown, Stephen J., and William N. Goetzmann. 1995. "Performance Persistence." *Journal of Finance* 50 (2): 679–698.

Buffett, Warren E. 2007. Letter to Shareholders of Berkshire Hathaway (February), 21.

Buffett, Warren E. 2009. Letter to Shareholders of Berkshire Hathaway (February), 5.

Carhart, Mark M. 1997. "On Persistence in Mutual Fund Performance." *Journal of Finance* 52 (1): 57–82.

CNN/Money online edition. 2002. (April 16), http://money.cnn.com/2002/04/16/news/deals/hp_deutsche/.

Coffee, John C., Jr., Louis Lowenstein, and Susan Rose-Ackerman. 1988. *Knights, Raiders, and Targets*. New York: Oxford University Press, 15–16.

Einhorn, David. 2010. Greenlight Capital Q4 2009 Letter (January), accessed online at www.marketfolly.com/2010/01/david-einhorns-greenlight-capital.html.

Ericsson, K. Anders. 2004. "Deliberate Practice and the Acquisition and Maintenance of Expert Performance in Medicine and Related Domains." *Academic Medicine* 79 (10): S70–81.

Fama, Eugene F., and Michael C. Jensen. 1983. "Separation of Ownership and Control." *Journal of Law and Economics* 26 (2): 301–325.

Ferri, Richard A. 2003. *Protecting Your Wealth in Good Times and Bad*. New York: McGraw-Hill, 61–63.

French, Kenneth. Data Library, accessed online at http://mba.tuck.dartmouth.edu/pages/faculty/ken.french/data_library.html.

Grantham, Jeremy. 2005. "Everything I Think I Know about the Market in 20 Minutes." Market Commentary Document. Grantham, Mayo, Van Otterloo & Co., accessed online at www.siliconinvestor.com/readmsgs.aspx?subjectid=51347&msgnum=27570&batchsize=10&batchtype=Previous.

GreatInvestors TV. 2012. "The Importance of Business Cycles, with Simon Caufield, Managing Director of SIM Limited." (July 6), accessed online at http://greatinvestors.tv.

ロバート・G・ハグストローム著『株で富を築くバフェットの法則』(ダイヤモンド社)

Khorana, Ajay, and Edward Nelling. 1997. "The Performance, Risk, and Diversification of Sector Funds." *Financial Analysts Journal* 53 (3): 62–74.

Klarman, Seth A. 1991. *Margin of Safety: Risk-Averse Value Investing Strategies for the Thoughtful Investor*. New York: HarperCollins.

Malkiel, Burton G. 1995. "Returns from Investing in Equity Mutual Funds 1971 to 1991." *Journal of Finance* 50 (2): 549–572.

The Manual of Ideas. 2008. "The Magic Formula 100," November.

The Manual of Ideas. 2009. "Top Ideas Based on Four Different Qualitative Screens," February.

The Manual of Ideas. 2009. "Ben Graham–Style Investing: The Deep Value Report," April 27.

The Manual of Ideas. 2009. "The Superinvestor Issue," May 28.

The Manual of Ideas. 2009. "Companies with Hidden Real Estate Value," June 19.

The Manual of Ideas. 2009. "Businesses with Pricing Power and Low Capital Intensity," July 31.

The Manual of Ideas. 2009. "The Superinvestor Issue," August 21.

The Manual of Ideas. 2009. "The Magic Formula Issue," September 29.

The Manual of Ideas. 2009. "The European Value Issue," October 27.

The Manual of Ideas. 2009. "The Superinvestor Issue," November 20.

The Manual of Ideas. 2009. "2009 Losers, 2010 Winners?" December 31.

The Manual of Ideas. 2010. "Best Ideas for 2010," January 21.

The Manual of Ideas. 2010. "The Superinvestor Issue," February 18.

The Manual of Ideas. 2010. "The Brand Value Issue," March 25.

The Manual of Ideas. 2010. "The Deep Value Report," April 21.

The Manual of Ideas. 2010. "The Superinvestor Report," May 24.

The Manual of Ideas. 2010. "The Magic Formula Issue," June 30.

The Manual of Ideas. 2010. "The Downside Protection Issue," July 29.

The Manual of Ideas. 2010. "The Superinvestor Report," August 27.

The Manual of Ideas. 2010. "The European Value Issue," September 30.

The Manual of Ideas. 2010. "Value Opportunities in Banks?" October 29.

The Manual of Ideas. 2010. "2010 Losers, 2011 Winners?" December 27.

The Manual of Ideas. 2011. "Large Cap Stocks: How Cheap Are They?," January 31.

The Manual of Ideas. 2011. "The Superinvestor Issue," February 28.
The Manual of Ideas. 2011. "Small- and Micro-Cap Value," March 31.
The Manual of Ideas. 2011. "The Japan Issue," May 2.
The Manual of Ideas. 2011. "The Superinvestor Issue," June 1.
The Manual of Ideas. 2011. "The Magic Formula Issue," July 1.
The Manual of Ideas. 2011. "Underappreciated Balance Sheet Values," August 1.
The Manual of Ideas. 2011. "The Superinvestor Issue," September 2.
The Manual of Ideas. 2011. "The Model Portfolio Issue," October 1.
The Manual of Ideas. 2011. "The Fear Issue," November.
The Manual of Ideas. 2011. "The Superinvestor Issue," December.
The Manual of Ideas. 2012. "Great Companies, on Sale," January.
The Manual of Ideas. 2012. "The Small-Cap Value Issue," February.
The Manual of Ideas. 2012. "The Superinvestor Issue," March.
The Manual of Ideas. 2012. "Value in Emerging Markets," April.
The Manual of Ideas. 2012. "Deep Value Issue," May.
The Manual of Ideas. 2012. "The Superinvestor Issue," June.
The Manual of Ideas. 2012. "Wide-Moat Companies," July.
The Manual of Ideas. 2012. "The Equity Income Issue," August.
The Manual of Ideas. 2012. "The Superinvestor Issue," September.
The Manual of Ideas. 2012. "The European Value Issue," October.
The Manual of Ideas. 2012. "The Japan Value Issue," November.
The Manual of Ideas. 2012. "The Superinvestor Issue," December.
The Manual of Ideas. 2013. "Best Ideas 2013," January.
The Manual of Ideas. 2013. "Small-Cap Value," February.
The Manual of Ideas. 2013. "The Superinvestor Issue," March.
The Manual of Ideas Interview. "Alon Bochman, Managing Member, Stepwise Capital," accessed online at www.youtube.com/watch?v=4H2n6RGXCoc.
The Manual of Ideas Interview. "Andrew Williamson of Hawkwood Deep Value Fund," accessed online at www.youtube.com/watch?v=Gki52YyOSRc.
The Manual of Ideas Interview. "Ben Graham's Deep Value Approach, Refined and Globalized—VS Capital Advisors," accessed online at www.youtube.com/watch?v=4fkfjIlAdUM.
The Manual of Ideas Interview. "Brad Hathaway, Managing Partner, Far View Capital," accessed online at www.youtube.com/watch?v=F8tRr1p7cxo.
The Manual of Ideas Interview. "Brian Bares, Chief Investment Officer, Bares Capital," accessed online at www.youtube.com/watch?v=8uSOYtRe7VA.
The Manual of Ideas Interview. "Caglar Somek, Global Portfolio Manager, Caravel Management," accessed online at www.youtube.com/watch?v=5Lj3-U1zlfA.
The Manual of Ideas Interview. "Contrarian Investing, with Randall Abramson of Trapeze Capital," accessed online at www.youtube.com/watch?v=T3b3129LQG8.

The Manual of Ideas Interview. "Dan Sheehan, General Partner, Sheehan Associates," accessed online at www.youtube.com/watch?v=UgwBZ26R274.

The Manual of Ideas Interview. "Dave Sather, President, Sather Financial," accessed online at www.youtube.com/watch?v=az6Zl4PKm7k.

The Manual of Ideas Interview. "David Coyne of Setanta Asset Management on His Approach to Value Investing," accessed online at www.youtube.com/watch?v=8-_cqvv2OS8.

The Manual of Ideas Interview. "David Nierenberg and Cara Jacobsen, The D3 Family Funds," accessed online at www.youtube.com/user/manualofideas/videos?view=0.

The Manual of Ideas Interview. "Dominic Fisher, Director, Thistledown Investment Management," accessed online at www.youtube.com/watch?v=l1Soea4mgWI.

The Manual of Ideas Interview. "Emmanuel Daugeras, Founder Partner, Amdamax," accessed online at www.youtube.com/watch?v=ReFOu5LrEiY.

The Manual of Ideas Interview. "Eric DeLamarter, Portfolio Manager, Half Moon Capital," accessed online at www.youtube.com/watch?v=l8DRkYvHT7w.

The Manual of Ideas Interview. "European Small-Cap Value Investing, with Philip Best and Marc Saint John Webb," accessed online at www.youtube.com/watch?v=saVXcBM7Elk.

The Manual of Ideas Interview. "Exclusive Interview with Pier-Alberto Furno on Opportunities in Europe and Japan," accessed online at www.youtube.com/watch?v=hDP5mVojQXk.

The Manual of Ideas Interview. "Global Value Opportunities with Charles Heenan of Kennox Strategic Value Fund," accessed online at www.youtube.com/watch?v=QvxuijDZZuw.

The Manual of Ideas Interview. "Guy Spier on European Credit Crisis and Investment Opportunities," accessed online at www.youtube.com/watch?v=YSkJzBoAGC4.

The Manual of Ideas Interview. "Hasbro Ex-CEO Alan Hassenfeld on Toy Industry, Global Risks, Philanthropy," accessed online at www.youtube.com/watch?v=X54KHXW3tOo.

The Manual of Ideas Interview. "How to Achieve Abnormal Returns in the Stock Market, with Tadas Viskanta," accessed online at www.youtube.com/watch?v=1hUVOX1S5xo.

The Manual of Ideas Interview. "How to Analyze an Insurance Company and More, with Amir Avitzur," accessed online at www.youtube.com/watch?v=MKrW53GDpdM.

The Manual of Ideas Interview. "How to Become a Better Investor, with Greg Speicher," accessed online at www.youtube.com/watch?v=biitcLoZsIQ.

The Manual of Ideas Interview. "Howard Marks, Chairman, Oaktree Capital Management," accessed online at www.youtube.com/watch?v=HXQhKJkgo88.

The Manual of Ideas Interview. "Insights from Global Value Investor Ori Eyal," accessed online at www.youtube.com/watch?v=RbHFq5wY7vg.

The Manual of Ideas Interview. "Investing in Great Businesses Globally, with Daniel Gladis of Vltava Fund," accessed online at www.youtube.com/watch?v=fO8MNy-kwSI.

The Manual of Ideas Interview. "Investing Insights: Simon Denison-Smith and Jonathan Mills of Metropolis Capital," accessed online at www.youtube.com/watch?v=kHy2h_CmpOo.

The Manual of Ideas Interview. "James Montier: Applying the Seven Immutable Laws," accessed online at www.youtube.com/watch?v=xYV7-VGoqFM.

The Manual of Ideas Interview. "Josh Tarasoff, General Partner, Greenlea Lane Capital," accessed online at www.youtube.com/watch?v=XAubRoZbI9U.

The Manual of Ideas Interview. "Lauren Templeton and Scott Phillips," accessed online at www.youtube.com/watch?v=Npl8rNM9jvE.

The Manual of Ideas Interview. "Lisa Rapuano, Portfolio Manager, Lane Five Capital Management," accessed online at www.youtube.com/watch?v=Uy2h-lT9FmE.

The Manual of Ideas Interview. "Metals and Mining Investing, with Alex Tsukernik of Syntella Partners," accessed online at www.youtube.com/watch?v=hlbV48hoX7U.

The Manual of Ideas Interview. "Mike Onghai, President, AppAddictive," accessed online at www.youtube.com/watch?v=IN8pzeJVZk0.

The Manual of Ideas Interview. "Pat Dorsey on Moats," accessed online at www.youtube.com/watch?v=LHx19-BZVwQ.

The Manual of Ideas Interview. "Paul Sonkin, Portfolio Manager, Hummingbird Management," accessed online at www.youtube.com/watch?v=hO0CG8lEyLU.

The Manual of Ideas Interview. "Pitfalls of Financial Ratios in Value Investing, with Robert Leitz of Iolite Capital," accessed online at www.youtube.com/watch?v=Xk7j8dqcNRE.

The Manual of Ideas Interview. "Protect Your Assets and Profit from the European Debt Crisis, by Prof. Dr. Max Otte," accessed online at www.youtube.com/watch?v=PP_DpgwgpH8.

The Manual of Ideas Interview. "Robert Robotti, President, Robotti & Company," accessed online at www.youtube.com/watch?v=N1MVgz6dJd0.

The Manual of Ideas Interview. "Sean Riskowitz, General Partner, Riskowitz Capital Management," accessed online at www.youtube.com/watch?v=hnVRI6XLfi8.

The Manual of Ideas Interview. "Shawn Kravetz of Esplanade Capital on Value Investing, Solar Stocks and More," accessed online at www.youtube.com/watch?v=im0IcRxrKAg.

The Manual of Ideas Interview. "Simon Caufield, Managing Director, SIM Limited," accessed online at www.youtube.com/watch?v=oZ-SA_3NSjk.

The Manual of Ideas Interview. "Stephen Roseman Discusses His Investment Approach," accessed online at www.youtube.com/watch?v=PlL4opd1m-8.

The Manual of Ideas Interview. "The Economic Sell Rule and More on Investing, with David Merkel," accessed online at www.youtube.com/watch?v=wubEyyAtXuE.

The Manual of Ideas Interview. "Three Gs of Investing: Pavel Begun and Cory Bailey," accessed online at www.youtube.com/watch?v=fXHWIo5X2vg.

The Manual of Ideas Interview. "Tom Russo of Gardner Russo & Gardner," accessed online at www.youtube.com/watch?v=asduGUY09NY.

The Manual of Ideas Interview. "UK Deep Value Investing, with Jeroen Bos of Church House Deep Value Fund," accessed online at www.youtube.com/watch?v=wyK_cVSQTCA.

The Manual of Ideas Interview. "Value Investing in France and Beyond, with François Badelon of Amiral Gestion," accessed online at www.youtube.com/watch?v=RbUsidNzM48.

The Manual of Ideas Interview. "Value Investing in India, with Rahul Saraogi, Atyant Capital Advisors," accessed online at www.youtube.com/watch?v=kZBWZd_zB8w.

The Manual of Ideas Interview. "Value Investing in Smaller Companies, with Jeff Bronchick of Cove Street Capital," accessed online at www.youtube.com/watch?v=zPKxdumf3ro.

The Manual of Ideas Interview. "Value Investing Wisdom and Ideas, with Glenn Surowiec," accessed online at www.youtube.com/watch?v=kXzSOBT8Evo.

The Manual of Ideas Interview. "What All Investors Can Learn from the Great Investors, with Stephen Weiss," accessed online at www.youtube.com/watch?v=64gnCfh1Lgs.

The Manual of Ideas Interview. "Why Reading International Is Misunderstood, with Andrew Shapiro of Lawndale," accessed online at www.youtube.com/watch?v=VmJWbQJCxko.

The Manual of Ideas Interview. "Yusuf Samad on Long-Term Investing," accessed online at www.youtube.com/watch?v=SHgj8ZJqkDY.

The Manual of Ideas Interview. Eric Khrom, New York, 2012.

McDonald, Ian. 2005. "Heard on the Street: The Energy Conundrum: To Own or Ignore?" *Wall Street Journal*, October 7, C1, C4.

Mihaljevic, John. "The Manual of Ideas on Business Leader Henry Singleton, Founder of Teledyne," accessed online at www.youtube.com/watch?v=3BeqIrpnmT8.

Morgenson, Gretchen. 2004. "Jackpot Du Jour: It Pays to Quit." *New York Times*, October 31 (Section 3), 1, 6.

Oldfield, Richard. 2007. *Simple But Not Easy*. London, England: Doddington, 94–96.

*O'Shaughnessy, James P. 2012. *What Works on Wall Street: The Classic Guide to the Best-Performing Investment Strategies of All Time*, 4th ed. New York: McGraw-Hill, 71.

Pabrai, Mohnish. 2002–2004. *Mosaic: Perspectives on Investing*. Lake Forest, CA: Grammer Buff, 33–35.

Pabrai, Mohnish, and Guy Spier. 2012. Exclusive Q&A Transcript. Japan Investing Summit 2012 (November 7–8).

Paulson, John. 2012. Presentation on Hartford Financial Services Group (March 9), accessed at www.marketfolly.com/2012/03/john-paulsons-presentation-on-why.html.

Porter, Michael E. 1998. *On Competition*. Cambridge, MA: Harvard Business School Publishing, 164–165.

Rubin, Robert E., and Jacob Weisberg. *In an Uncertain World: Tough Choices from Wall Street to Washington*. New York: Random House.

Schwed, Fred, Jr. 1995. *Where Are the Customers' Yachts?* Hoboken, NJ: John Wiley & Sons, 62.

Stone, Amey. 1999. "Homespun Wisdom from the 'Oracle of Omaha.'" *BusinessWeek* (June), accessed online at www.businessweek.com/bwdaily/dnflash/june1999/sw90625.htm.

Tweedy Browne. *What Has Worked In Investing*, accessed online at http://www.tweedy.com/resources/library_docs/papers/WhatHasWorkedFundVersionWeb.pdf.

YouTube. "Marty Whitman on Moving beyond Graham & Dodd Investing," accessed online at www.youtube.com/watch?v=39qDeG5Foko.

* パンローリング発行のジェームズ・オショーネシー著『ウォール街で勝つ法則──株式投資で最高の収益を上げるために』は「第2版」

■著者紹介
ジョン・ミハルジェビック（John Mihaljevic）
CFA（公認証券アナリスト）。ニュースレター「ザ・マニュアル・オブ・アイデア」（バリュー投資家向けのアイデアを紹介するリサーチ系の月刊ニュースレター）の編集長で、バリューカンファレンス（バリュー投資家向けのオンライン投資会議）のマネジングディレクター。2005年からはミハルジェビック・キャピタル・マネジメントLLCのマネジングパートナーも務めている。また、トップマネーマネージャーのみが入会できるバリュー・インベスター・クラブのメンバーで、同クラブの最高の投資アイデアに贈られる賞も受賞している。エール大学CFO（最高財務責任者）のデビッド・スウエンセンの下で資本配分を学び、ノーベル経済学賞受賞者のジェームズ・トービンのリサーチアシスタントを務めたこともある。エール大学経済学部を優秀な成績で卒業し、CFA（公認証券アナリスト）の資格を取得している。スイスのチューリッヒに、妻と二男一女と在住。

■監修者紹介
長尾慎太郎（ながお・しんたろう）
東京大学工学部原子力工学科卒。北陸先端科学技術大学院大学・修士（知識科学）。日米の銀行、投資顧問会社、ヘッジファンドなどを経て、現在は大手運用会社勤務。訳書に『魔術師リンダ・ラリーの短期売買入門』『新マーケットの魔術師』『マーケットの魔術師【株式編】』（いずれもパンローリング、共訳）、監修に『高勝率トレード学のススメ』『フルタイムトレーダー完全マニュアル』『システムトレード 基本と原則』『一芸を極めた裁量トレーダーの売買譜』『裁量トレーダーの心得 初心者編』『裁量トレーダーの心得 スイングトレード編』『ラリー・ウィリアムズの短期売買法【第2版】』『コナーズの短期売買戦略』『続マーケットの魔術師』『アノマリー投資』『続高勝率トレード学のススメ』『グレアムからの手紙』『シュワッガーのマーケット教室』『トレーダーのメンタルエッジ』『プライスアクションとローソク足の法則』『トレードシステムはどう作ればよいのか 1 2』『ミネルヴィニの成長株投資法』『破天荒な経営者たち』『トレードコーチとメンタルクリニック』『高勝率システムの考え方と作り方と検証』『トレードシステムの法則』『トレンドフォロー白書』『バフェットからの手紙【第3版】』など、多数。

■訳者紹介
井田京子（いだ・きょうこ）
翻訳者。主な訳書に『ワイルダーのテクニカル分析入門』『トゥモローズゴールド』『ヘッジファンドの売買技術』『投資家のためのリスクマネジメント』『トレーダーの心理学』『スペランデオのトレード実践講座』『投資苑3 スタディガイド』『トレーディングエッジ入門』『千年投資の公理』『ロジカルトレーダー』『チャートで見る株式市場200年の歴史』『フィボナッチブレイクアウト売買法』『ザFX』『相場の黄金ルール』『内なる声を聞け』『FXスキャルピング』『プライスアクショントレード入門』『トレーダーのメンタルエッジ』『破天荒な経営者たち』（いずれもパンローリング）などがある。

2014年9月2日　初版第1刷発行

ウィザードブックシリーズ ⑳

バリュー投資アイデアマニュアル
――得意分野を見極めるための戦略の宝庫

著　者　ジョン・ミハルジェビック
監修者　長尾慎太郎
訳　者　井田京子
発行者　後藤康徳
発行所　パンローリング株式会社
　　　　〒 160-0023　東京都新宿区西新宿 7-9-18-6F
　　　　TEL 03-5386-7391　FAX 03-5386-7393
　　　　http://www.panrolling.com/
　　　　E-mail　info@panrolling.com
編　集　エフ・ジー・アイ（Factory of Gnomic Three Monkeys Investment）合資会社
装　丁　パンローリング装丁室
組　版　パンローリング制作室
印刷・製本　株式会社シナノ

ISBN978-4-7759-7188-8

落丁・乱丁本はお取り替えします。
また、本書の全部、または一部を複写・複製・転訳載、および磁気・光記録媒体に
入力することなどは、著作権法上の例外を除き禁じられています。

本文　©Kyoko Ida／図表　©Pan Rolling　2014 Printed in Japan

バフェットが執筆する「株主への手紙」を収録

14年ぶり 改定第3版

第3版
バフェットからの手紙

ローレンス・A・カニンガム
Lawrence A. Cunningham
長尾慎太郎[監修] 藤原康史[訳]

世界一の投資家が見たこれから伸びる会社、滅びる会社

日米ベンチャーの二大巨頭（ビル ゲイツ・孫 正義）も敬愛する
ウォーレン・バフェット本の決定版
この1冊でバフェットのすべてがわかる
投資に値する会社こそ、21世紀に生き残る！
20世紀最高の投資家が明かす成長し続ける会社の経営、
経営者の資質、企業統治〈コーポレート・ガバナンス〉、会計・財務とは
「経営者」「ベンチャー起業家」「就職希望者」「IPO」のバイブル

Pan Rolling

「カニンガムは私たちの哲学を体系化するという
　素晴らしい仕事を成し遂げてくれた」——ウォーレン・バフェット
「とても実用的な書だ」——チャーリー・マンガー
「バリュー投資の古典であり、バフェットを知るための究極の1冊」——フィナンシャル・タイムズ
「このバフェットに関する書は素晴らしい」——フォーブス

ローレンス・A・カニンガム 著　　定価 本体2,300円+税　ISBN:9784775971857

ウィザードブックシリーズ116
麗しのバフェット銘柄
下降相場を利用する選別的逆張り投資法の極意

定価 本体1,800円+税　ISBN:9784775970829

投資家ナンバー1になったバフェットの芸術的な選別的逆張り投資法とは

ビル・ゲイツと並ぶ世界的な株長者となったバフェットの選別的な逆張り投資法とは、下降相場を徹底的に利用したバリュー投資であり、本書ではそれを具体的に詳しく解説。

ウィザードブックシリーズ203
バフェットの経営術
バークシャー・ハサウェイを率いた男は投資家ではなかった

定価 本体2,800円+税　ISBN:9784775971703

銘柄選択の天才ではない本当のバフェットの姿が明らかに

企業統治の意味を定義し直したバフェットの内面を見つめ、経営者とリーダーとしてバークシャー・ハサウェイをアメリカで最大かつ最も成功しているコングロマリットのひとつに作り上げたバフェットの秘密を初めて明かした。

ウィザードブックシリーズ189
バフェット合衆国

定価 本体1,600円+税　ISBN:9784775971567

バークシャーには「バフェット」が何人もいる!

ウォーレン・バフェットの投資哲学は伝説になるほど有名だが、バークシャー・ハサウェイの経営者たちについて知る人は少ない。バークシャーの成功に貢献してきた取締役やCEOの素顔に迫り、身につけたスキルはどのようなものだったのか、いかにして世界で最もダイナミックなコングロマリットの一員になったのかについて紹介。

企業経営で非常識を貫いた破天荒な者たち

ウィザードブックシリーズ214

破天荒な経営者たち
8人の型破りなCEOが実現した桁外れの成功

著者　ウィリアム・N・ソーンダイク・ジュニア

定価 本体2,800円+税　ISBN:9784775971826

非常識なことこそが優れたパフォーマンスを上げるコツ！

優れたCEO(最高経営責任者)とはどのような人たちなのだろうか。たいていの人は「業界に深く通じた経験豊富な経営者」のような定義を思い浮かべるだろう。しかし、何をもってCEOの並外れたパフォーマンスと言えるのだろうか。それは、株主の長期リターンである。

Contents

第1章　リターンの永久機関　トム・マーフィーとキャピタル・シティーズ・ブロードキャスティング

第2章　複合企業の型破りな経営者　ヘンリー・シングルトンとテレダイン

第3章　企業再生　ビル・アンダースとゼネラル・ダイナミクス

第4章　急流のなかで価値を創造する　ジョン・マローンとテレコミュニケーションズ

第5章　後継者は未亡人　キャサリン・グレアムとワシントン・ポスト

第6章　公開LBO　ビル・スティーリッツとラルストン・ピュリーナ

第7章　同族会社の最適化
　　　　ディック・スミスとゼネラル・シネマ

第8章　CEOは投資家
　　　　ウォーレン・バフェットとバークシャー・ハサウェイ

第9章　急進的な合理主義
　　　　アウトサイダーの考え方

ウィザードブックシリーズ198

株式売買スクール
オニールの生徒だからできた1万8000％の投資法

定価 本体3,800円+税　ISBN:9784775971659

**オニール版"タートルズ"による秘密の暴露!!
伝説の魔術師をもっともよく知る2人による成長株投資の極意！**

ウィリアム・オニールは「株式市場の参加者の90％は事前の準備を怠っている――それが人間というものだ」と述べている。本書はその準備をするための道具である。

ウィザードブックシリーズ213

ミネルヴィニの成長株投資法
高い先導株を買い、より高値で売り抜けろ

定価 本体2,800円+税　ISBN:9784775971802

USインベスティングチャンピオンシップで優勝経験を持ち、"生ける伝説的トレーダー"

5年連続で3桁のリターンを上げ、年平均で220％、複利での総リターンは3万3500％に達した。この偉業を成し遂げるために使われ、時の試練に耐えてきたお墨付きのトレードシステムが本書で今、初めて明らかになる！

ウィザードブックシリーズ179

オニールの成長株発掘法【第4版】

定価 本体3,800円+税　ISBN:9784775971468

2000年のITバブル崩壊や2008年のリーマンショックのような大暴落をいち早く見分ける方法

第4版の本書では大化け銘柄の発掘法とともに、1880～2009年に大化けした銘柄の詳しい解説付きのチャートを100枚掲載し、初心者にもひと目で分かるような工夫が施されている。

ベンジャミン・グレアム

1894/05/08 ロンドン生まれ。1914 年アメリカ・コロンビア大学卒。ニューバーガー・ローブ社（ニューヨークの証券会社）に入社、1923-56 年グレアム・ノーマン・コーポレーション社長、1956年以来カリフォルニア大学教授、ニューヨーク金融協会理事、証券アナリストセミナー評議員を歴任する。バリュー投資理論の考案者であり、おそらく過去最大の影響力を誇る投資家である。

ウィザードブックシリーズ 10
賢明なる投資家
割安株の見つけ方とバリュー投資を成功させる方法

電子書籍版あり　オーディオブックあり

定価　本体3,800円+税　　ISBN:9784939103292

市場低迷の時期こそ、威力を発揮する「バリュー投資のバイブル」

ウォーレン・バフェットが師と仰ぎ、尊敬したベンジャミン・グレアムが残した「バリュー投資」の最高傑作！　だれも気づいていない将来伸びる「魅力のない二流企業株」や「割安株」の見つけ方を伝授。

ウィザードブックシリーズ87
新 賢明なる投資家
（上）・（下）

著者　ベンジャミン・グレアム／ジェイソン・ツバイク

電子書籍版あり

上巻　定価　本体3,800円+税　　ISBN:9784775970492
下巻　定価　本体3,800円+税　　ISBN:9784775970508

時代を超えたグレアムの英知が今、よみがえる！

古典的名著に新たな注解が加わり、グレアムの時代を超えた英知が今日の市場に再びよみがえった！　20世紀最大の投資アドバイザー、ベンジャミン・グレアムは世界中の人々に投資教育を施し、インスピレーションを与えてきた。こんな時代だからこそ、グレアムのバリュー投資の意義がある！

ウィザードブックシリーズ24

賢明なる投資家【財務諸表編】
著者　ベンジャミン・グレアム／スペンサー・B・メレディス

定価　本体3,800円+税　　ISBN:9784939103469

企業財務が分かれば、バリュー株を発見できる

ベア・マーケットでの最強かつ基本的な手引き書であり、「賢明なる投資家」になるための必読書！
ブル・マーケットでも、ベア・マーケットでも、儲かる株は財務諸表を見れば分かる！

ウィザードブックシリーズ207

グレアムからの手紙
賢明なる投資家になるための教え

著者　ベンジャミン・グレアム／編者　ジェイソン・ツバイク、ロドニー・N・サリバン

定価　本体3,800円+税　　ISBN:9784775971741

投資の分野で歴史上最も卓越した洞察力を有した人物の集大成

ファイナンスの分野において歴史上最も卓越した洞察力を有した人物のひとりであるグレアムの半世紀にわたる證券分析のアイデアの進化を示す貴重な論文やインタビューのコレクション。

ウィザードブックシリーズ44

証券分析【1934年版】
電子書籍版あり

著者　　ベンジャミン・グレアム／デビッド・L・ドッド

定価　本体9,800円+税　　ISBN:9784775970058

「不朽の傑作」ついに完全邦訳！

研ぎ澄まされた鋭い分析力、実地に即した深い思想、そして妥協を許さない決然とした論理の感触。時を超えたかけがえのない知意と価値を持つメッセージ。
ベンジャミン・グレアムをウォール街で不滅の存在にした不朽の傑作である。ここで展開されている割安な株式や債券のすぐれた発掘法にはいまだに類例がなく、現在も多くの投資家たちが実践しているものである。

ジャック・D・シュワッガー

現在、マサチューセッツ州にあるマーケット・ウィザーズ・ファンドとLLCの代表を務める。著書にはベストセラーとなった『マーケットの魔術師』『新マーケットの魔術師』『マーケットの魔術師[株式編]』（パンローリング）がある。
また、セミナーでの講演も精力的にこなしている。

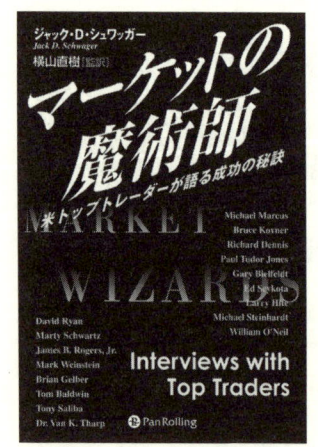

ウィザードブックシリーズ 19
マーケットの魔術師
米トップトレーダーが語る成功の秘訣

定価 本体2,800円+税　ISBN:9784939103407

トレード界の「ドリームチーム」が勢ぞろい
世界中から絶賛されたあの名著が新装版で復刻！
投資を極めたウィザードたちの珠玉のインタビュー集！
今や伝説となった、リチャード・デニス、トム・ボールドウィン、マイケル・マーカス、ブルース・コフナー、ウィリアム・オニール、ポール・チューダー・ジョーンズ、エド・スィコータ、ジム・ロジャーズ、マーティン・シュワルツなど。

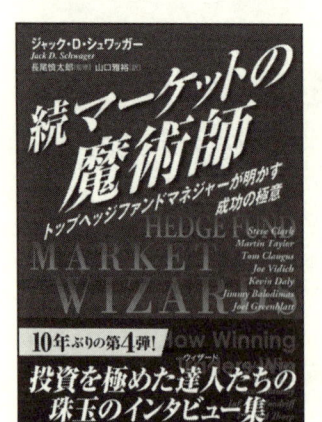

ウィザードブックシリーズ 201
続マーケットの魔術師
トップヘッジファンドマネジャーが明かす成功の極意

定価 本体2,800円+税　ISBN:9784775971680

『マーケットの魔術師』シリーズ10年ぶりの第4弾！
先端トレーディング技術と箴言が満載。「驚異の一貫性を誇る」これから伝説になる人、伝説になっている人のインタビュー集。マーケットの先達から学ぶべき重要な教訓を40にまとめ上げた。

ウィザードブックシリーズ 13
新マーケットの魔術師

定価 本体2,800円+税　ISBN:9784939103346

知られざる"ソロス級トレーダー"たちが、率直に公開する成功へのノウハウとその秘訣

投資で成功するにはどうすればいいのかを中心に構成されている世界のトップ・トレーダーたちのインタビュー集。17人のスーパー・トレーダーたちが洞察に富んだ示唆で、あなたの投資の手助けをしてくれることであろう。

ウィザードブックシリーズ 66
シュワッガーのテクニカル分析
初心者にも分かる実践チャート入門

定価 本体2,900円+税　ISBN:9784775970270

シュワッガーが、これから投資を始める人や投資手法を立て直したい人のために書き下ろした実践チャート入門。
チャート・パターンの見方、テクニカル指数の計算法から読み方、自分だけのトレーディング・システムの構築方法、ソフトウェアの購入基準、さらに投資家の心理まで、投資に必要なすべてを網羅した1冊。

ウィザードブックシリーズ 208
シュワッガーのマーケット教室
なぜ人はダーツを投げるサルに投資の成績で勝てないのか

定価 本体2,800円+税　ISBN:9784775971758

一般投資家は「マーケットの常識」を信じて多くの間違いを犯す

シュワッガーは単に幻想を打ち砕くだけでなく、非常に多くの仕事をしている。伝統的投資から代替投資まで、現実の投資における洞察や手引きについて、彼は再考を迫る。本書はあらゆるレベルの投資家やトレーダーにとって、現実の市場で欠かせない知恵や投資手法の貴重な情報源となるであろう。

ウィザードブックシリーズ 18

グリーンブラット投資法
Ｍ＆Ａ、企業分割、倒産、リストラは宝の山

定価 本体2,800円+税　ISBN:9784939103414

「投資のエリート」を出し抜くグリーンブラット流「相場の天才になる方法」とは？

読者は株式市場の奥深いところに隠された宝物の在りかを発見するだろう。それには特別なツールもいらないし、学歴も無用だ。必要なのはただ少しばかりの時間と努力であり、これさえ惜しみなくつぎ込めば、あなたもまた「相場の天才」になることができるのだ。

ウィザードブックシリーズ 105

株デビューする前に知っておくべき「魔法の公式」
ハラハラドキドキが嫌いな小心者のための投資入門

定価 本体1,600円+税　ISBN:9784775970713

優れた企業を割安な価格で買える「魔法の公式」とは……

本書は、株式市場への投資で成功するための基本原則を示すだけでなく、利用しやすく、優れた企業を割安な価格で自動的に取得できるようになる「魔法の公式」を提示している。

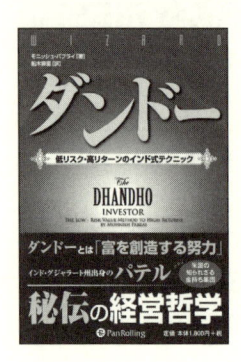

ウィザードブックシリーズ 155

ダンドー　低リスク・高リターンのインド式テクニック

定価 本体1,800円+税　ISBN:9784775971222

グジャラート語の「ダンドー」とは「最小のリスクで最大の利益を求めること」

経済危機はチャンス！「バリューの種は不況で芽生える」バフェットのバリュー戦略を一歩進めた革新的手法、究極のバリューのバイブル登場！